普通高等教育“十二五”规划教材
全国高职高专教育“十二五”规划教材

# 现代办公自动化

XIANDAI BANGONG ZIDONGHUA

主　编　黄　昕
副主编　钱国梁　尹小君　侯慎伟　肖巍巍
编　委　赵胤斐　马小霞　张晓文

电子科技大学出版社

图书在版编目(CIP)数据

现代办公自动化 / 黄昕主编. —成都:电子科技大学出版社,2014. 12

ISBN 978-7-5647-2668-3

Ⅰ. ①现… Ⅱ. ①黄… Ⅲ. ①办公自动化 Ⅳ. ①C931.4

中国版本图书馆 CIP 数据核字(2014)第 254890 号

# 现代办公自动化

主 编 黄昕

出 版:电子科技大学出版社(成都市一环路东一段 159 号电子信息产业大厦 邮编:610051)
策划编辑:郭蜀燕 杨仪玮
责任编辑:杨仪玮
主 页:www.uestcp.com.cn
电子邮箱:uestcp@uestcp.com.cn
发 行:新华书店经销
印 刷:北京市彩虹印刷有限责任公司
成品尺寸:185 mm×260 mm 印张:13.25 字数:322 千字
版 次:2014 年 12 月第一版
印 次:2016 年 11 月第二次印刷
书 号:ISBN 978-7-5647-2668-3
定 价:32.00 元

# 前言

办公自动化(Office Automation,简称OA)是将现代化办公和计算机网络功能结合起来的一种新型的办公方式。办公自动化没有统一的定义,凡是在传统的办公室中采用各种新技术、新机器、新设备从事办公业务的,都属于办公自动化的领域。

随着计算机技术、信息技术、网络技术的飞快发展和引入,文秘及办公室人员的工作方式发生了改变,办公管理的工作效率也得到了大幅提升,办公室工作向着科学化、规范化、自动化和高效化的高层次发展。相应的,办公自动化也要求秘书及办公室人员也要不断更新知识,完善自身,提升职业素养。

本教材是北京青年政治学院"文秘专业创新团队"项目(北京市教委科研计划项目)的研究成果之一,是根据近年来的文秘专业调研结果及办公室工作的实际需要,并在研究了大量同类教材内容和总结多年的职业教育教学经验的基础上,集结了企业专业人士和兄弟院校教师共同参与编写完成的一部教材。

本教材介绍了办公自动化的基本知识,着重讲解了Windows7操作系统的基础知识和Office系列办公软件在办公中的实际应用及网络办公,另外还介绍了电脑办公常用的工具软件和外部设备等内容。对于具有一定计算机操作基础的读者来说,通过本教材的学习,可以进一步提高办公操作技能,熟练使用办公软件、办公设备、办公网络以及应用各种工具软件分析和解决实际问题。教材共分5大模块:模块一为办公自动化基础知识,模块二为Word文字处理软件,模块三为Excel电子表格处理软件,模块四为Powerpoint演示文稿制作软件,模块五为现代办公设备(主要包括打印机、复印机、数码相机、数码摄像机、传真机、扫描仪、投影仪、刻录机、碎纸机等)。

本教材的特点和优势在于:

第一,本书倡导"任务驱动"式的教学理念和方法,从秘书及办公室人员的日常工作着手,将办公自动化的工作内容分解为不同类别的具体工作任务展现给学习者,让学习者在一个典型的"工作任务"的驱动下,开展学习活动,引导学习者由简到繁、由易到难,循序渐进地完成一系列工作任务,从而把握系统、清晰的知识脉络方法和研习思路,掌握并灵活运用现代化的办公方法和办公自动化的操作技能。

第二,本书各模块的学习内容是从一个典型的"工作情境"开始的,力图让学习者置身于仿真的工作环境中,使学习者能够很快地进入职业角色和工作状态,获得岗位操作体验。而工作情境则是针对秘书岗位工作的内容和特点所精心设计的。

第三，本书内容翔实、体例清晰，每一个模块都设计了学习目标、工作情景、任务分析、任务关键步骤、工作小结与拓展、课后练习六个环节，每个环节都有清晰的阅读导航图标，可以大大提高学习者的阅读效率。

第四，本书是校企合作开发教材，也是北京市教委科研计划项目的成果之一，所以本书的写作团队集结了优秀的校、企专业人士，他们或有丰富的教学经验，或有扎实的工作经验，共同研讨并参与了教材的开发与建设。

本教材语言叙述简练、结构层次分明、图文配合紧密，具有较强的可操作性和实用性，既可以作为高等院校“计算机基础”课程的教材，又可以作为现代办公自动化的社会培训教材，还可以作为办公室人员自动化办公的指导用书。

本教材由北京青年政治学院文秘系教师黄昕（涉外秘书教研室主任，“文秘专业创新团队”项目核心成员，从教 10 年）及计算机系教师钱国梁（副教授，从教 30 多年）负责教材大纲和体例的整体规划和设计，又经过多位作者多次研讨才着手正式撰写，最后由黄昕负责完成统稿。写作者具体分工如下：“模块 1　计算机基础知识”与“模块 2　Word 文字处理软件”由钱国梁执笔，“模块 3　Excel 电子表格处理软件”与“模块 4　PowerPoint 演示文稿制作软件”由郭洵（中科软科技股份有限公司，软件与应用事业部副总经理）与黄昕共同执笔，“模块 5　现代办公设备的操作与日常维护”由尹小君（石河子大学信息学院副教授，从教 10 多年）与黄昕共同执笔。

在本教材的撰写过程中，我们吸收了很多行业领域和教育领域的专家、学者的先进思想及理念，在此对这些专家、学者表示感谢。北京青年政治学院文秘系主任汪玉川副教授也为本书的完成提供了不少有益的建议和帮助。成都电子科大出版社有限责任公司及编辑也给予了大力支持和帮助，在此一并向他们表示诚挚的谢意。

由于编者水平有限，本书难免出现一些偏颇、疏漏及不足之处，恳请广大读者及同行专家不吝赐教。

编著者

2014 年 10 月于北京

# 目　录

# 模块 1　计算机基础知识

计算机是目前现代办公室最常用的设备。秘书及办公室文员在日常工作中需要运用计算机来完成信息和情报管理、文字及数据的编辑和处理,以更出色地完成办公室的日常管理工作。作为秘书及办公室文员,学好计算机应用技术,能够极大限度地提升日常办公的效率和效果。

## 1.1　工作任务:了解基础知识并熟悉 Windows 7

【学习目标】

通过本项工作任务的训练,了解计算机基础知识,了解 Windows 中桌面、菜单、磁盘组织结构的基本知识,熟悉 Windows 的基本操作。

【工作情境】

新入职的秘书小王在了解了一些计算机基础理论知识之后,开始熟悉单位配置给自己的电脑,需要熟悉 Windows 7 操作系统界面和基本操作,查看一下所用的计算机系统都安装了哪些软件、所用计算机硬盘数量和可用空间等情况。

【任务分析】

秘书小王应了解以下计算机基础理论知识,掌握 Windows 7 的基本操作:

- 计算机的主要应用
- 计算机的硬件基础
- 计算机的软件基础
- 启动系统了解视窗操作系统的基本界面
- 了解窗口的组成和基本操作
- 移动和调整窗口大小
- 菜单和工具栏的操作
- 查看计算机中存储的文件和文件夹
- 调整显示模式
- 关注文件类型

【任务关键步骤】

### 1.1.1 了解计算机基础知识

1. 计算机的主要应用

自1946年研制出第一台电子数字计算机以来，组成计算机的主要硬件、软件都发生了天翻地覆的变化。人们应用计算机所做的工作，也从主要进行科学计算发展到几乎进入人类工作和生活的各个领域。目前计算机的主要应用有如下几类：

(1)科学计算；

(2)自动控制；

(3)信息处理；

(4)计算机辅助系统；

(5)人工智能；

(6)计算机网络应用。

2. 计算机硬件的基本基础

传统上把计算机组成分为计算机硬件系统和软件系统两大部分。

计算机是人研制出来模拟人脑工作原理的机器设备，其组成和工作原理难免会打上人的烙印。计算机硬件是组成计算机的全部物质实体部件，相当于人的全部身体器官。软件则是计算机工作中用到的全部技术方法和必要的数据资料，相当于人进行脑力思维时所用到的各种知识和思维素材。

计算机硬件中的核心部件是中央处理器，也称为CPU(Central Processing Unit)，它的品质优略，是最直接地影响着计算机速度、性能的一个重要因素。CPU是计算机进行算术和逻辑运算的设备，一切算术运算和逻辑测试工作都由运算器承担，它相当于人类完成思维活动的大脑。

存储器是计算机存储程序和数据的设备。存储器分为内存和外存两大类。

内存：是计算机存储信息和程序的设备，相当于人脑中用于记忆的部件。计算机内存全部是由集成电路芯片组成的，它在存取信息时是通过电信号在电路中变换实现，不需要任何机械运动，所以速度非常快，远远快于硬盘等由磁盘片机械转动实现存储的设备。

外存：也称为辅助存储器，常用的外存有硬盘、光盘、闪存盘等。外存储器是CPU不能直接访问的存储器，用于长久地存放大量暂时不用的程序和数据。外存中的数据和信息必须先调入内存才能被使用。

内存容量也是影响计算机工作速度的主要设备。计算机内存配置过低将使计算机工作速度慢很多，所以一般要保证计算机内存配置越大越好。

现代办公系统要保存的信息很多，一般文档、图形、图像是远远不能满足现代办公需求的，常常需要保存大量音频、视频文件，这些都对存储容量有较高要求。所以具有一个大容量的硬盘会使存储信息时减少很多顾虑。

描述计算机存储容量，需要知道常用的存储单位。

存储一个英文字符用8位二进制，称为一个字节。存储一个汉字需要2个字节。这里

的字节是计算机中最小的存储单元，描述存储量大小的单位有很多。

1KB＝1024个字节，粗略相当于1000个字节。

1MB＝1024KB，粗略算做100万字节，也称1兆（字节）。

现在主流计算机描述内存和硬盘容量所用更大的存储单位有：

1GB＝1024MB

1TB＝1024GB

现在一台普通计算机的内存容量在2GB－4GB，硬盘容量在500GB～1TB，主流的优盘容量在8GB～32GB。

描述文件大小时应该了解的一些基本知识：

（1）一篇有1000个汉字不含图形、图像的普通Word文档，根据其文档格式复杂程度，存储时占容量大约20KB。

（2）一首MP3音乐文件，根据其可播放声音时间长短，大约每分钟占1MB空间。

（3）一部2小时左右、比较高清的电影，文件大约800MB。

（4）一张CD光盘的存储容量大约650MB，一张DVD光盘的存储容量大约为4.7GB。

了解上述知识，对以后考虑度量存储空间是非常有用的。

在计算机中常用的硬件还包括外部存储器、输入输出设备，对应的设备如硬盘、鼠标、键盘和显示器等，这些都是组成计算机的最基本硬件。

为了更好地使用计算机，应该熟知和理解内存和外存的几个基本常识：

（1）内存一般存储容量远远小于外存，内存工作时存取信息的速度远远快于外存。

（2）信息必须首先调入内存才能被计算机使用或处理。通常启动一个软件就是把其程序调入内存然后执行，打开一个文件也是把该文件中的部分或全部信息调入内存中供使用。这就如同知识进入人脑才能够被使用一样，书本上的知识如果没能进入大脑，其中的信息是无法被使用的。

（3）内存中的信息一般情况下断电后会丢失，外存中的信息则在断电后依然被保存着。

人们把CPU与内存之和也称为主机，其他设备统称为外部设备。

如果一台计算机具备了全部硬件而没有安装任何软件，就如同一个人有了全部身体器官而没有任何思想和知识，对人来说近乎植物人，对计算机来说这样的机器被称为裸机。

通常人们说的软件是指计算机工作过程中用到的程序、数据和各种信息资料。程序是人们事先编制好能够让计算机按照人的意志实现特定任务的数据和指令序列。计算机之所以能做各种工作，是因为计算机中具有了人类已经为计算机编制好的程序。软件系统是计算机工作时“活的灵魂”，是计算机系统的重要组成部分。

### 3. 计算机软件基础

计算机系统的软件分为系统软件和应用软件两大类。

系统软件是指由计算机生产厂商为计算机提供的基本软件。最常用的系统软件有：操作系统、计算机语言处理程序、数据库管理程序、网络通信软件、各类服务程序和工具软件等。系统软件不能满足用户使用计算机的最终需要，但是满足用户最终需要的软件必须依赖系统软件提供的支持才能正常工作。

应用软件是指用户为了自己特定的业务应用而编制的专用软件。如为了进行图书管理

而开发的图书管理系统，为了进行文字处理而开发的Word文字处理软件，为了娱乐而开发的各种游戏软件，都是直接满足人特定应用需要而开发的专用软件。几乎所有行业都需要依赖计算机解决各自不同的应用问题，人们的需求又多种多样，所以应用软件的数量极其丰富。所有解决用户最终问题的软件都属于应用软件。

系统软件支撑机器的正常运行，而应用软件直接满足用户业务需要。

操作系统（Operating System）是最基本、最重要的系统软件。它负责管理计算机系统的各种硬件资源（例如CPU、内存空间、磁盘空间、外部设备等），具体在工作中使用最多的操作系统就是我们常说的视窗操作系统，比如Windows 7。

操作系统在实现上述管理的同时，还提供用户与机器进行交流的界面，对用户的应用软件提供强有力的支持，负责解释用户对机器的操作命令，使它转换为机器实际的操作。

应用软件就是用户为完成自己特定的工作任务而使用的软件。比如秘书及办公室文员工作离不开office办公自动化软件，使用它可以非常方便地编辑文档、进行表格数据的处理计算、制作幻灯片以及管理自己设计的小型数据库。

在计算机上听音乐、看电影的时候还需要音频和视频的播放器，这些都是通过软件实现的，使用到的这些软件也都是应用软件，通常在互联网上的很多网站都可以找到这类免费的通用软件。

### 1.1.2 Windows 7的基本操作

#### 1. 了解视窗操作系统的基本界面

首先把计算机接通电源，按下机箱上的电源开关，稍等片刻，输入密码登录后即启动了Windows 7，启动后看到的屏幕画面称为“桌面”，如图1-1所示。

图1-1 桌面

桌面上摆放着形态各异的若干图形，每个图形下边都标有文字说明，在Windows 7中称

为图标。每个图标都是系统提供的程序或可以使用的资源。

桌面最下面的横条是任务栏，任务栏最左边有"🌐"形状的"开始"菜单，使用计算机做的所有工作都可以从它开始。任务栏最右边是"通知区域"，有时钟、音量控制等按钮。

鼠标是 Windows 不可缺少且常用的输入设备，使用鼠标可以快速选择操作对象并对它们进行各种操作与管理。仅仅使用鼠标就可以完成 Windows 中的绝大多数操作。使用鼠标主要涉及指向、单击、双击、拖动、右击等非常简单的几个操作。

单击任务栏左边的"开始"菜单，然后可以移动鼠标到各级菜单中，单击可以启动相应程序，更多软件的启动需要先单击"所有程序"，然后可以看到展开很多新内容（如图 1－2 所示），然后单击好像文件夹形状的菜单，还可以在其下面展开更详细的相关菜单，最后单击其中一个就可以打开对应的软件窗口。

观察图 1－2 菜单中的内容，可以看到系统目前安装了哪些软件。

特别需要注意的是，右击桌面的任意一个地方，都会弹出快捷菜单。随着右击对象或位置的不同，弹出的快捷菜单也差异很大。动手试一下分别右击桌面的空白位置、"计算机"或任意一个图标，查看快捷菜单的区别。随着以后不断熟悉计算机的使用，要留心观察弹出的快捷菜单与右击的对象是什么关系，以便于快速掌握使用快捷菜单。

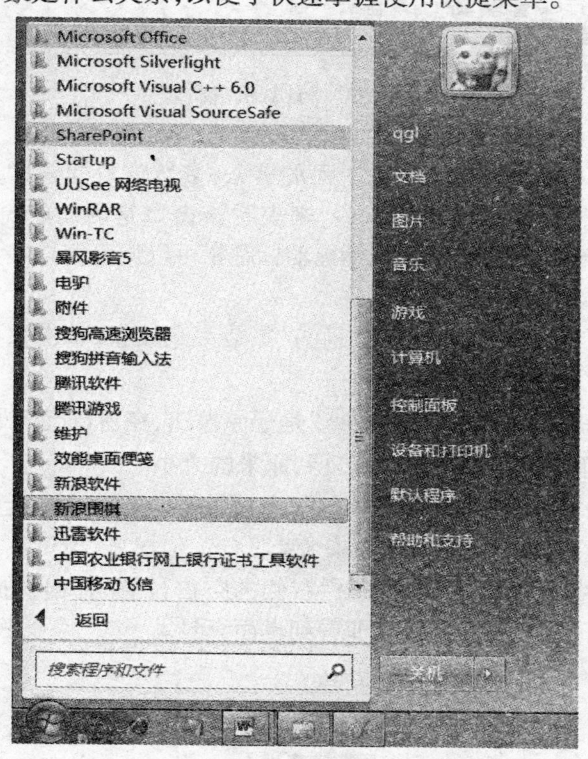


图 1－2 单击"开始"菜单中的"所有程序"命令看到的各种程序

### 2. 了解窗口的组成和基本操作

每个窗口都是 Windows 7 工作的一个矩形工作区。在桌面打开一个窗口时，背景是桌面，随着不断打开多个窗口，它们之间可以互相叠压，如同在你的办公桌上摊开了多份资料。

放在最前面且顶行标题行颜色稍微深一些的窗口是目前操作的窗口，称为当前窗口。例如，在桌面上双击“计算机”图标，打开的“计算机”窗口如图1-3所示，在此可以立即看到计算机中各硬盘容量、可用空间以及可移动存储设备数量等情况。

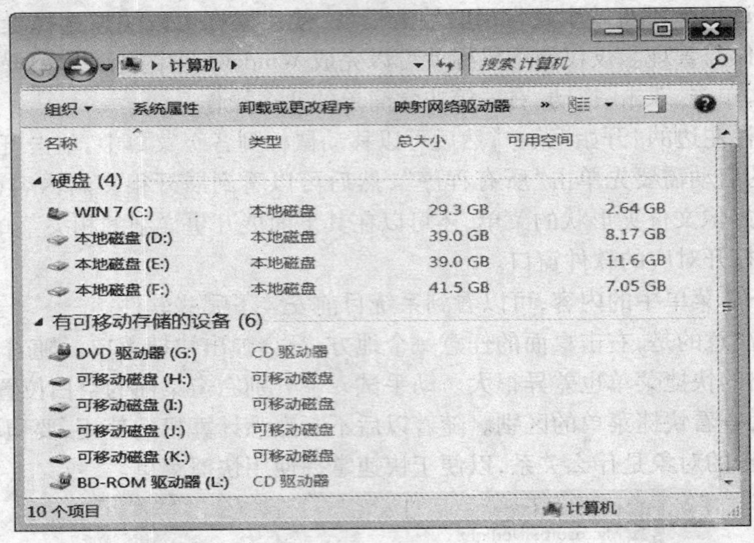

图1-3 “计算机”窗口

观察窗口组成，注意窗口组成包含如下元素：

(1)标题栏：标题栏是放在窗口的最上面的蓝条，多数窗口标题栏上显示的文字标识了窗口的名称。若标题栏的颜色稍微深一些，则表明该窗口是活动的窗口，也称其为当前窗口。通常在打开多个窗口的情况下用鼠标拖动标题栏可以调整窗口在桌面上的位置。标题栏最右边还有三个对窗口操作的按钮。

(2)最大化按钮：标题栏右边的按钮“□”是最大化按钮，单击它可以使窗口调整到最大。最大化的窗口通常会占满屏幕。

(3)还原按钮：标题栏右边的按钮“⧉”是还原按钮，在窗口已经最大化时，窗口右上角会出现“还原”按钮，单击它可以使窗口恢复到原来的大小。

(4)最小化按钮：单击最小化按钮“—”，窗口被缩小到任务栏上的一个标签(横条)。再单击任务栏上的标签，窗口又还原成原来大小。

要使所有的窗口都最小化，右击任务栏右侧的空白位置，弹出快捷菜单(如图1-4所示)，单击“显示桌面”按钮命令，可以立即看到桌面全景。

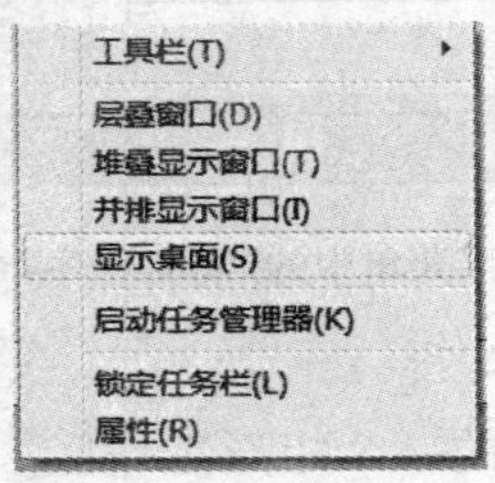


图1-4 右击任务栏右侧的空白位置弹出快捷菜单

(5)关闭按钮:单击窗口右上角的关闭按钮“×”,结束程序的运行,关闭窗口。关闭窗口将把窗口程序所占用的内存释放。

(6)菜单栏:菜单栏是摆放在标题栏下面的一组文字,其中列出了在窗口中工作的各类命令。单击菜单栏上的文字,会在下面拉出一组菜单,所以也称下拉菜单。一般下拉菜单提供了大量的命令,利用它们可以完成大部分工作。

Windows 7 之前版本的资源管理器都自动具有菜单栏,所以很多计算机老用户不适应 Windows 7 不自动显示菜单栏的界面。要打开“计算机”窗口的菜单栏,可单击图1-3左上方“组织”右边的下三角按钮,下方弹出如图1-5所示菜单,再单击“布局”右边的“菜单栏”即可看到出现菜单,最后窗口成为图1-6所示。

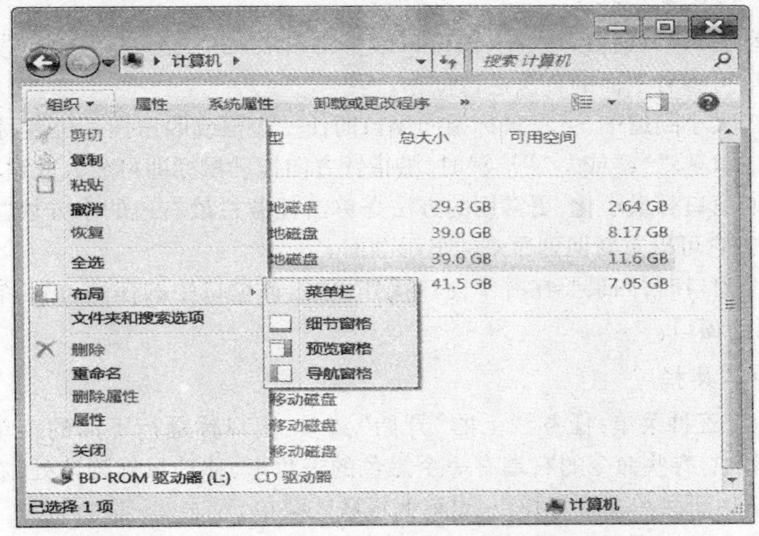


图1-5　打开“菜单栏”和“导航窗格”操作

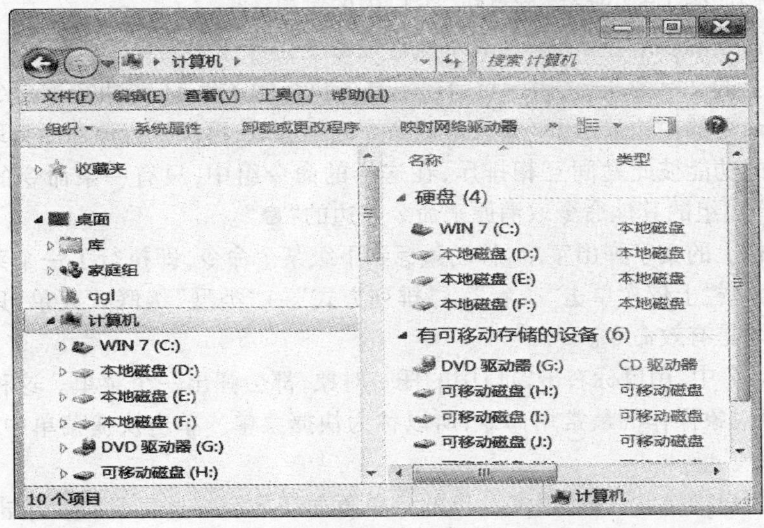


图1-6　显示“菜单栏”和“导航窗格”的“计算机”窗口

(7)水平或垂直滚动条:如果窗口的高度、宽度不足以显示窗口中的全部信息,系统自动在窗口右边或下边出现垂直滚动条和水平滚动条。拖动滚动条上的滚动块,可以任意浏览窗口上、下、左、右位置的信息。

(8)边框:每个窗口四周都有边框。将鼠标指针指向窗口的边或角上,当鼠标指针成为双向时拖动,可以调整窗口的大小。

(9)工作区:窗口工作区是窗口中最大的区域,用于处理和显示对象信息。

(10)状态栏:通常窗口的最底行还显示着目前在窗口中操作的对象个数、容量等信息,以及当前窗口所处的状态等。

3. *移动和调整窗口大小*

如果要移动窗口、调整窗口大小、使窗口最小化或最大化、拖动滚动条浏览窗口中的内容、关闭窗口等,可参看上面的方法进行操作。

要调整窗口大小到适中,可将鼠标指向窗口的任一边框或四角任一位置,待鼠标指针成为双向的"↔"、"↕"、"↘"或"↙"形状时,沿指针方向拖动鼠标即可放大或缩小窗口。

要使所有的窗口都最小化,更常用的方法是单击任务栏最右边的小方块"显示桌面"按钮"▌",再次单击它可以重新回到原来的显示画面。

在打开多个窗口时,如果要在哪个窗口操作,单击该窗口中的任一位置,它立即被放在最前面,成为当前窗口。

4. *菜单和工具栏*

Windows 7 有三种菜单:任务栏上的"开始"菜单、窗口标题行下面的菜单栏和快捷菜单。在很多菜单中,有些命令的右端有一个黑色的三角形,移动鼠标到该处,右端又会出现一组下级菜单。由于菜单是逐级弹出,也称为级联式菜单。

几乎所有窗口的标题栏下面都有一组文字组成的命令,单击其中的文字,在下面拉出一组菜单命令。例如图 1-7 所示"计算机"窗口中的菜单。

有些菜单命令的右端显示"…",表示执行该命令会打开一个对话框。

有些菜单上的文字为灰色,表示目前还不具备执行的条件,不能执行该命令。

有些菜单命令的左边显示"√",表示该命令已经选取,再次执行该命令将取消选取。

有些命令的功能彼此之间互相排斥,在这样的命令组中,只有一条命令的左边会出现"●",可以选择同组的其他命令取消原来命令左边的"●"。

单击菜单栏上的文字弹出菜单,移动鼠标到下级某个命令,即执行了一个菜单命令。如图 1-7 是在菜单栏上依次单击"查看"→"排列方式"→"类型"级联式菜单,只有单击菜单最末级的命令才是有效命令。

在 Windows 7 中,用鼠标右击窗口中的任一对象,都会弹出一个菜单。这种菜单飘然而至,包含了对该对象操作的最常用命令,所以称为快捷菜单。单击快捷菜单中的命令行,即执行了一个命令。

为了方便用户操作计算机,很多窗口的菜单下面还放有一些工具栏。单击工具栏上的按钮,实际上是执行一个命令,即做了一个操作。

有些窗口可能有多个工具栏,这类窗口中都有一个"视图"或"查看"菜单项,在其下拉

菜单中一般可以打开或关闭需要的各种工具栏。

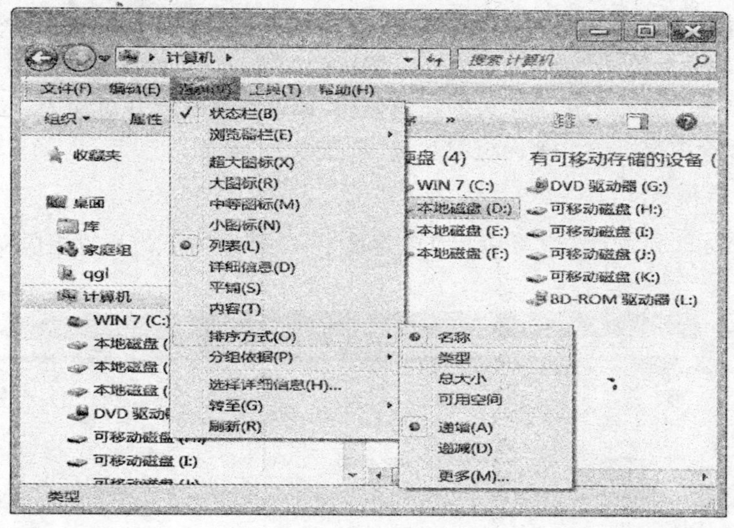


图1-7　下拉菜单

5. 查看计算机中存储的文件和文件夹

桌面的“计算机”图标是用来管理Windows 7系统资源最重要、最常用的工具。系统中的所有资源都可以利用这个资源管理器窗口找到。“桌面”作为最高级的结点，其他资源以树型结构逐级列在“桌面”的下级。

双击桌面的“计算机”图标，打开“计算机”窗口如图1-8所示。观察窗口左窗格，可以看到最左边是“桌面”，其右下稍微缩进的有“库”、“家庭组”和“计算机”等，左边稍微缩进的内容是其左上方的下层资源。

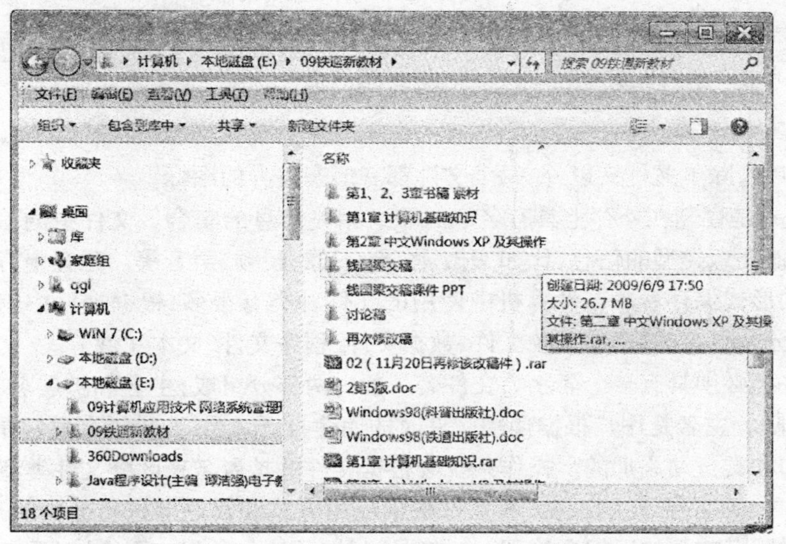


图1-8　“计算机”窗口

任何资源的左边都有一个图标，比如磁盘、光盘、回收站等，而文件的图标样式最多。文

件的图标样式由其类型决定，文件类型是系统根据其扩展名加以区分的。

单击左窗格左边“▷”形状的小三角按钮，可以展开计算机下层的其他资源，看到包含了多个磁盘、可移动磁盘和光盘等，右边显示了同样的内容，如图 1－8 所示。

如果继续单击下级某个资源左边的三角按钮，还可以继续展开更深入一级的文件夹等。计算机里的所有资源都以树形结构组织起来，最高级为“桌面”。

6. 调整显示模式

为了改变图标的显示顺序，可以单击“查看”→“排序方式”下的相应菜单命令，如图 1－9所示。

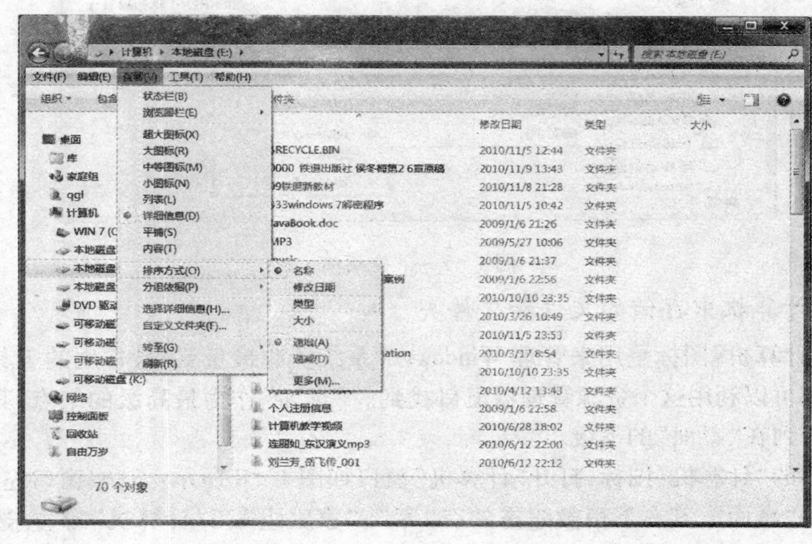


图 1－9　改变图标的显示顺序菜单命令

观察窗口中各个图标的显示形式。为了改变图标的显示形式，可以单击菜单栏上的“查看”，然后单击“超大图标”至“内容”之间的相应命令。

7. 关注文件类型

在计算机中，除了文件夹以外，每个文件都有形态各异的图标。

文件(File)是存储在外存上具有名字的一组相关信息的集合。文件中的信息可以是程序、数据或其他任意类型的信息，比如文档、图形、图像、视频、声音等。磁盘上存储的一切信息都以文件的形式保存着。在计算机中使用的文件种类有很多，根据文件中信息种类的不同，可将文件分为很多类型，如系统文件、数据文件、程序文件、文本文件等。

每个文件都必须具有一个名字。文件名一般由两部分组成：主名和扩展名，它们之间用一个点(．)分隔。主名是用户根据使用文件时的用途自己命名的，扩展名通常是由系统根据文件中信息的种类自动添加的。操作系统会根据文件的扩展名来区分文件类型。

在 PC 机中，为了便于用户将大量文件根据使用方式和目的等进行分类管理，采用树形结构来实现对所有文件的组织和管理。树形是一种“层次结构”。层次中的最上层只有一个节点，称为桌面。桌面下面分别存放了“计算机”、“我的文档”、“网上邻居”、“回收站”等，它们本身也同样是一个树形结构，用来存储下级的信息。在它们的基础上还可以继续进行

延伸。用户可以根据存放文件的分类需要在下级再任意创建文件夹，每个文件夹里面可以放文件或下一级的文件夹。

操作系统通过树型结构和文件名管理文件。用户使用文件时只要记住所用文件的名称和其在磁盘树形结构中的位置即可通过操作系统管理文件。为了避免文件管理发生混乱，规定同一文件夹中的文件不能同名，如果两个文件名完全相同，它们必须分别放在不同的文件夹中。

Windows 7 规定，文件可以使用长文件名（最多 248 个字符），命名文件或文件夹可以用字母、数字、汉字及大多数字符，还可以包含空格、小数点（.）等。文件名最后一个点右边的字符串表示文件类型。

用户通过文件名使用和管理文件，需要了解文件所在的磁盘、文件夹，这样才能找到并使用它。

**【工作小结与扩展】**

秘书及办公室文员在日常工作中经常需要运用计算机来完成信息和情报管理、文字及数据的编辑和处理等。通过本项工作任务的训练，需要重点掌握的是计算机的基础知识和 Windows7 的基本操作。

以下补充介绍文件类型及扩展名：

系统对各种不同类型的文件，通常都给出形态各异的图标，根据图标通常可以看出打开这样文件所用的是什么软件。了解几个常用的文件类型扩展名，可以很方便地辨识怎样打开相应的文件。常用文件类型扩展名及其对应的文件类型如表 1－1 所示。

**表 1－1　常用文件类型扩展名及其对应的文件类型**

| 文件扩展名 | 文件类型 |
|---|---|
| avi，mpeg，mpg，flv，rm，rmvb，mp4 | 视频文件 |
| bmp，jpg | 图像文件 |
| ISO | 镜像文件 |
| rar，zip | 压缩包 |
| htm，html | 网页 |
| com，exe | 可执行程序 |
| tmp | 临时文件 |
| xls，xlsx | Excel 工作表 |
| txt | 文本文件 |
| doc，docx | Word 文档 |
| ppt，pptx | PowerPoint 电子演示文稿 |
| wav，mp3，wma | 声卡声乐文件 |

【课后练习】

1. 检查一下你的计算机有几个硬盘，各自容量有多大，已经使用了多少空间以及剩余空间。

2. 假如一本中文小说总共有60万字，为了存储这本小书至少需要多少磁盘空间？

3. 单击“开始”菜单下的“控制面板”，尝试在“外观和个性化”程序组中打开各种窗口和对话框，熟悉windows中窗口和对话框的各种设置方法。比如练习设置桌面背景、设置屏幕保护程序等，使计算机桌面外观更可爱。

## 1.2 工作任务：Windows 7的磁盘与文件管理

现在硬盘的容量通常能达到几百上千GB之大，为了以后更方便分类管理磁盘和磁盘上的文件，在安装好一台电脑的硬件后要首先对硬盘分区。

硬盘分区是指把一块物理上的磁盘分成多个看似独立的C，D，E，…多个磁盘，分出的硬盘数量依据物理硬盘的大小和用户的要求确定，分出的每个看似独立的磁盘称为逻辑盘。磁盘分区的目的是为了便于把计算机系统文件与用户的数据文件分别独立保存，从技术上避免由于用户对文件管理不当而造成误删除系统文件。

在所有计算机上都规定C盘是系统盘，其他磁盘由用户根据需要用作保存用户信息。如果没有特别的原因，尽量不把用户的数据文件保存在C盘是一个重要的原则。相当一些人为了方便找到所用的文件，把重要的文件或文件夹直接保存到桌面，殊不知桌面本身也是系统盘C盘上的一块空间，因此建议尽量不把重要信息直接保存在桌面。

文件夹是保存文件的存储空间，用户主要通过把文件分类保存在不同的文件夹中来实现文件的分类存放。以后随着细分文件，还可以在子文件夹中再建立更下级的文件夹。

【学习目标】

通过本项工作任务的训练，掌握格式化磁盘、复制和移动文件、创建文件夹、创建快捷方式、重命名文件以及删除文件等磁盘与文件管理的基本操作方法。

【工作情境】

秘书小王要为领导出差公干做准备，要把公司电脑中事先准备好的一批资料文件复制到优盘，然后通过优盘将文件复制到领导的笔记本电脑中。为了方便领导外出演讲时快速找到演讲的演示文稿，还要在笔记本桌面创建一个快速打开演示文稿的快捷方式。

【任务分析】

为了完成这些工作，需要插入优盘后做复制或移动文件操作，为了方便快捷辨识文件内容，还需要为一些文件重新命名成容易识别的文件名。为了方便领导外出演讲时快速找到演讲的演示文稿，还要在笔记本桌面创建一个快速打开演示文稿的快捷方式。

【任务关键步骤】

## 1.2.1 格式化磁盘

(1)为了格式化插入的优盘,打开计算机中的“计算机”窗口,然后插入优盘,稍后窗口中出现“可移动磁盘”。在如图 1-10 所示在“计算机”窗口中右击要格式化的磁盘 L:,执行快捷菜单中的“格式化”命令,弹出“格式化移动磁盘”对话框如图 1-11 所示。

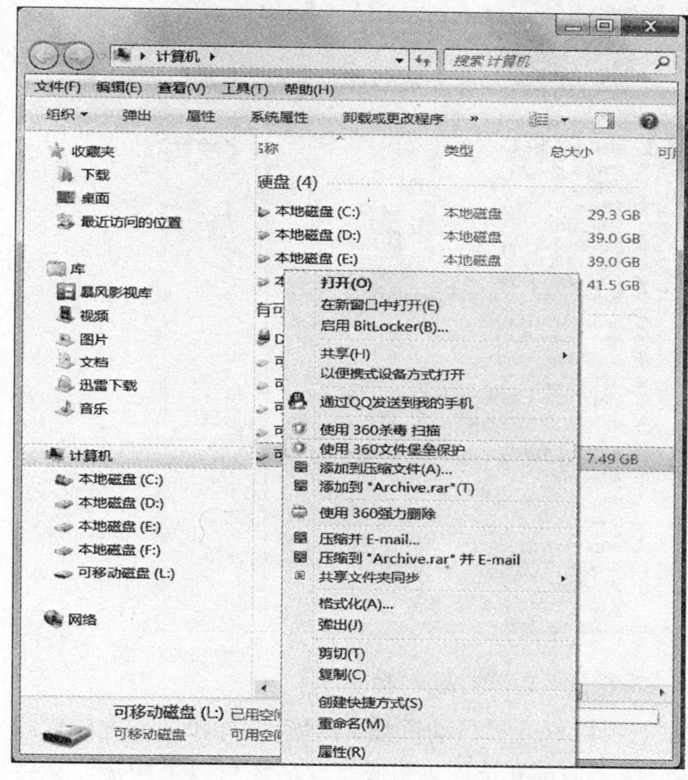


图 1-10 “格式化”快捷菜单

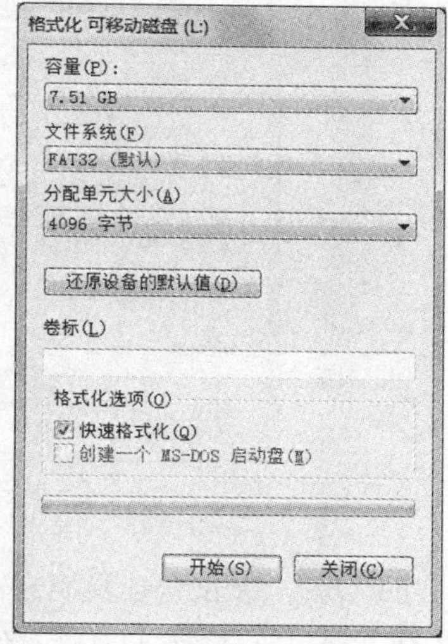


图 1-11 “格式化移动磁盘”对话框

注意此时如果选中“快速”复选框,可以最快实现磁盘格式化操作,但将不检查和挑出坏的磁道,一般用于已知没有任何缺陷的磁盘;否则如果不选中“快速”,则在格式化磁盘的时候还将对磁盘测试是否有局部损坏,对找出的损坏将做标记,标记的目的是使以后在使用磁盘的时候不占用这些损坏的空间,以保证磁盘始终能正确保存信息。

(2)单击“开始”按钮弹出如图 1-12 所示的警告提示,单击“确定”按钮开始格式化。格式化完毕后弹出格式化完毕信息,此处省略不再赘述。

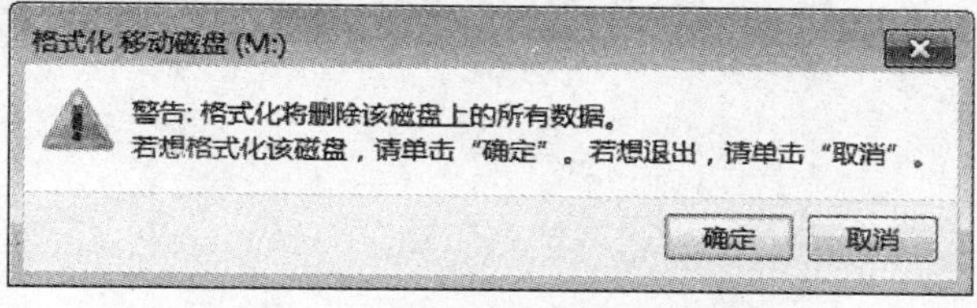


图 1-12 “格式化移动磁盘”警告框

## 1.2.2 复制文件

(1)单击选中被复制文件夹窗口中要复制的一个文件,然后右击它弹出快捷菜单如图1－13所示,执行快捷菜单中的“复制”命令,即可先把要复制的文件复制到剪贴板,然后在优盘窗口空白位置右击,操作时弹出的菜单与图1－13相近,执行快捷菜单中的“粘贴”命令。

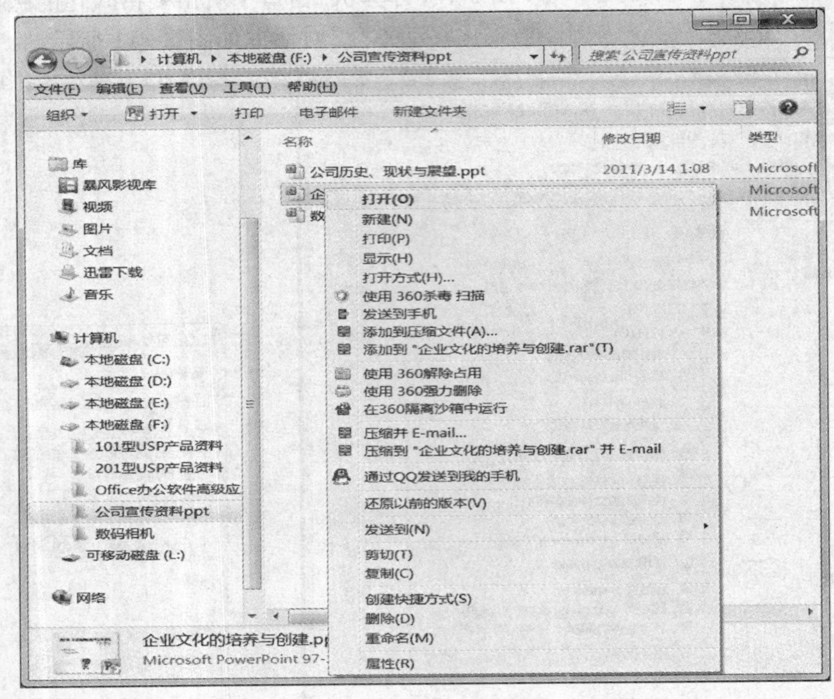


图1－13 执行快捷菜单中的“复制”命令

(2)为了方便快速复制文件到优盘,可先打开可移动磁盘L,然后再打开一个有被复制文件的窗口,调整两个窗口大小、位置,使它们都在桌面上可见。此时还可以采用拖动文件方式将一个窗口中的文件复制移动到另一个窗口。

例如,要把图1－14左边窗口中的第1～3个文件复制到右边窗口中,单击选中左边的一个文件,然后按住“Shift”键的同时单击第三个文件,这样选中左边窗口中的3个文件,然后,以左边任意一个选中的文件为起点,直接拖动到右边窗口中,拖动时操作的图像如图1－14所示。注意拖动时右边随鼠标显示“复制到”字样,释放鼠标时即可看到右边窗口出现了被复制的文件。

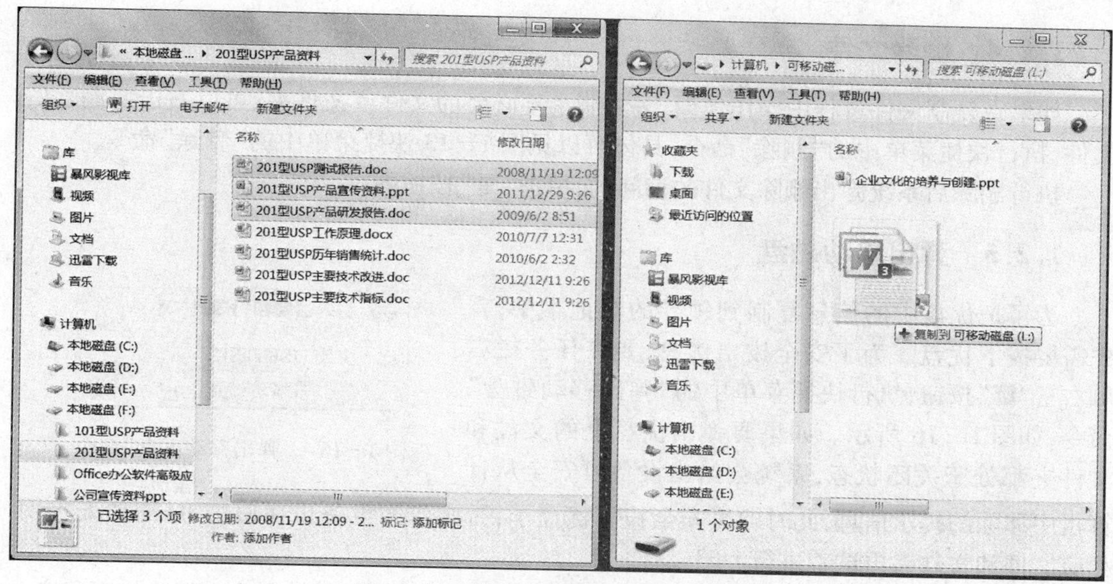


图 1－14　拖动方法复制文件操作界面

## 1.2.3　移动文件

（1）要将机器中的一组照片移动到优盘窗口，可参照复制文件的方法，注意与复制文件操作不同的是要先执行快捷菜单中的“剪切”操作，可参看图 1－13 执行快捷菜单中的“剪切”命令，然后在优盘窗口同样执行“粘贴”命令即可。

（2）采用拖动方法移动文件时，务必在拖动时关注随鼠标显示的文字是“复制”还是“移动”，如果是复制要改成移动，应在拖动时按住键盘上的“Shift”键。图 1－15 是按住“Shift”键拖动左边窗口中的“送广交会老朋友合影”文件夹到右边窗口时的操作界面，随鼠标拖动显示的是“移动到可移动磁盘”字样。

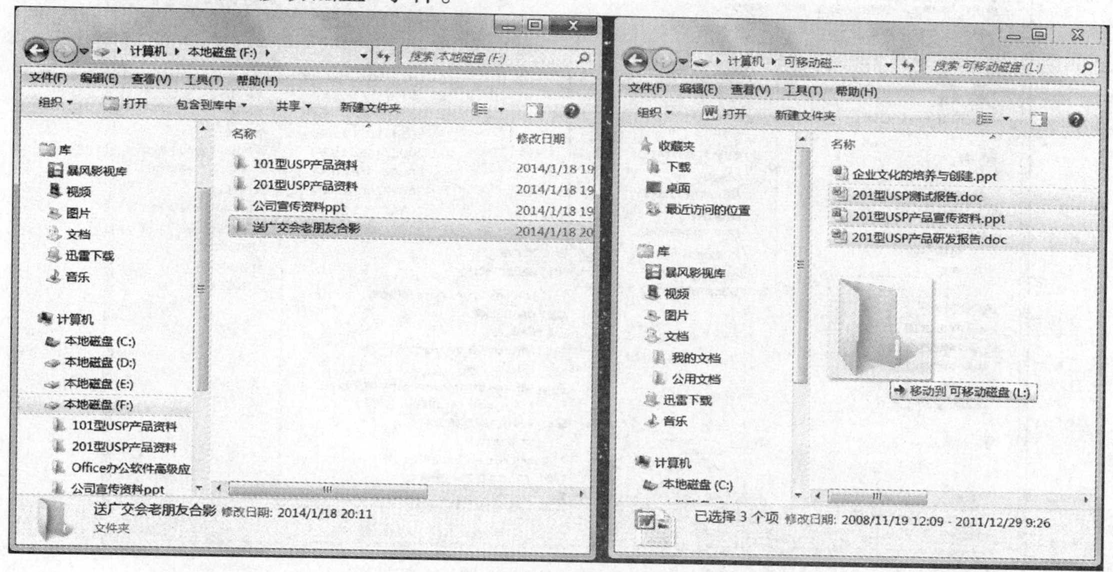


图 1－15　按住 shift 键拖动方法移动文件

### 1.2.4 删除文件

如果在复制文件过程中操作失误，多复制了不必要的文件或文件夹，可以右击要删除的文件，执行快捷菜单中的“删除”命令，具体可以见图1－13快捷菜单中的“删除”命令。

执行删除后系统弹出删除文件的询问框，单击“是”按钮即可。

### 1.2.5 弹出移动磁盘

为了把优盘中的信息复制到领导的笔记本中，首先需要拔下优盘。为了安全拔出优盘，要在任务栏右侧右击“■”按钮，执行快捷菜单中的“弹出移动磁盘”命令，如图1－16所示。如果要弹出优盘上的文件和文件夹都处于关闭状态，系统会给出设备可安全从计算机中移除的提示信息，此时即可安全拔下优盘了；否则告知设备正在使用中，需要先关闭相应文件和文件夹再试着进行关闭。

图1－16 “弹出移动磁盘”命令

如果优盘指示灯正在闪烁，那是系统正在对优盘进行读写操作，此时生硬地拔下优盘，对优盘可能是灭顶之灾，轻则造成下次无法读取出优盘信息，重则造成优盘内部的物理损伤。

### 1.2.6 创建文件夹

(1)为了分门别类保存要带走的资料，首先打开笔记本的“计算机”窗口，切换到用户盘D，右击空白位置弹出快捷菜单，依次单击“新建”→“文件夹”命令，如图1－17所示，在窗口中建立一个名为“新建文件夹”的文件夹。

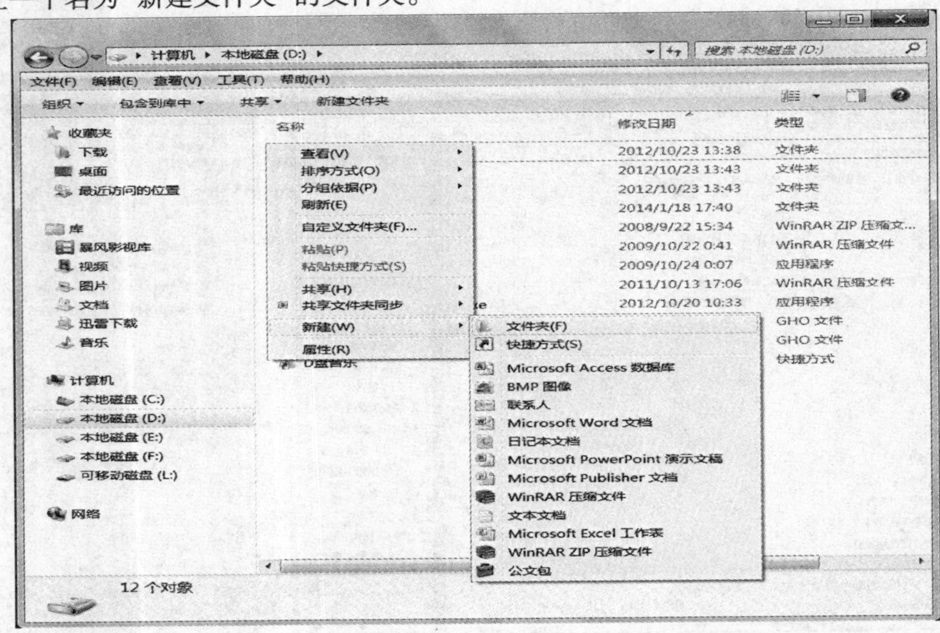


图1－17 快捷菜单

(2)此时光标在“新建文件夹”几个字末尾闪烁,键入“出差用资料”几个汉字后按回车键。

(3)把优盘重新插入笔记本电脑,打开优盘窗口看到已经预装到优盘中的文件,然后参照前面介绍的方法把所有文件复制到“出差用资料”中。

### 1.2.7　创建快捷方式

为了方便领导最快速度打开外出的演讲演示文稿“企业文化的培养与创建.ppt”,可右击该文件,执行图1－18快捷菜单中的“发送到”→“桌面快捷方式”命令,即可在桌面看到出现一个“企业文化的培养与创建.ppt”文件。注意观察它与“企业文化的培养与创建.ppt”文件图标稍有不同,在这个图标上有一个向上的小勾,说明这仅仅是快捷方式,并不是演示文稿的实体文件。

以后领导在桌面双击这个快捷方式,即等同于打开D盘“出差用资料”文件夹后,双击打开“企业文化的培养与创建.ppt”演示文稿了。

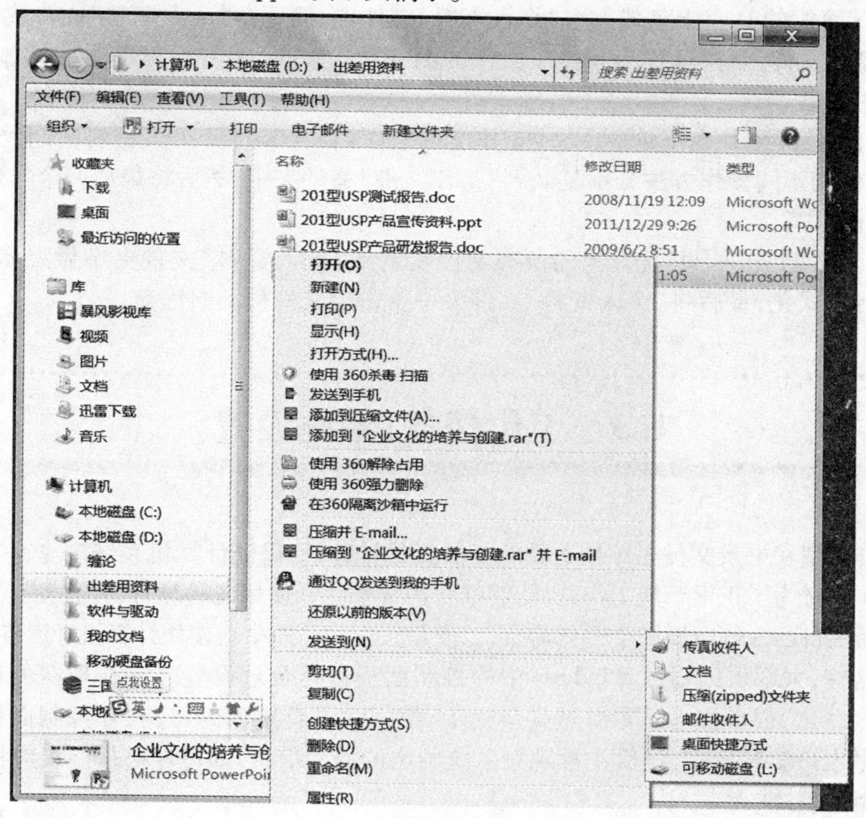


图1－18　快捷菜单

## 【工作小结与扩展】

通过本项工作任务的训练,需要重点掌握的技能是格式化磁盘,文件的复制、移动删除、重命名等磁盘与文件管理的基本操作方法。

此项工作任务中涉及文件的删除,那么删除后的文件去哪儿了呢?请观察桌面上一个称为“回收站”的图标,一般删除文件时系统会显示要“把文件放入回收站吗?”的询问框。

回收站是保存删除文件的一块磁盘空间。如果需要,将来还可以从回收站中把删除的文件找回来。也就是说,采用一般删除时,实际并未真正删除。Windows 设置回收站是为了避免用户误删了有用的文件或文件夹。但是,对于秘书及办公室文员工作来说,会造成删除需要特别保密的文件时不够安全,毕竟别人很容易从回收站中把文件找回来。此时为了更安全删除文件,可以在操作时按住“Shift”键进行文件删除,这时系统提出的警示里不会提到回收站,这样就能保证比较干净彻底地删除文件,其他人也就无法从回收站找回文件了。

采用鼠标拖动方法进行文件复制或移动时,请注意观察拖动时随鼠标出现的提示信息,一般在同一个磁盘的不同文件夹之间拖动文件或在两个不同磁盘中拖动文件,显示的提示信息是不同的。根据自己要复制或移动的要求以及系统显示的是“复制到”还是“移动到”,酌情选择是否按下“Shift”键。

【课后练习】

1. 在计算机的 D 盘上创建一个“个人资料”文件夹,然后在“个人资料”文件夹中创建 5 个不同类型的文件,观察这些不同类型文件的图标和扩展名,练习将第一个文件删除,将第二个文件重命名。

2. 接上题,再在 D 盘上创建一个“工作文件”文件夹,练习将“个人资料”文件夹中的第三、四个文件用不同操作方法分别复制到“工作文件”文件夹中,然后将最后一个文件移动到后一个文件夹中。

3. 插入优盘,先练习将优盘上的所有文件复制到“个人资料”文件夹中做好备份,然后对优盘进行格式化,最后将“个人资料”文件夹中备份的文件移动回优盘。

## 1.3 工作任务:系统设置

目前办公室秘书及文员工作最主要的工具就是计算机,保证计算机系统安全是工作中的最低要求。同时为了正常开展工作,要能够顺利正常安装和使用各种软件,并且使计算机系统始终保证满足自己工作习惯和个性化需要,以便最大程度高效率地使用计算机开展各项工作。

所有这些,大都可以通过 Windows 中的控制面板进行合理设置。好在现在的计算机系统越来越人性化,很多技术只要通过简单提示,使用者沿着给出的思路,在控制面板中找到相应的程序入口尝试操作,稍微注意观察系统给出的提示信息,即可轻松掌握相应技术。

【学习目标】

通过本项工作任务的训练,掌握设置用户密码、安装和卸载打印机、设置系统时钟、启用“自动更新”、安装和卸载程序等系统设置的操作方法。

【工作情境】

虽然秘书小王独自使用个人电脑,但办公室人来人往,他担心电脑需要保密的文件被人偷看,偶尔发现电脑时钟也似乎也稍有误差,还需要安装一台打印机,另外感觉电脑中图标越来越多,工作速度也越来越慢,为此需要对电脑做些合理设置。

【任务分析】

担心电脑中的保密文件被盗取，可以为电脑设置一个开机密码，使没有密码的人无法打开自己的电脑；调整系统时间可以借助互联网，简单轻松还保证非常精确；安装打印机在控制面板中有相应的程序入口；感觉电脑速度越来越慢，可能是安装的软件太多，可以卸载一些没用的软件，相当于给电脑减负。所有这些工作要求，都可以借助控制面板来实现。

【任务关键步骤】

### 1.3.1 设置用户密码

(1)为了给计算机设置密码，首先在启动计算机后以管理员的身份登录，然后参照图1-19方法从“开始”菜单→“控制面板”，打开图1-20所示的“控制面板”。

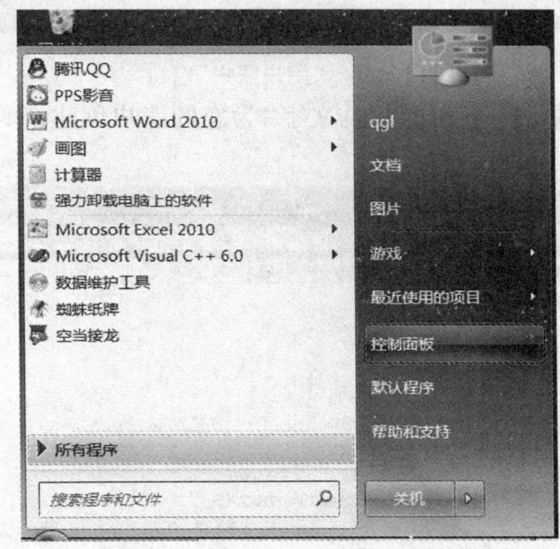


图1-19 打开“控制面板”操作

图1-20 “控制面板”窗口

(2)在“控制面板”窗口,依次单击“用户账户和家庭安全”→“用户账户”,窗口切换到图1-21所示。

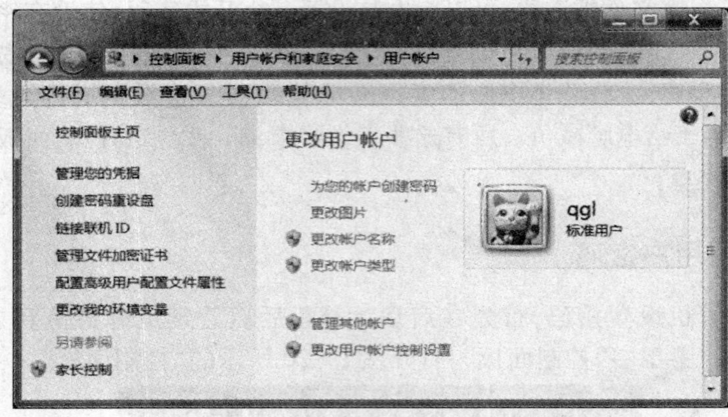


图1-21 “用户账户”窗口

(3)单击“更改用户账户”下面的蓝色文字“为您的账户创建密码”,打开如图1-22所示的“创建密码”窗口。

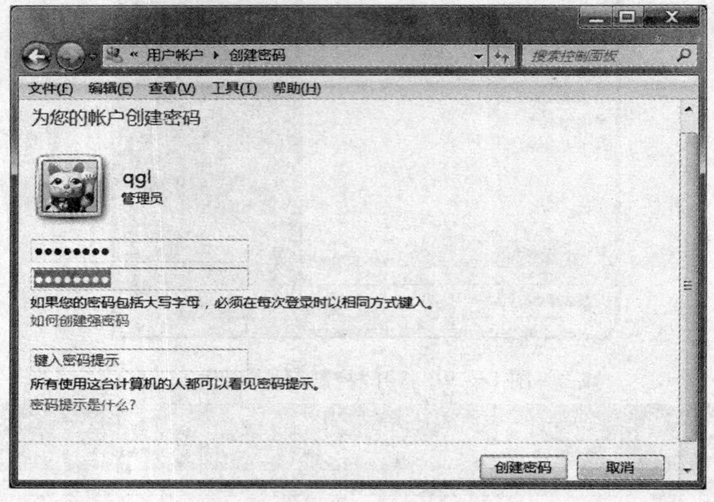


图1-22 创建密码

(4)然后再图1-22窗口用户名下面的两个文本框中输入相同的密码,再单击右下的“创建密码”按钮,此时看到原来显示“为你的账户创建密码”的文字换成了“更改密码”了。

以后不知道密码的人,将无法启动小王的计算机,也就避免了其中的信息被盗取。

### 1.3.2 安装和卸载打印机

单击图1-20“控制面板”窗口左边“硬件和声音”绿色文字下面的“查看设备和打印机”,切换到图1-23所示的窗口。窗口里面有已经安装的各种设备,再单机上方的“添加打印机”按钮,即可弹出安装打印机的操作向导,然后根据操作向导的要求逐步操作即可顺利安装打印机。

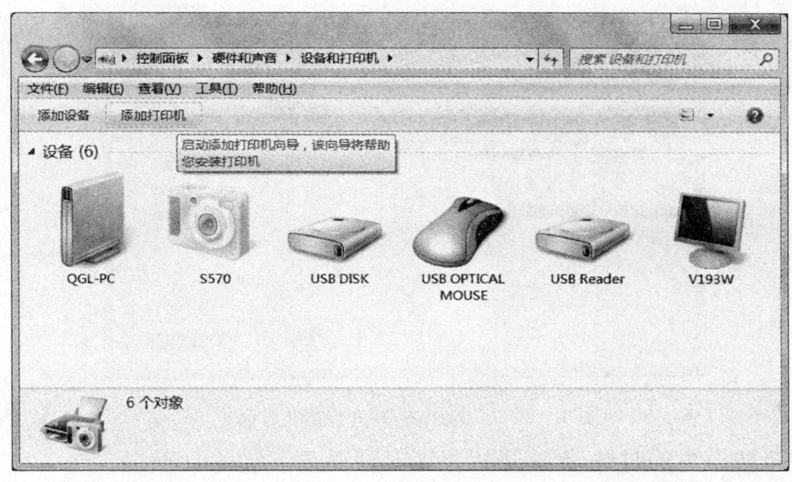


图 1－23　添加打印机窗口

### 1.3.3　设置系统时钟

为了精确设置系统时钟，可以在“控制面板”窗口的“时钟、语言和区域”链接中找到修改系统日期和时间的入口，也可以右击任务栏最右边的系统时钟，弹出如图 1－24 所示的月历和时钟，单击下面的“更改日期和时间”命令，弹出图 1－25 所示的“日期和时间”对话框。然后在“Internet 时间”选项卡单击“更改设置”按钮打开图 1－26 所示的“Internet 时间设置”对话框，选中“与 Internet 时间服务器同步”复选框后，在服务器下拉列表框中选择“time. windows. com”，最后单击“立即更新”按钮。

稍后即可见到对话框中显示同步成功的文字提示，单击“确定”按钮，然后依次关闭上述打开的对话框即可。

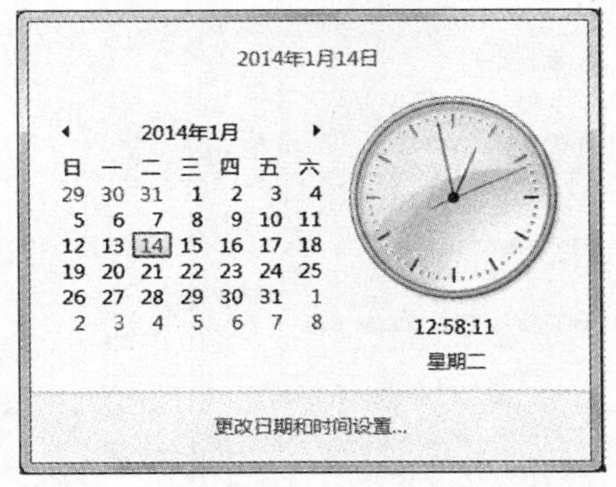


图 1－24　月历和时钟

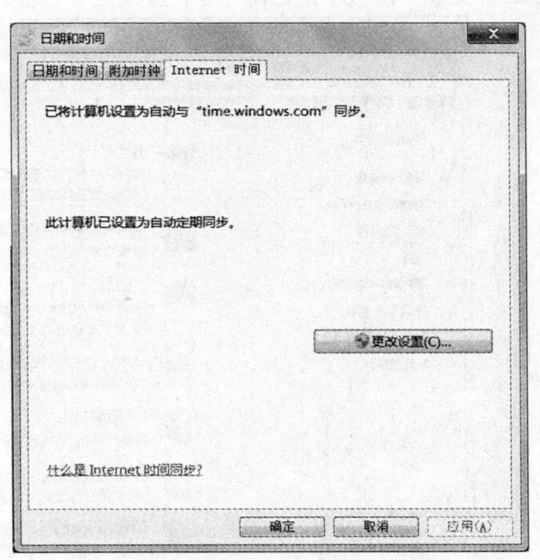


图 1－25　“日期和时间”对话框中“Internet 时间”选项卡

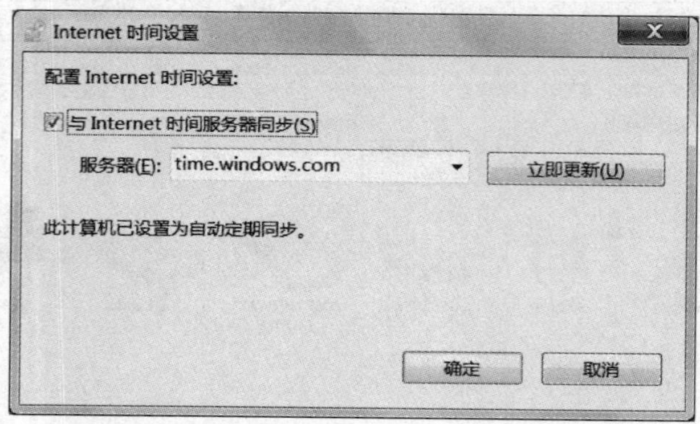


图 1－26 “Internet 时间设置”对话框

采用这种方法设置的时钟，至少可以保证时钟误差不超过 1 秒。

## 1.3.4 启用“自动更新”

Windows 自动更新是 Windows 操作系统的一项重要功能，也是微软为用户提供售后服务的最重要手段之一。随着 Windows 操作系统软件规模越来越大，难免后期不断发现错误和安全漏洞，自动更新服务提供了一种方便、快捷地安装修补程序和更新 Windows 操作系统的方法。在用户启用 Windows“自动更新”选项后，计算机会自动从微软公司的网站上下载最新的弥补系统漏洞的所谓“补丁”程序，提升 Windows 的效能，使其变得更加安全。

在控制面板窗口中先单击“系统和安全”，切换到窗口如图 1－27 所示，然后单击“Windows Update 自动更新”下面的“启用或禁止自动更新”链接，弹出如图 1－28 所示窗口。

可以根据用户的需要在“重要更新”下拉列表框中灵活选择“自动下载更新”、“询问后决定是否更新”和“从不更新”几个选项之一，然后单击“确定”按钮。

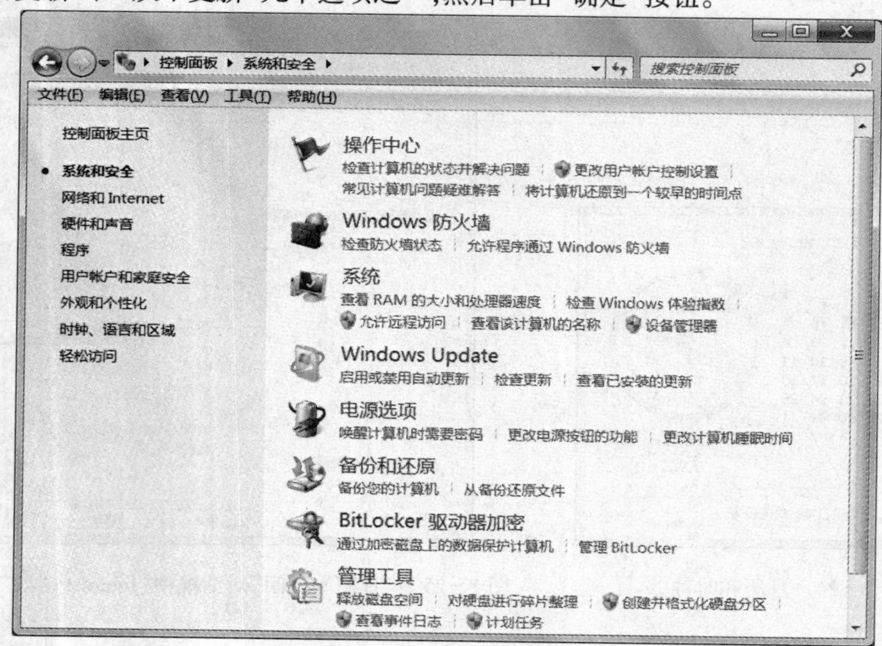


图 1－27 系统和安全

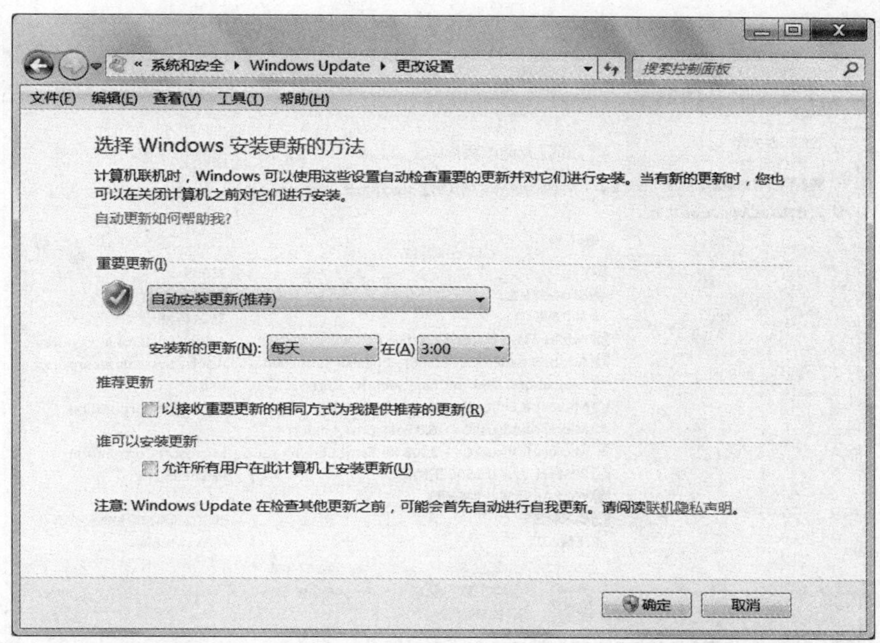


图1-28 启用自动安装更新

选择了自动下载更新，那么 Windows 将会在连接到互联网时自动搜寻并下载当前可以应用的补丁程序，并且以后的安装更新过程也是完全自动完成的，一切都不再需要用户进行干预。

## 1.3.5 查看、安装和卸载程序

要安装一个新软件，一般方法是插入存储软件的存储介质，直接双击相应的安装程序，然后参照软件安装的提示不断单击“下一步”按钮即可。对于有特别安装要求的软件，则需要参照软件的安装说明操作即可轻松完成安装。

要清理计算机系统，就要卸载不需要的软件，绝大多数软件在设计时就考虑到用户可能将来要卸载的问题，为此安装完该软件后即可在“开始”菜单中看到卸载该软件的命令，在“开始”菜单中执行相应命令即可。

如果在“开始”菜单里找不到卸载某个软件的命令，就应通过控制面板“卸载”来实现删除软件。操作时应首先打开“控制面板”窗口，单击绿色文字“程序”链接下面的蓝色文字“卸载”链接，窗口切换成如图1-29所示。

单击选中一个要卸载的软件“搜狗高速浏览器2.0.0.1070”，然后单击上面的**卸载/更改**链接。

一般系统会弹出相应要卸载的提示，单击确认要卸载的对应按钮即可顺利卸载该软件。

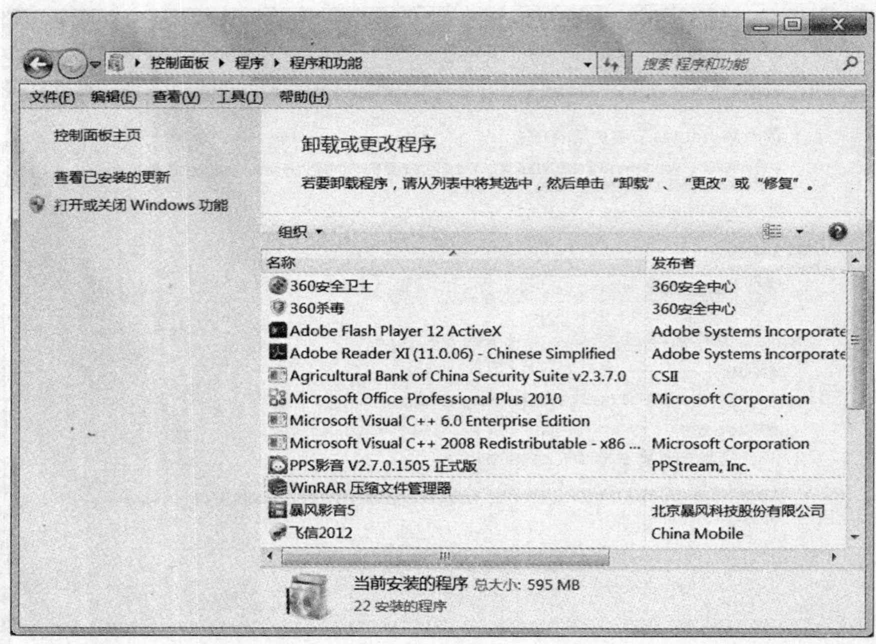


图 1－29 “程序和功能”中的“卸载”

## 【工作小结与扩展】

通过本项工作任务的训练，需要重点掌握的技能是设置用户密码、时钟，安装和卸载程序等系统操作方法。

如果感觉计算机工作速度越来越慢，可能造成这种情况的原因很多，不考虑计算机病毒原因的情况下，卸载不需要的软件是一个好办法，同时清理硬盘中不需要的文件，整理合并磁盘碎片也是重要选择之一。

为了清理磁盘碎片，可以打开要清理的磁盘窗口，执行快捷菜单中的“属性”命令，在弹出的磁盘属性对话框的“工具”选项卡中有“立即进行碎片整理”按钮，单击它可以由系统自动进行整理。

如果担心系统某一天出现莫名其妙的不正常，建议用户对计算机系统做一个系统备份，以后一旦出现系统故障难以修复的时候，可以通过还原的办法使系统恢复到无故障状态。

备份系统和还原系统，也在控制面板窗口中，参见图 1－19“控制面板”窗口“系统和安全”下面的“备份您的计算机”链接。备份时要指定将备份保存到哪个磁盘中，以后需要还原系统的时候，还从这里入口。观察屏幕窗口中提示的信息，即可很容易实现备份和还原。

## 【课后练习】

1. 练习在计算机中安装一个 HP1015 打印机，然后再练习将这款打印机删除。
2. 给自己计算机的管理员账号设置一个开机密码。
3. 给自己计算机设置日期和时间，要求与 Internet 时钟完全一致。

# 1.4 工作任务:计算机网络的运用

计算机网络是指将地理位置不同的具有独立功能的多台计算机及其外部设备,通过通信线路连接起来,在网络操作系统、网络管理软件及网络通信协议的管理和协调下,实现资源共享和信息传递的计算机系统。

Internet 互联网是由许多小的网络(子网)互联而成的一个逻辑网,每个子网中连接着若干台计算机(主机),以相互交流信息资源为目的,基于一些共同的协议,并通过许多路由器和公共互联网而形成,它是一个信息和资源共享的集合。

为了保证全世界类型各异的计算机之间能够正确通信,互联网采用 TCP/IP 协议保证各台计算机之间能够彼此正确识别和收发对方发来的信息。

在国际互联网(Internet)上有成百上千万台主机(host),为了区分这些主机,人们给每台主机都分配了一个专门的"地址"作为标识,称为 IP 地址,也就是网址。通常 IP 地址是由 4 个中间用点分割的数字组成。

数字化的 IP 地址很不容易被人记住,为此人们建立了一套域名体系,其作用就在于通过便于记忆而且具有一定标识意义的域名,来免除人们记忆数字化 IP 地址的不便。因此,当你要在国际互联网上建服务器时,就需要注册域名。由于域名在国际互联网中不能有字符完全相同的重复,同时又具有一定的标识作用,因此域名商标一样具有相当的价值。

Internet 互联网主要提供的服务有信息浏览服务、文件传输服务、电子邮件服务、信息检索查询服务、远程登录服务等。

借助互联网可以大大提高秘书及办公室文员的工作效率,比如搜索下载资料、图片,收发电子邮件等。互联网虽然提供了海量的信息资料,对于秘书及办公室文员的日常管理工作大有帮助,但是,目前计算机病毒的传播也是主要借助互联网来进行的,所以在上网的过程中还必须随时防御计算机病毒的侵害,还要借助互联网经常升级计算机杀毒软件。

【学习目标】

通过本项工作任务的训练,掌握检索信息、收发邮件的基本方法,并能够利用网络下载安装、升级常用杀毒软件。

【任务分析】

上网检索信息使用的工具是 Internet Explorer 浏览器,简称 IE,收发邮件虽然可以用专用软件,但一般借助浏览器也可以轻松实现,所以大多数人都不再学专用软件。安装杀毒软件和升级的过程,其实就是下载并安装相应的杀毒软件。目前国内绝大多数杀毒软件都是免费的,比较常用的免费的杀毒软件有 360 杀毒、瑞星、金山杀毒软件等,实际上使用任意一款都能满足查、杀计算机病毒的需要。在连接了互联网的情况下,一般杀毒软件都有自动升级功能。

【任务关键步骤】

## 1.4.1 使用 IE 浏览器搜索信息

单击任务栏左边快速启动工具栏上的按钮，启动 IE 浏览器，在地址栏输入“http://www.baidu.com”然后按回车键，打开常用的中文搜索引擎百度主页。在百度主页窗口中的“百度一下”左边的文本框中输入“李开复病情”，如图 1－30 所示。

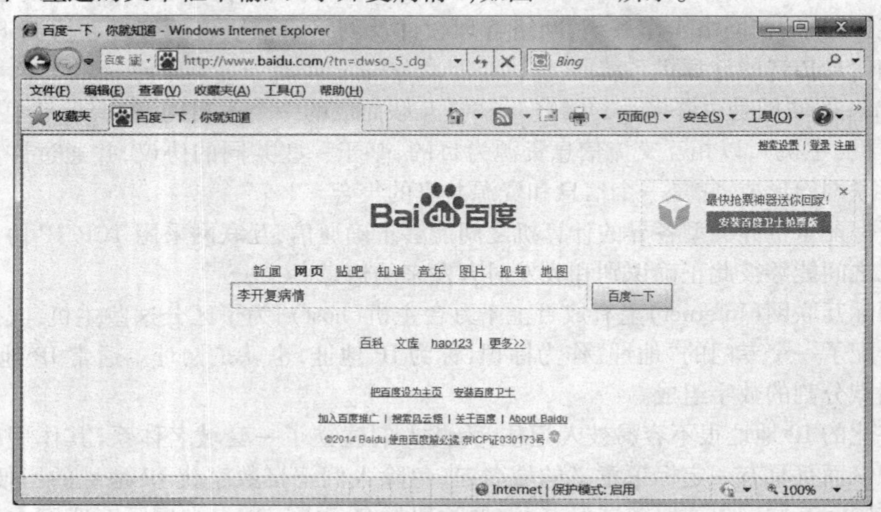


图 1－30 在百度中输入要搜索的信息

注意文本框上方的一组文字，目前搜索的是网页，然后单击“百度一下”按钮，稍后弹出搜索结果窗口，里面有查找到的网址链接，一般会弹出链接“李开复病情”的全部网页标题链接，如图 1－31 所示。

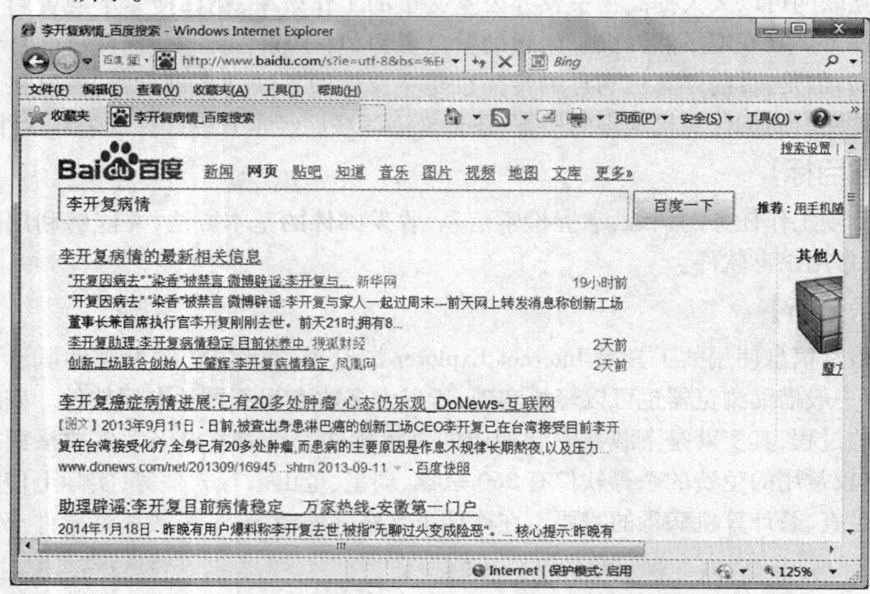


图 1－31 搜索到有“李开复病情”的网址

把鼠标指针指向某个链接的标题，鼠标指针成为一个小手“☝”的形状时单击，即可再打开一个新的窗口。看过有关李开复病情的一些网页信息后，要具体看看有关李开复病情的图片了，在图 1－31 的窗口中先单击有“李开复病情”文本框上方的“图片”，再单击“百度一下”按钮，即可看到搜索到的一组图片，如图 1－32 所示。

图 1－32　搜索到的一组图片

单击想看的一张图片，窗口成为如图 1－33 所示的样子，单击右边的方向标识可以继续查看下一张图片的大图。

图 1－33　打开含有“李开复病情”的图片

如果想看到本图片在网页中的出处，单击窗口右上角“图片信息”下面的 www.favornews.com 文字链接，即可继续打开这张图片所在的网页窗口。

技巧：利用 IE 浏览器单击各个超级链接，可以任意浏览网上的新闻、文章等。在操作过程中，如果浏览过的页面上还有其他超级链接，可以继续单击打开新的网页，单击窗口标题行右边的关闭按钮可关闭该网页。

有时单击了某个超级链接后窗口的内容自动更新了，看过新的网页内容后，单击工具栏上的“后退”按钮，可以再浏览前面的内容，或利用前面的网页上的超级链接查看其他感兴趣的网页。

## 1.4.2 收发电子邮件(以网易免费邮箱为例)

启动 IE 浏览器后，在地址栏输入登录邮箱的网址 http://www.126.com，然后按回车键，稍后窗口出现邮箱入口，如图 1－34 所示，然后在邮箱账号登录下面输入已经注册成功的用户名、密码，单击“登录”按钮即可打开如图 1－35 所示的邮箱界面。

图 1－34 登录邮箱

注意左边窗格有收件夹、草稿夹、已发送等几个文件夹，单击它们可以查看里面存放的邮件，单击右边一个邮件内容，可以查看具体的邮件，如图 1－36 所示。

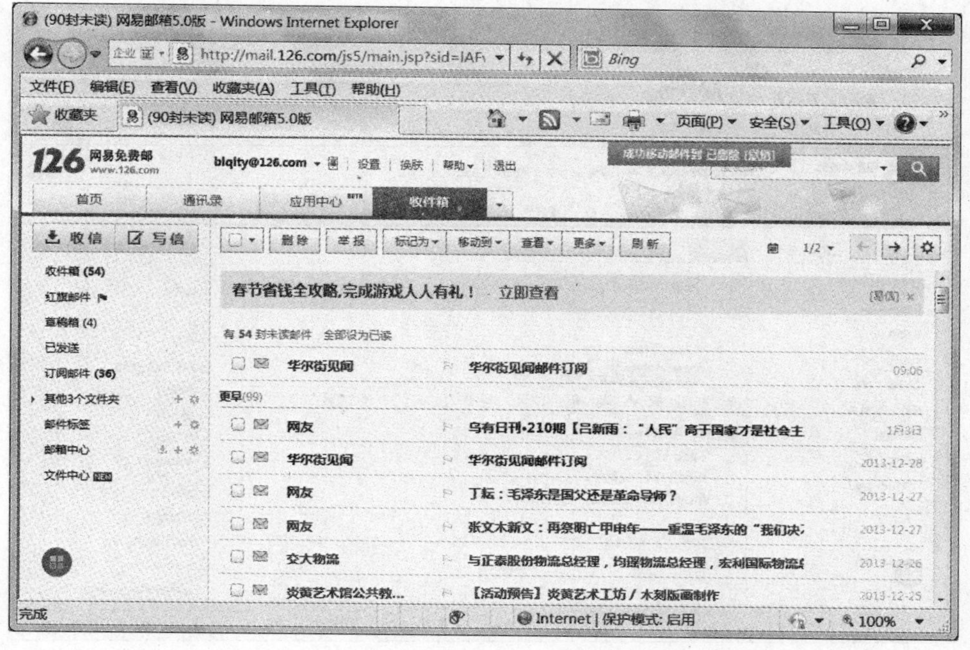


图 1－35　进入邮箱界面

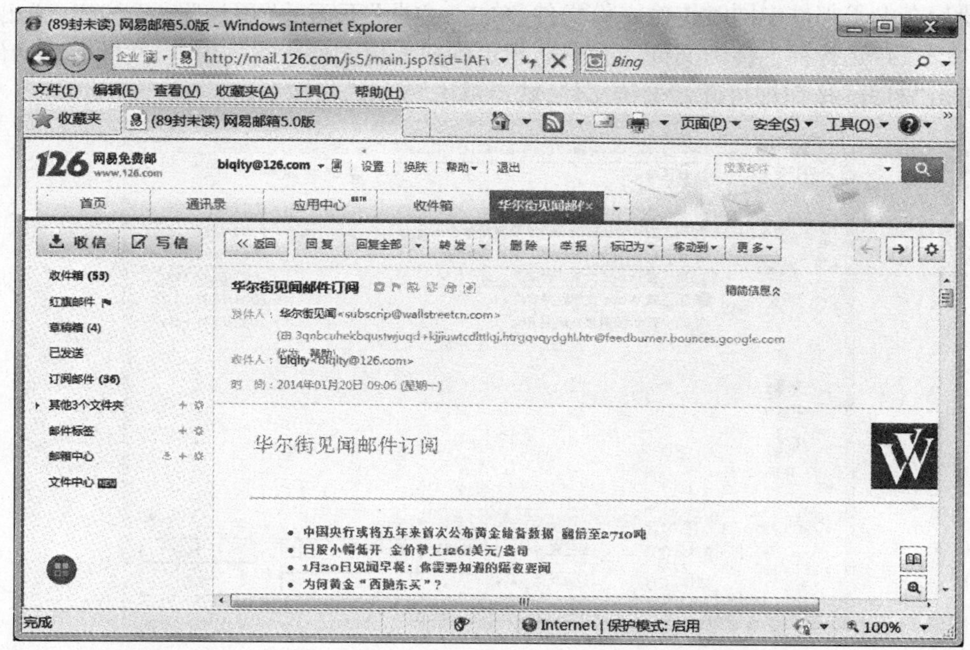


图 1－36　查看一封邮件

要想发送一封邮件，可以单击左窗格上面的“写信”按钮，弹出如图 1－37 所示的写邮件窗口，在收件人、主题和下面正文处填写邮件内容。

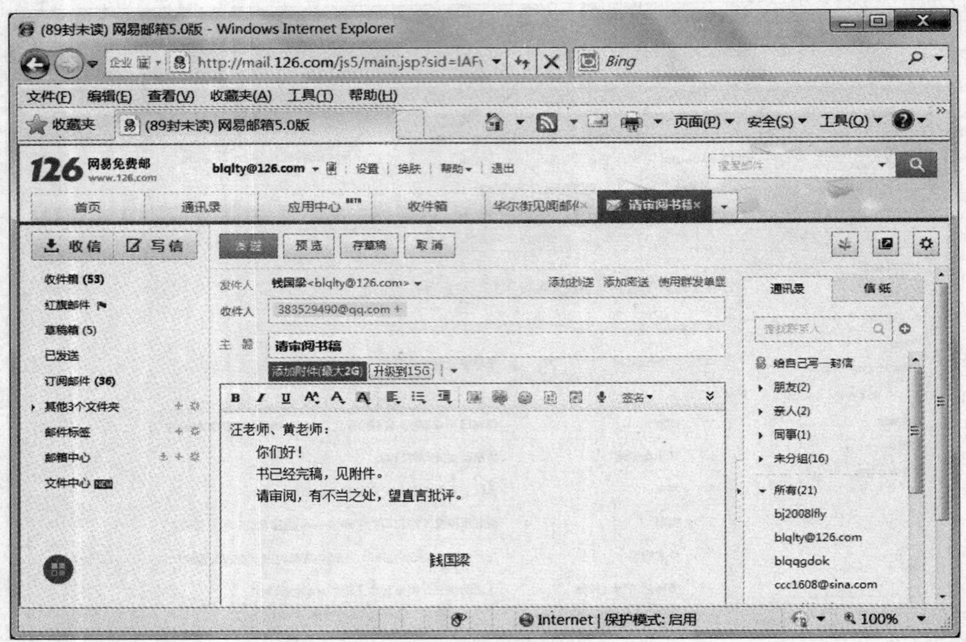


图 1－37　写邮件窗口

要想在电子邮件中同时传输一份文件，单击“主题”下面的“添加附件”按钮，弹出如图1－38所示的“选择要上传的文件”对话框，指定到要上传文件所在的磁盘、文件夹和文件名，然后单击“打开”按钮即可开始上传文件，然后单击“发送”按钮即可。

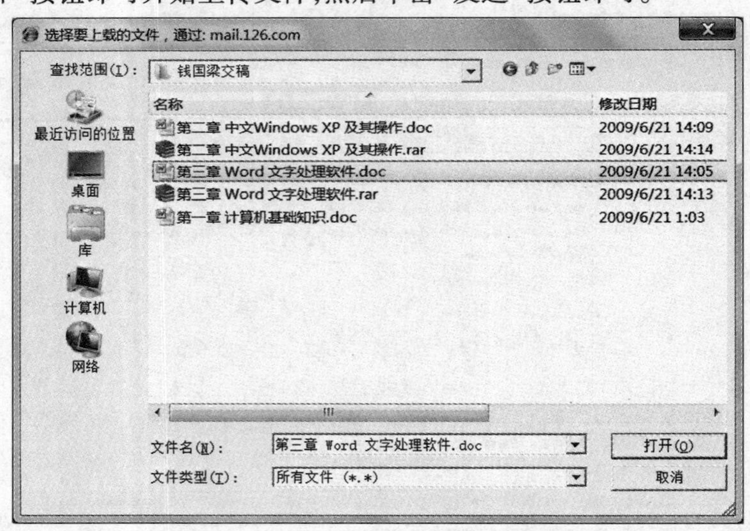


图 1－38　“选择要上载的文件”对话框

### 1.4.3　下载和安装 360 杀毒软件

首先启动 IE 浏览器，在地址栏键入下载 360 杀毒软件的官网地址 http://sd.360.cn/，按回车键弹出如图 1－39 所示的窗口。

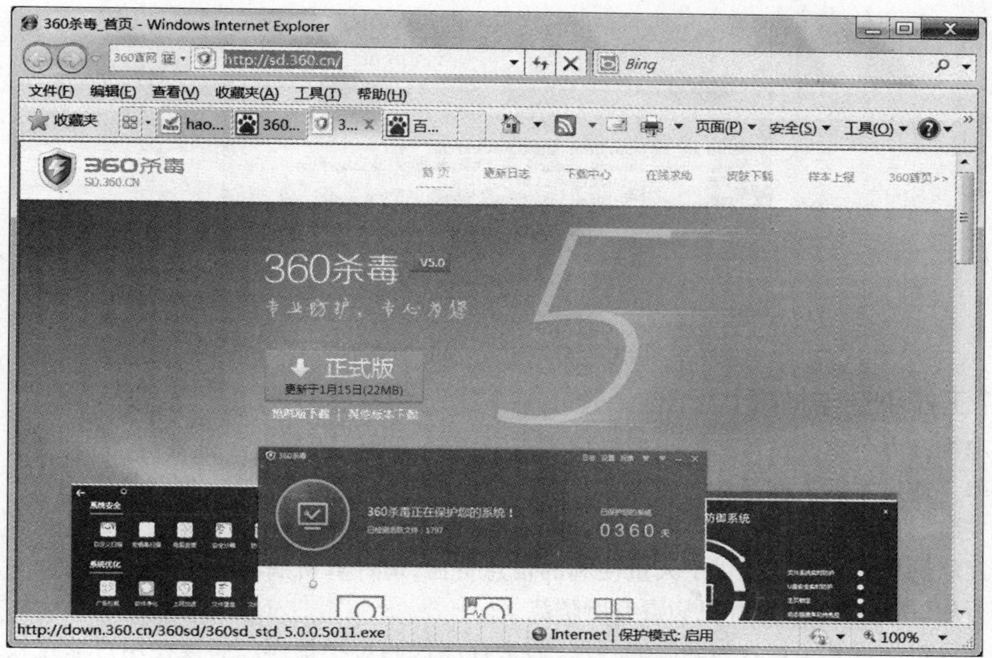


图1-39　进入360杀毒软件的官网首页

单击“正式版”弹出如图1-40所示的“另存为”对话框，选择要保存文件的磁盘和文件夹后，单击“保存”按钮开始下载。

随进度条的推进，稍后系统显示“下载完毕”对话框，如图1-41所示，此时单击“运行”按钮即马上开始安装杀毒软件。

之后密切注意系统操作的提示信息，很容易即可完成安装、升级的全过程，此处不再赘述。

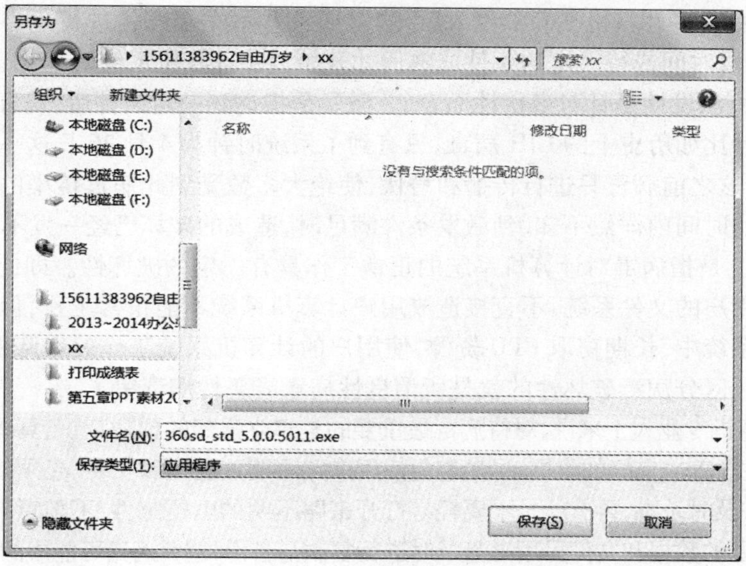

图1-40　“另存为”对话框

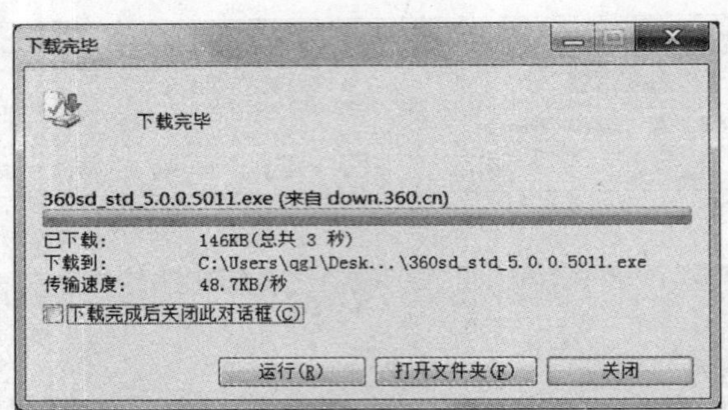


图 1－41 “下载完毕”对话框

**【工作小结与扩展】**

秘书及办公室文员可以利用网络搜索下载资料、图片，收发电子邮件等，大大提高了办公效率。通过本项工作任务的训练，需要重点掌握的技能是检索信息、收发邮件并利用网络下载安装、升级杀毒软件。

互联网虽然为办公提供了大量便利的信息资源，但计算机病毒的传播也是通过互联网来进行的，所以必须对计算机病毒有所防范。

计算机病毒其实是人为编制的程序，通常程序代码短小精悍。病毒在用户非授权的情况下控制 CPU 完成病毒传播和危害计算机系统。

计算机病毒主要通过计算机网络和可移动存储介质传播病毒。

计算机病毒一般具有五大特征：

(1)传染性(也称繁殖性)：传染是它的一个重要特性，它通过修改其他文件，实现自我复制到其他文件、磁盘，从而达到扩散的目的。

(2)隐蔽性：或称隐藏性，是指病毒程序大多把自己嵌入正常文件之中，用户找不到病毒文件，所以很难被发现。

(3)潜伏性：很多计算机被病毒侵入后，病毒通常并不立即开始进行危害计算机系统的活动，需要等一段时间或待一定的条件成熟后才开始危害计算机系统。

(4)激发性：激发性是针对潜伏性而言的，激发是指达到一定条件后，病毒才开始严重危害计算机系统。比如历史上的 CIH 病毒，只有到了系统时钟为 4 月 26 日这一天才开始破坏计算机系统，在这之前病毒只进行传播和潜伏，使绝大多数受到此病毒传染的计算机用户对此病毒在较长的时间内浑然不知，到激发条件满足时，造成的破坏已经一发不可收拾了。

(5)破坏性：是指病毒对计算机系统的正常工作具有一定的破坏性。即使有的病毒不直接删除或修改用户的文件系统，不直接造成用户计算机系统不能正常工作，但是其长期驻存在用户计算机系统中，长期窃取 CPU 资源，使用户的计算机系统工作效率降低，也被视为一种破坏性。唯一区分病毒破坏性的就是所谓良性病毒或恶性病毒罢了。

对于非计算机专业人士来说，对待病毒最重要的是建立强烈的预防意识，具体表现在使用计算机过程中应注意养成良好的习惯，尽量避免使用来路不明的磁盘和文件，必须使用时一定要先检查有无病毒并及时杀毒，再有就是不要轻易打开来路不明的电子邮件，不随意下载和安装不必要的软件，对重要的数据和文件另用磁盘及时进行复制与备份，避免病毒可能成的巨大损失。

一旦计算机出现不正常情况，一般首先怀疑是计算机病毒在作怪，应及时借助反病毒软

件清除病毒,这是针对非计算机专业用户最重要的方法。

目前国内外有很多查、杀病毒的软件,如国内的瑞星、金山毒霸等,国外的卡巴斯基、诺顿杀毒软件(Norton Antivirus)等也都是值得信赖的。杀毒软件能检查计算机中是否存在病毒程序,并能删除这些病毒程序。在使用杀毒软件中,最重要的在于经常保持对杀毒软件进行升级,切不可以为有了杀毒软件就可以高枕无忧了。

借助网络维护计算机系统安全,还有一个称为“360 安全卫士”的非常有用的工具,建议用户通过百度搜索并下载安装。这个软件会自动提示用户微软提供了新的安全补丁程序,提示用户选择安装,可以更好地不断维护系统使其内部更健壮,免受网络环境病毒和黑客的攻击。

## 【课后练习】

1. 打开浏览器,利用百度搜索引擎搜索 2014 年巴西足球世界杯比赛如下信息:

(1)2014 年巴西世界杯开幕式到闭幕式的时间;

(2)2014 年巴西世界杯抽签分组一览表;

(3)参赛国家的国旗图案。

2. 将计算机连接到 Internet 网络后,打开浏览器后分别在网易(www. 126. com)和搜狐(www. sohu. com)注册两个不同的账号,即可获得两个邮箱。利用自己网易账号的邮箱给搜狐账号的邮箱发送一封带附件的电子邮件,然后在搜狐邮箱接收邮件并下载附件。

3. 下载 360 杀毒软件并立即对计算机进行一次全面杀毒检查。

# 模块 2　Word 文字处理软件

撰写公文与排版文档是现代秘书及办公室文员工作中最基本的日常工作内容，现在这类工作几乎都离不开计算机办公自动化软件。微软公司的 Microsoft Word 文字处理软件无疑是进行文字编写与排版的首选。Word 主要用于书面文档的编写、编辑和打印。除处理文字外，还可以在文档中插入和处理表格、图形、图像、艺术字、数学公式等。无论初级或高级用户在文档处理过程中所需实现的各种排版输出效果，都可以借助 Word 软件提供的功能轻松实现。

## 2.1　工作任务：实现一个简单公文排版

**【学习目标】**

通过本项工作任务的训练，学会设置页面的基本方法，掌握 Word 文档新建、保存等基本技术，能够熟练对文档中的文字、段落进行排版设置。

**【工作情境】**

某学校办公室秘书小王参与发布《关于加强师生集体外出活动管理工作的通知》，该通知属于行政公文的一种，其排版格式需符合法定公文的要求。具体式样如图 2－1 所示。

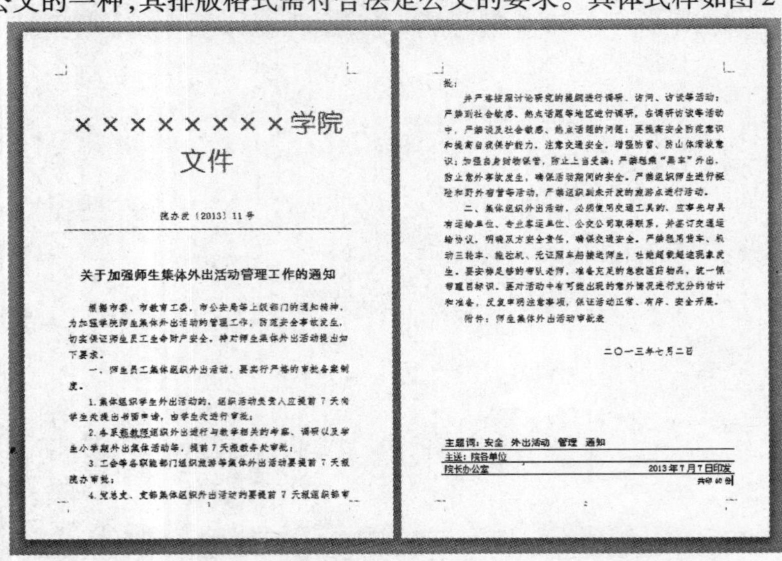

××××××××学院
文件

院办发〔2013〕11号

关于加强师生集体外出活动管理工作的通知

根据市委、市教育工委、市公安局等上级部门的通知精神，为加强学院师生集体外出活动的管理工作，防范安全事故发生，切实保证师生员工生命财产安全，特对师生集体外出活动提出如下要求。

一、师生员工集体组织外出活动，要实行严格的审批备案制度。

1. 集体组织学生外出活动的，组织活动负责人应提前 7 天向学生处提出书面申请，由学生处进行审批；

2. 各系部教师组织外出进行与教学相关的考察、调研以及学生小学期外出集体活动等，提前 7 天报教务处审批；

3. 工会等各职能部门组织旅游等集体外出活动要提前 7 天报院办审批；

4. 党总支、支部集体组织外出活动的要提前 7 天报组织部审批；

并严格按照讨论研究的提纲进行调研、访问、访谈等活动；严禁到社会敏感、热点话题等地区进行调研，在调研访谈等活动中，严禁谈及社会敏感、热点话题的问题；要提高安全防范意识和提高自我保护能力，注意交通安全，增强防雷、防山体滑坡意识；加强自身财物保管，防止上当受骗；严禁租乘“黑车”外出，防止意外事故发生，确保活动期间的安全。严禁组织师生进行探险和野外宿营等活动，严禁组织到未开发的旅游点进行活动。

二、集体组织外出活动，必须使用交通工具的，应事先与具有运输单位、专业客运单位、公交公司取得联系，并签订交通运输协议，明确双方安全责任，确保交通安全。严禁租用货车、机动三轮车、拖拉机、无证照车船接送师生，杜绝超载超速现象发生。要安排足够的带队老师，准备充足的急救医药物品，统一佩带醒目标识。要对活动中有可能出现的意外情况进行充分的估计和准备，反复申明注意事项，保证活动正常、有序、安全开展。

附件：师生集体外出活动审批表

二〇一三年七月二日

主题词：安全　外出活动　管理　通知

主送：院各单位

院长办公室　2013年7月7日印发

共印 40 份

图 2－1　要制作的公文文档示例

【任务分析】

这是一个以文字内容为主的简单公文排版，涉及要使用的 Word 技术有：

- 纸张的选择；
- 纸张边距的设置；
- 涉及多种文字的字体、字号、红色和普通的黑色文字颜色设置；
- 文字中使用了几条粗细不同、颜色不同的横线；
- 涉及段落的居中、首行缩进 2 个汉字宽度；
- 涉及段落前如何设置间距问题；
- 涉及在 Word 中如何新建、保存文件等基本技术。

【任务关键步骤】

### 2.1.1　建立 Word 文档，录入文字

（1）启动 Word，可以看到新建了一个默认名字为“文档 1”的空白文档。

（2）首先不考虑文档中的文字大小、字体字号等因素，先录入文档中的所有文字。注意录入时每个自然段结尾键入一个回车键，这样可以文章自然分出段落。录入结束后文档成为图 2－2 所示的样子。

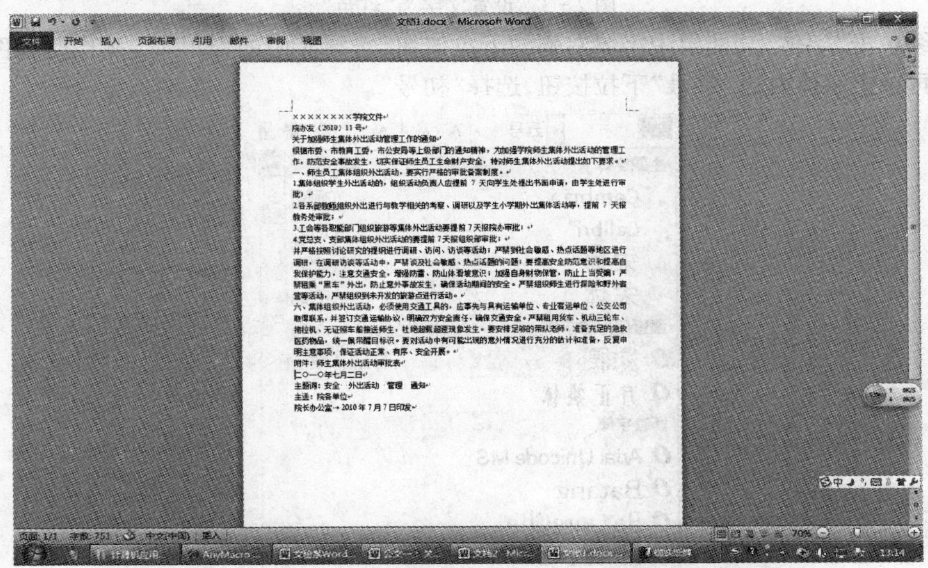


图 2－2　录入结束后的文档

### 2.1.2　设置文档格式

（1）为了设置首行文字“××学院……”成为文档中较大文字且居中，首先从该行行首拖动鼠标到行尾，看到该段文字成为黑底白字，这是使文字处于被选中状态。

先单击“开始”选项卡，单击“段落”功能组中的居中按钮“☰”，即可看到该行文字处于居中状态。

单击“字体”功能组中“字体颜色”按钮右边的小三角，选择其中的“红色”，如图 2－3 所示。

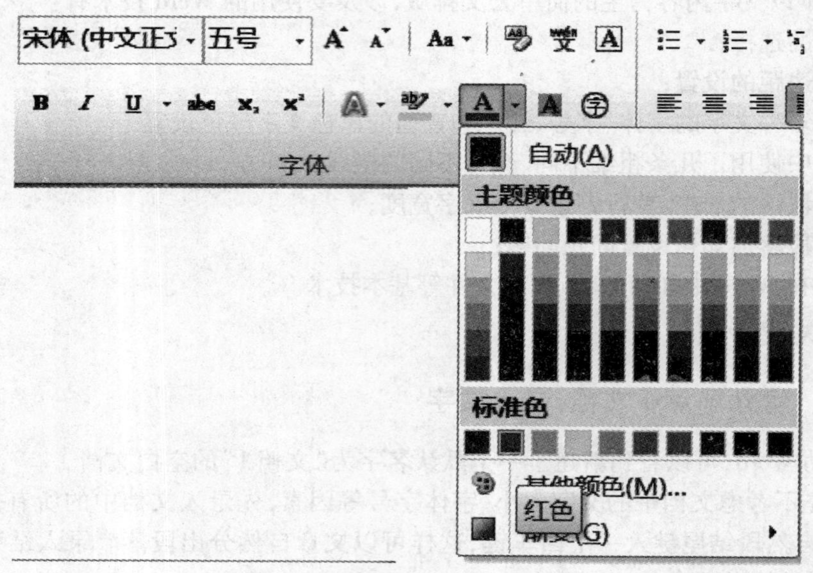


图 2－3　设置文字为“红色”

继续单击“字体”功能组中字体右侧的下拉按钮，选择其中的“幼圆”，操作时如图 2－4 所示。再单击字体右边“字号”下拉按钮，选择“初号”。

图 2－4　设置字体为“幼圆”

至此，可看到首行文字具有了居中、红色、幼圆字体、文字大小为初号的效果。

可采用上述方法把"院办发〔2010〕11 号"几个字的字体设置成"仿宋_GB2312"，字号设置为"三号"。

(2)为了向下出现一条粗红线，可以采用多种方法实现。如单击"插入"选项卡，然后单击"形状"下端的下拉按钮，然后在下面弹出的各种可选形状中单击"╲"直线，如图 2-5 所示。

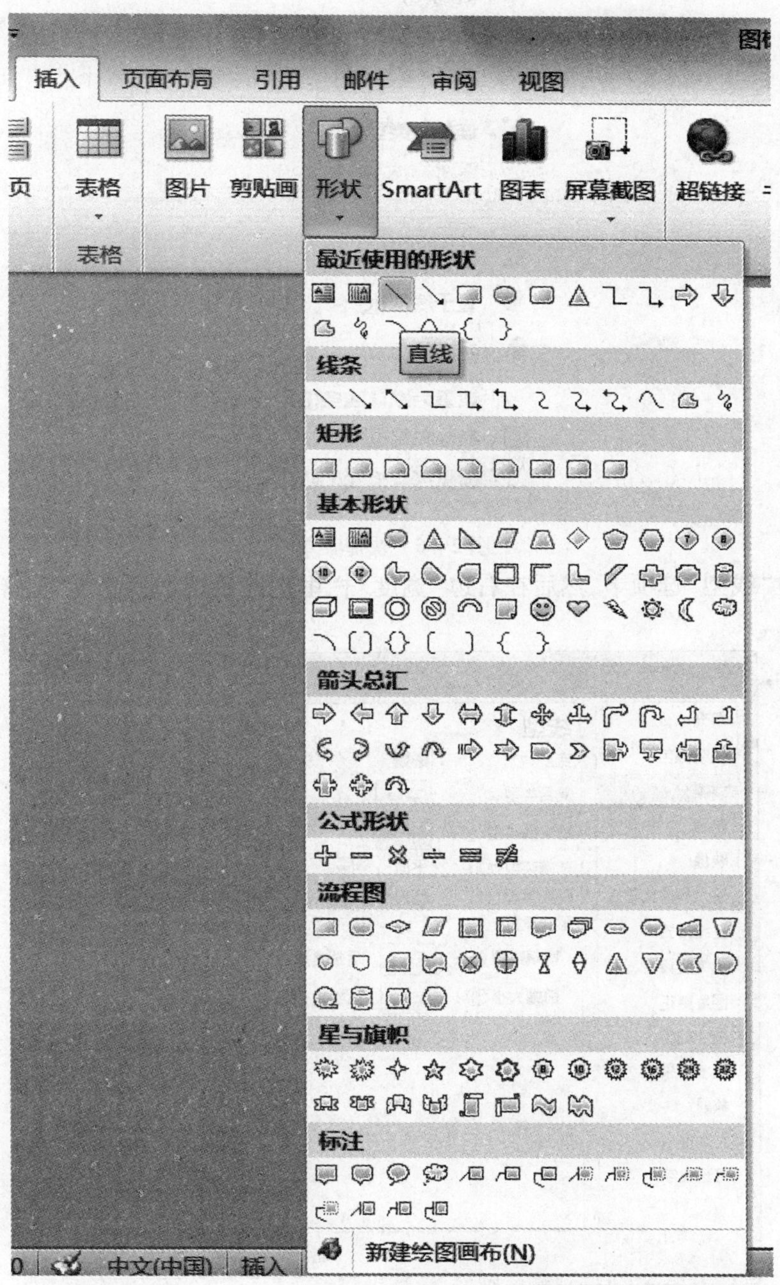


图 2-5 插入直线图形操作

然后用鼠标在需要横线的位置拖动，绘制出一条横线，拖动横线到适当位置，即可使其放在居中的位置。

为了设置直线粗细并成为红色，右击该直线图形，执行快捷菜单中的“设置形状和格式”命令，菜单如图 2－6 所示，弹出“设置形状格式”对话框。

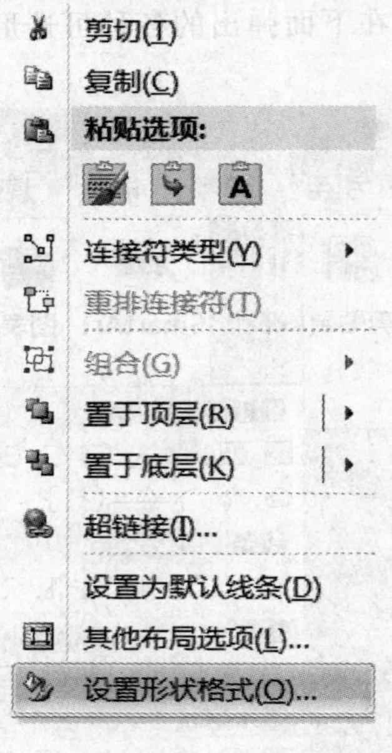


图 2－6　快捷菜单

单击左边“线型”选项卡，然后在右边“宽度”栏里把线条粗细设置为“3 磅”，如图 2－7 所示。

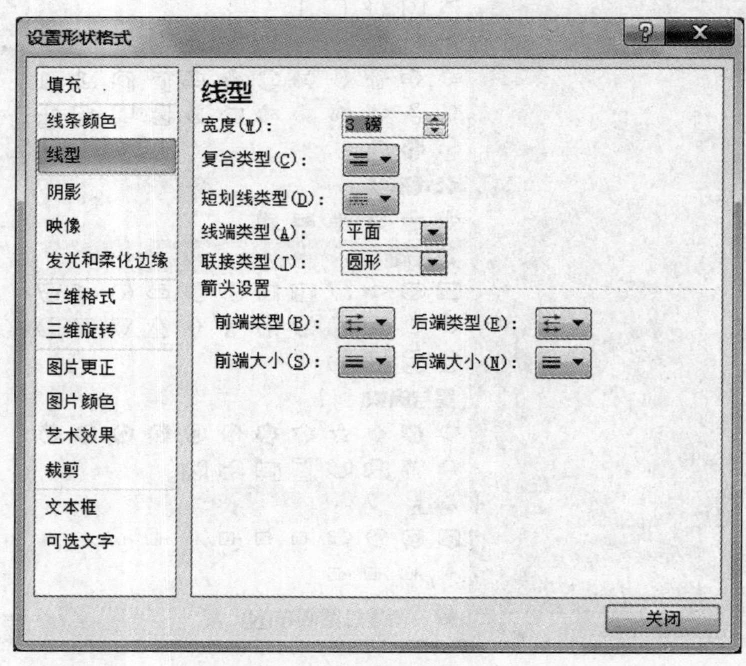


图 2－7　设置横线粗细为“3 磅”

单击左边"线条颜色"选项卡,然后先单击右边"实线"单选按钮,再在下边的"颜色"中选择"红色",如图 2-8 所示。

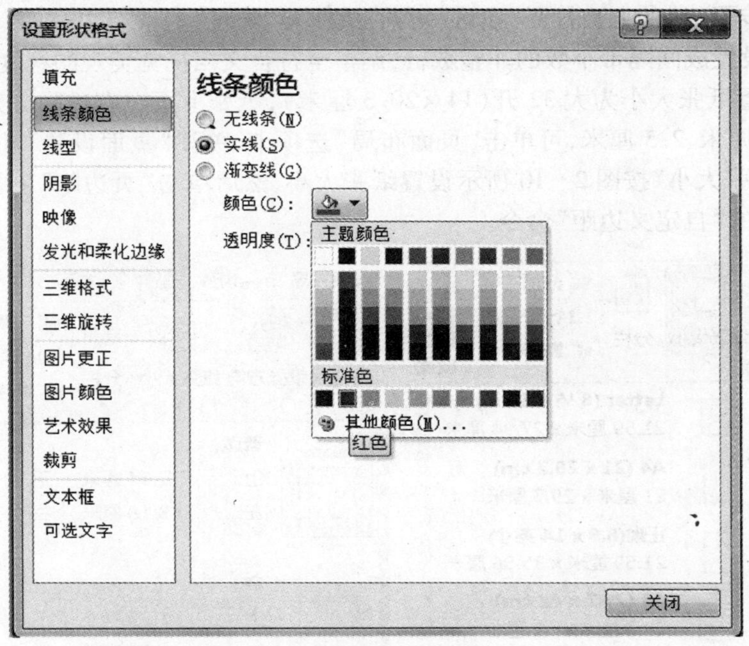


图 2-8 设置线条颜色

(3)先选中后面的所有文字,然后参照前面方法设置文字为仿宋_GB2312、三号字。对于特殊与众不同的文字,如"关于加强师生集体外出活动管理工作的通知",设置其为二号字、黑体、居中;把后面的"主题词:安全外出活动管理通知"设置成黑体、小三号字。

(4)为了使多数段落都具有首行缩进两个汉字的格式,一次选中这些段落,单击"开始"选项卡"段落"功能组右下角的" "按钮,弹出"段落"对话框,在"缩进和间距"卡的"缩进"栏右侧单击"缩进格式"下拉列表框,选择其中的"首行缩进",默认其后面"磅值"为"2 字符"。操作时如图 2-9 所示。

(5)选中其中一些需要使用到编号"1.…… 2. ……"的段落,然后单击"段落"功能组上方的" "编号按钮,即可看到这些段落自动添加了编号。

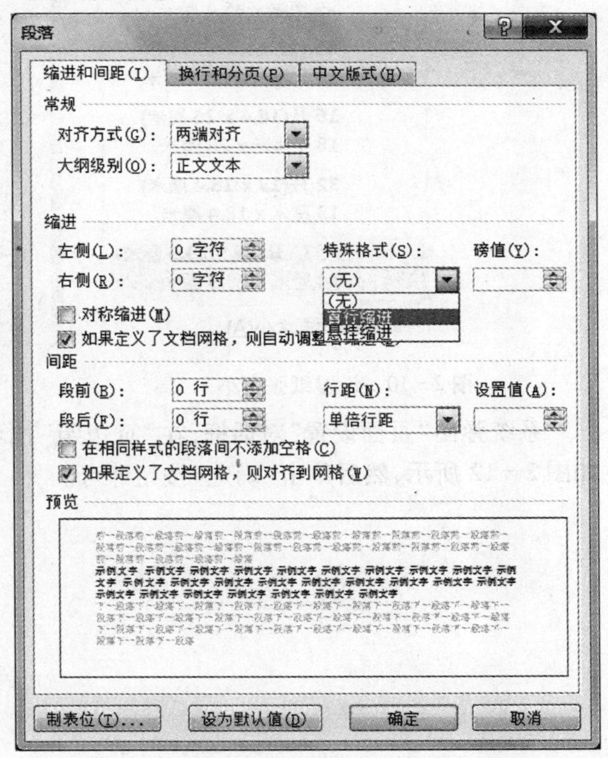


图 2-9 在"段落"对话框设置"首行缩进"2 字符

(6)总览全文,在各个段落之前若有需要拉大间隔的地方,可以键入若干回车符号,把段落之间的距离调大。若需要调大距离,但键入一个回车又觉得稍大时,可以先将光标定位到该段落,参照步骤(4)的方法打开"段落"对话框,在其"间距"栏下有"段前"、"段后"两个设置项目,可以设置成间隔带小数的非整数行,调整至符合文档视觉美观的程度。

(7)要设置纸张大小为大32开(14×20.3厘米),纸张上下左右边距分别为2.5厘米、2.2厘米、2.5厘米、2.5厘米,可单击"页面布局"选项卡,关注"页面设置"功能组中的几个工具,单击"纸张大小"按图2-10所示设置纸张大小,然后单击"页边距"下拉按钮,执行如图2-11所示的"自定义边距"命令。

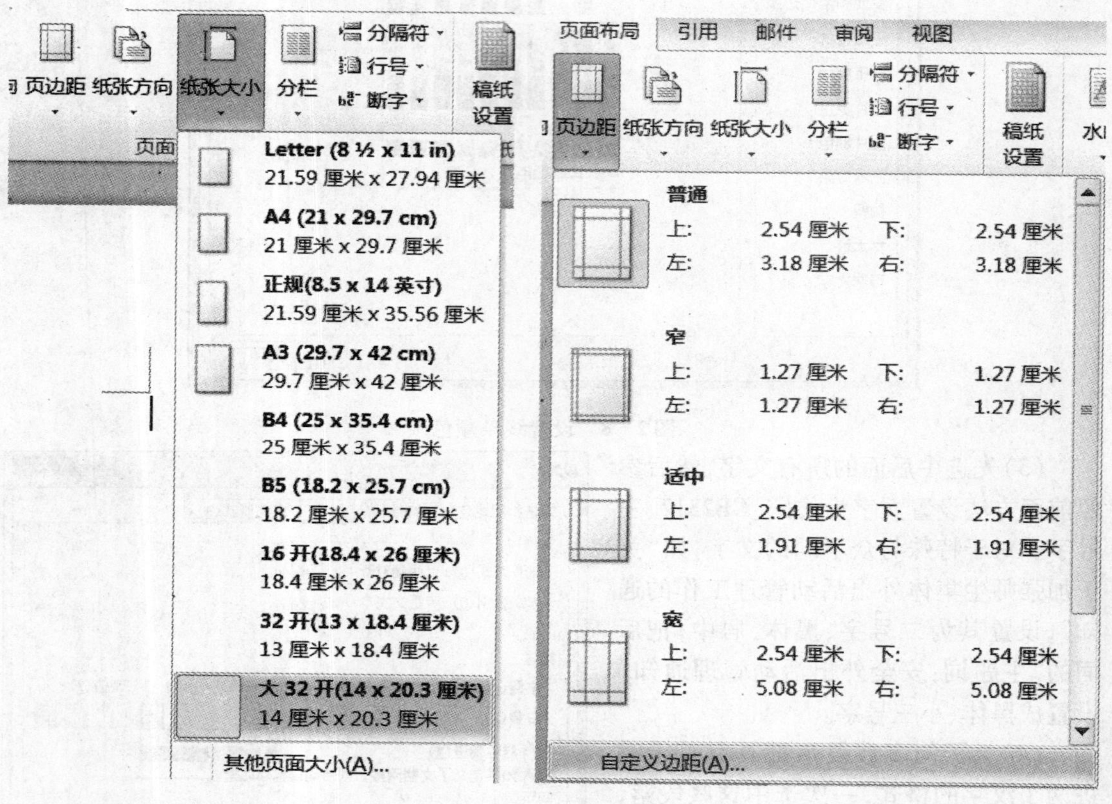


图2-10 设置纸张大小

图2-11 执行"自定义边距"命令

系统弹出"页面设置"对话框,在"页边距"选项卡中按照前述要求设置四边的页边距,如图2-12所示,然后单击"确定"按钮即可。

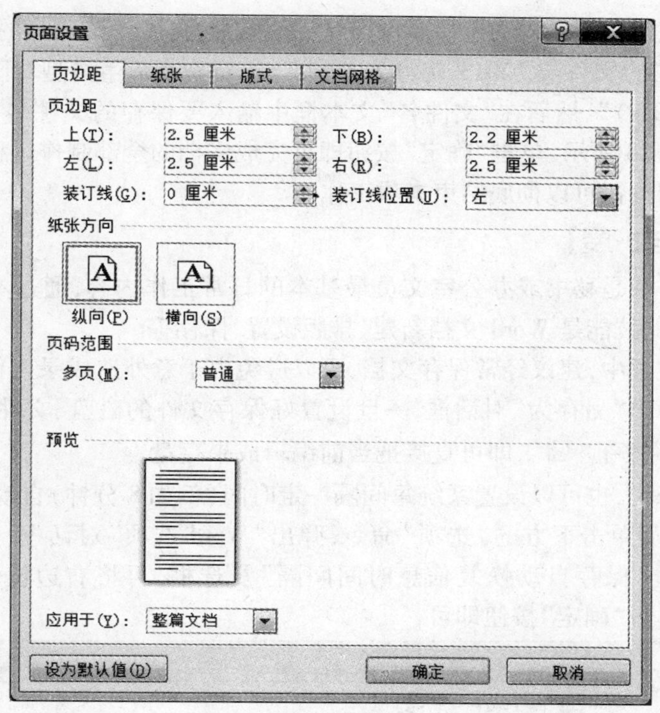


图 2 − 12　设置页边距

## 2.1.2　保存文档

保存文档时,单击窗口左上角“快速访问工具栏”中的“保存”按钮“”,系统弹出图 2 − 13 所示的“另存为”对话框。

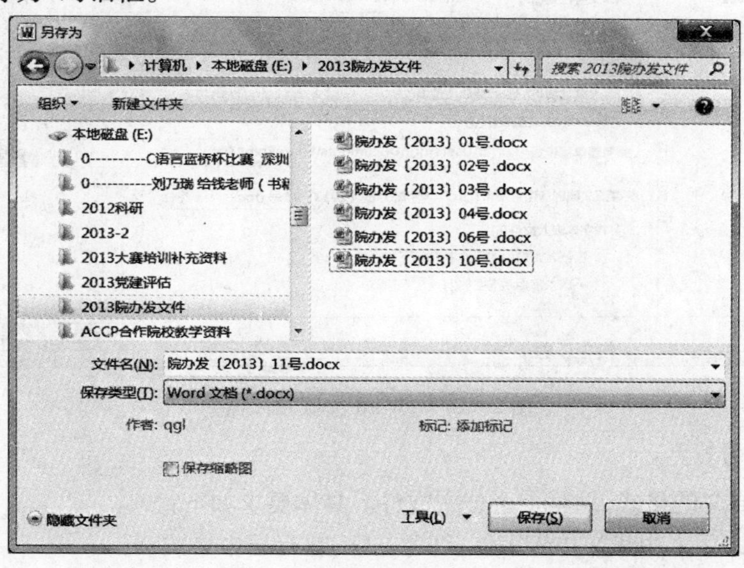


图 2 − 13　“另存为”对话框

在左窗格的磁盘树形结构中选择要保存在哪个磁盘，再展开该磁盘的文件夹，最后双击选择保存文件所在的文件夹“2013 院办发文件”，注意在“保存类型”下拉列表框中选择“Word 文档( *.docx)”，然后在“文件名”文本框中输入要保存的文件名“院办发〔2013〕11号.docx”，如图 2-13 所示，单击“确定”按钮即可完成文档的全部制作过程。

最后单击关闭按钮可以彻底结束本项工作。

## 【工作小结与扩展】

撰写公文与排版是秘书或办公室文员最基本的日常工作内容，通过本项工作任务的训练，需要重点掌握的技能是 Word 文档新建、排版设置、保存等。

在编写文档过程中，建议经常保存文档，可以避免由于意外造成录入信息的丢失。第一次保存文档时会弹出“另存为”对话框，一旦设置好保存文件的磁盘、文件夹和文件名后，以后多次单击“保存”按钮“ ”，即可直接把当前编辑成果存盘。

对于长文档来说，也可以设置系统每间隔一定时间(例如 8 分钟)自动保存，操作时单击“文件”选项卡，然后单击下方的“选项”命令，弹出“Word 选项”对话框，先单击左边的“保存”，然后选中右边“保存自动恢复信息时间间隔”复选框，再将右边设置为 8 分钟，如图 2-14所示，最后单击“确定”按钮即可。

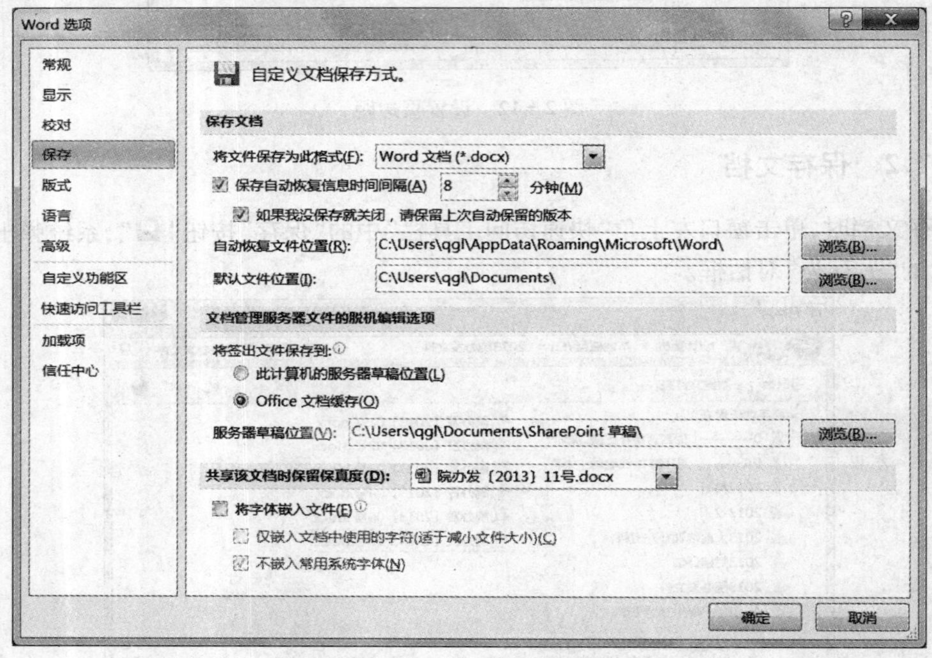


图 2-14 “Word 选项”对话框

## 【课后练习】

参照如下样文的格式，编写一个公文文件。具体要求如下：

1. 第一行文字采用华文仿宋字体，红色文字，首行居中格式；
2. “院研发〔2012〕16 号”采用仿宋、三号字居中格式；
3. 下面一条红色横线；

4. “关于转发……2012 年度课题指南的通知”采用二号字居中；
5. “各有关单位：”一行文字采用黑体、小三号字，左对齐；
6. 以下正文部分一律采用仿宋、三号字，首行缩进 2 字符格式；
7. “主题词：市教育科学规划项目申报”为黑体，左对齐不缩进格式；
8. 在最后一行文字上下两端分别加横线；
9. 全文采用 A4 纸张，上下左右边距分别为 2.4 厘米、2.6 厘米、3.2 厘米、3.2 厘米。

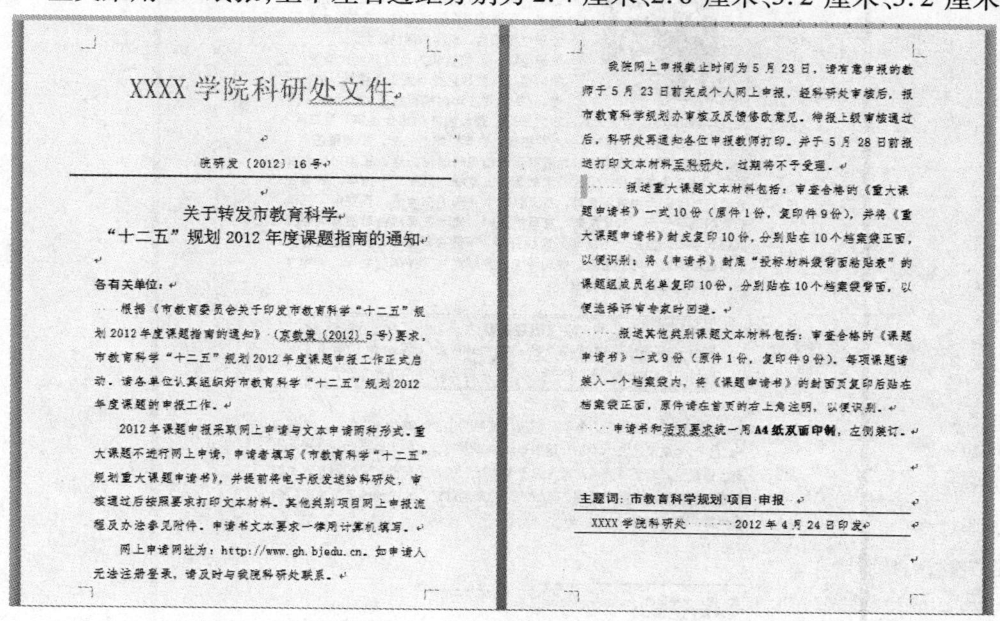

XXXX 学院科研处文件

院研发〔2012〕16 号

关于转发市教育科学
“十二五”规划 2012 年度课题指南的通知

各有关单位：

根据《市教育委员会关于印发市教育科学“十二五”规划 2012 年度课题指南的通知》（京教策〔2012〕5 号）要求，市教育科学“十二五”规划 2012 年度课题申报工作正式启动。请各单位认真组织好市教育科学“十二五”规划 2012 年度课题的申报工作。

2012 年课题申报采取网上申请与文本申请两种形式。重大课题不进行网上申请，申请者填写《市教育科学“十二五”规划重大课题申请书》，并提前将电子版发送给科研处，审核通过后按照要求打印文本材料。其他类别项目网上申报流程及办法参见附件。申请书文本要求一律用计算机填写。

网上申请网址为：http://www.gh.bjedu.cn。如申请人无法注册登录，请及时与我院科研处联系。

我院网上申报截止时间为 5 月 23 日，请有意申报的教师于 5 月 23 日前完成个人网上申报，经科研处审核后，报市教育科学规划办审核及反馈修改意见。待报上级审核通过后，科研处再通知各位申报教师打印。并于 5 月 28 日前报送打印文本材料至科研处，过期将不予受理。

报送重大课题文本材料包括：审查合格的《重大课题申请书》一式 10 份（原件 1 份，复印件 9 份），并将《重大课题申请书》封皮复印 10 份，分别贴在 10 个档案袋正面，以便识别；将《申请书》封底“投标材料袋背面粘贴表”的课题组成员名单复印 10 份，分别贴在 10 个档案袋背面，以便选择评审专家时回避。

报送其他类别课题文本材料包括：审查合格的《课题申请书》一式 9 份（原件 1 份，复印件 9 份）。每项课题请装入一个档案袋内，将《课题申请书》的封面页复印后贴在档案袋正面，原件请在首页的右上角注明，以便识别。

申请书和活页要求统一用 **A4 纸双面印制**，左侧装订。

**主题词：市教育科学规划 项目 申报**

XXXX 学院科研处 2012 年 4 月 24 日印发

样文图

## 2.2 工作任务：编辑一首诗

【学习目标】

通过本项工作任务的训练，学习选择纸张，设置纸张和页边距，怎样插入图片并进行图文混排，学会给文字或段落设置边框、底纹，以及给文字添加脚注、文字注释和首字下沉等。

【工作情境】

某编辑部打算印制一本唐宋诗集，主编助理根据作者提供的文稿进行排版，使其美观漂亮。要求排版后的某个诗人的一首诗的样子如图 2-15 所示。

山居秋暝

王维生于公元701年，字摩诘，汉族，祖籍山西祁县，唐朝诗人，外号“诗佛”。开元九年（721年）中进士，任太乐丞。今存诗400余首。王维精通佛学，佛教有一部《维摩诘经》，是维摩诘向弟子们讲学的书，这是王维名和字的由来。王维诗书画都很有名，非常多才多艺，音乐也很精通。受禅宗影响很大。

王维生前，人们就认为他是“当代诗匠，又精禅理。”死后更是得到了“诗佛”的称号。王维青少年时期即赋于文学才华。开元九年(721年)中进士第，为大乐丞。因故谪济州司仓参军。后归至长安。" " 二十四年（736)张九龄罢相，次年贬荆州长史，李林甫任中书令，这是玄宗时期政治由较为清明到日趋黑暗的转折点。王维对张九龄被贬，感到非常沮丧，但他并未就此退出官场。开元二十五年，曾奉使赴河西节度副大使崔希逸幕，后又以殿中侍御史知南选，天宝中，王维的官职逐渐升迁。安史乱前，官至给事中，他一方面对当时的官场感到厌倦和担心，但另一方面却又恋栈怀禄，不能决然离去。于是随俗浮沉，长期过着半官半隐的生活。他的诗句被苏轼称为“味摩诘之诗，诗中有画，观摩诘之画，画中有诗”。

《山居秋暝[1]》

空山新雨后，天气晚来秋。明月松间照，清泉石上流。
竹喧归浣女[2]，莲动下渔舟。随意春芳歇[3]，王孙[4]自可留。

这首诗写出了清新、幽静、恬淡、优美的山中秋季的黄昏美景，这首诗一个重要的艺术手法，是以自然美来表现诗人的人格美和一种理想中的社会之美。表面看来，这首诗只是用“赋”的方法模山范水，对景物作细致感人的刻画，实际上通篇都是比兴。诗人通过对山水的描绘寄慨言志，含蕴丰富，耐人寻味。

[1]瞑，晚，此指傍晚。
[2]洗衣服的姑娘，
[3]春天的芳华凋谢了。歇：消散。
[4]原指贵族子弟，后来也泛指隐居的人，此处指诗人自己。

图2-15 要排版制作的诗样子

【任务分析】

这是一个图、文混合，较为复杂的公文排版，涉及要使用的Word技术有：

- 纸张为16开，上下左右边距依次为2厘米、2厘米、3厘米、3厘米；
- 在文档中介绍作者的地方插入了一幅图片，并且设置其右边有文字环绕；
- 唐诗有边框和淡灰色底纹，并且唐诗左右各缩进了一定距离；
- 唐诗部分字词右上方有1,2,3,4编号，在文档底部还有编号字词的注释（称为脚注）；
- 用到首字下沉2行。

【任务关键步骤】

## 2.2.1 建立文档，录入文字

新建一个空白文档，然后录入文字。录入时先不考虑各种格式，尤其是对唐诗字词右上

有字母的地方不要录入字母，也不必录入脚注的文字内容，待将来插入脚注时 Word 会自动标记字母，那时再录入注释文字不迟。

### 2.2.2　设置文档格式

1. 设置文字的字号、对齐方式

先设置全文为宋体五号字；选中诗词首行标题“山居秋暝”，单击“格式”工具栏上的“☰”和“B”按钮使其居中并加粗，然后每按一次“Ctrl + ]”组合键，可以使选中的文字增大 1 磅，增大至 20 磅。注意在按“Ctrl + ]”组合键的时候，可以看到“格式”工具栏上的“字号”中的数值在增大。

采用同样方法使后面的诗词居中。

2. 页面设置纸张大小、方向、边距

在“页面布局”选项卡的“页面布局”组单击“纸张大小”按钮，在弹出的下拉列表中按照图 2－16 单击“16 开”。

如图 2－17 单击“页面布局”组“页边距”按钮，在列表框最下位置单击“自定义边距”命令。

设置页面的上、下、左、右边距与图 2－18 中的数值一致，然后单击“确定”按钮。

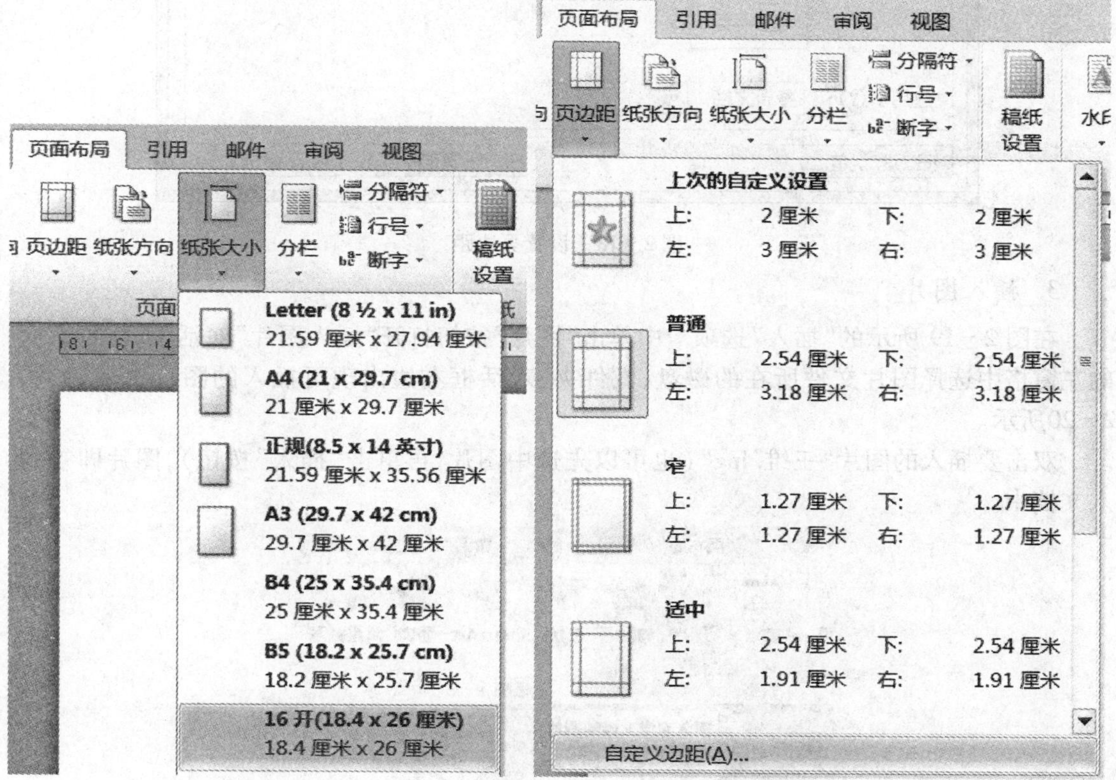


图 2－16　设置纸张大小为 16 开　　图 2－17　执行“自定义边距”命令

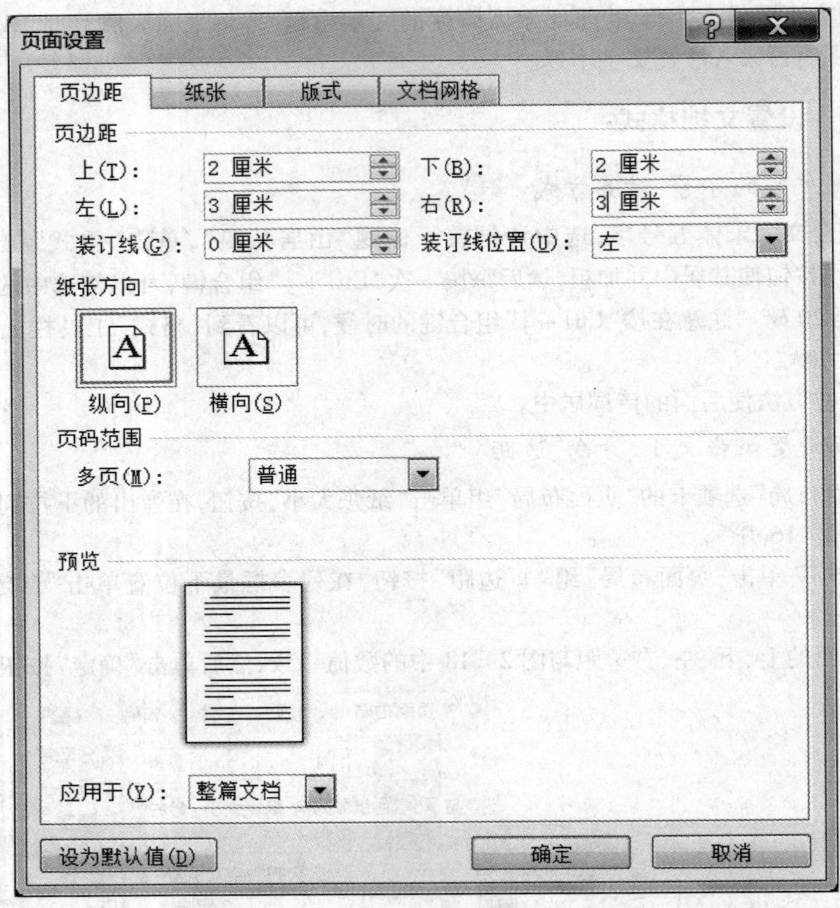


图 2－18　设置页边距

3. 插入图片

在图 2－19 所示的“插入”选项卡中单击“图片”按钮打开“插入图片”对话框，在对话框的左窗格中选择图片文件所在的磁盘、文件夹，对话框右边出现可插入的图片文件，如图 2－20所示。

双击要插入的图片“王维.jpg”（也可以先选中图片，再单击“插入”按钮），图片即被插入文档中。

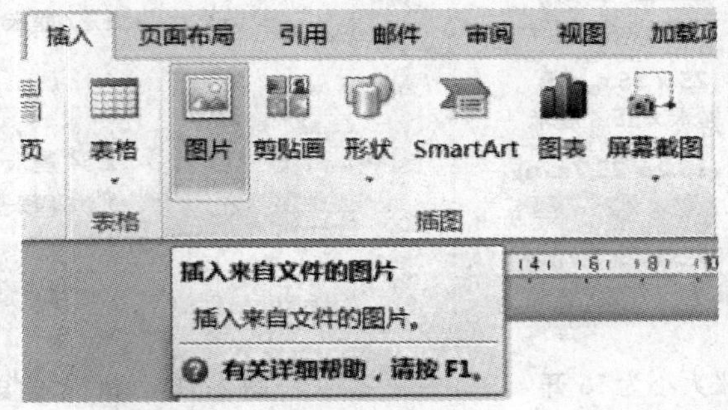


图 2－19　插入图片操作过程

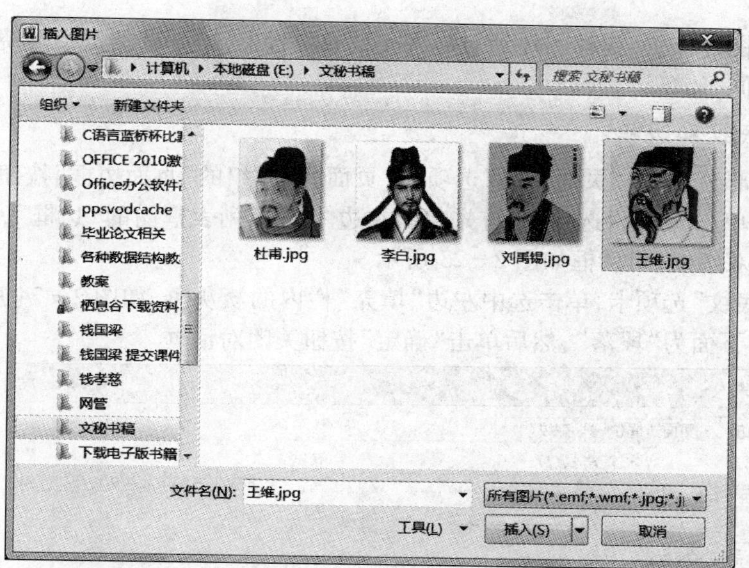


图 2－20　“插入图片”对话框

刚插入图片的四个角处的小圆圈、四边的中点位置的小方块，这些都是对图片进行处理的操作点。当图片周围出现操作点时，说明图片处于选中状态，单击图片以外区域小方块消失，是放弃选中。

4. 调整图片位置与周围文字的关系

右击王维头像图片，弹出图 2－21 所示快捷菜单，单击“大小和位置”命令打开“布局”对话框，切换到“文字环绕”选项卡，依次单击“环绕方式”下面的“四周型”和“自动换行”栏里面的“只在右侧”，如图 2－22 所示，然后单击“确定”按钮。

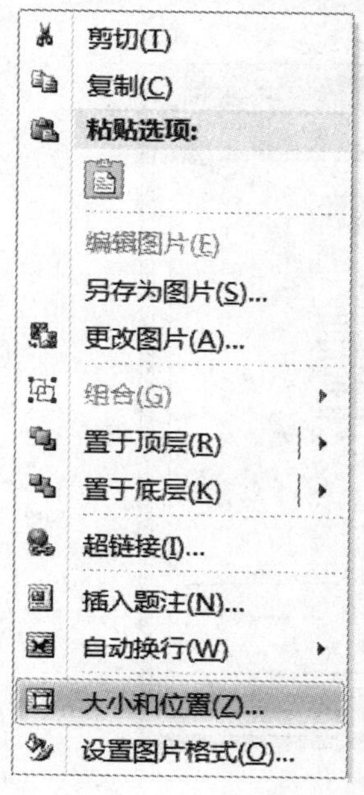


图 2－21　快捷菜单



图 2－22　“布局”对话框的“文字环绕”选项卡

为了调整图片位置，拖动图片到与样文一致的位置上，即可看到文字环绕图片的效果也与样文基本相同了。

5. 设置底纹和边框

选中诗词部分，单击“页面布局”选项卡“页面背景”组的“页面边框”按钮，打开“边框和底纹”对话框，单击“边框”选项卡，首先单击左边“设置”列表框内的“边框”，然后在“样式”列表框中选择双细线，对话框如图 2－23 所示。

切换到“底纹”选项卡，单击选中左边“填充”栏内的淡灰色，如图 2－24 所示，注意保持右边“应用于”下面为“段落”，然后单击“确定”按钮关闭对话框。

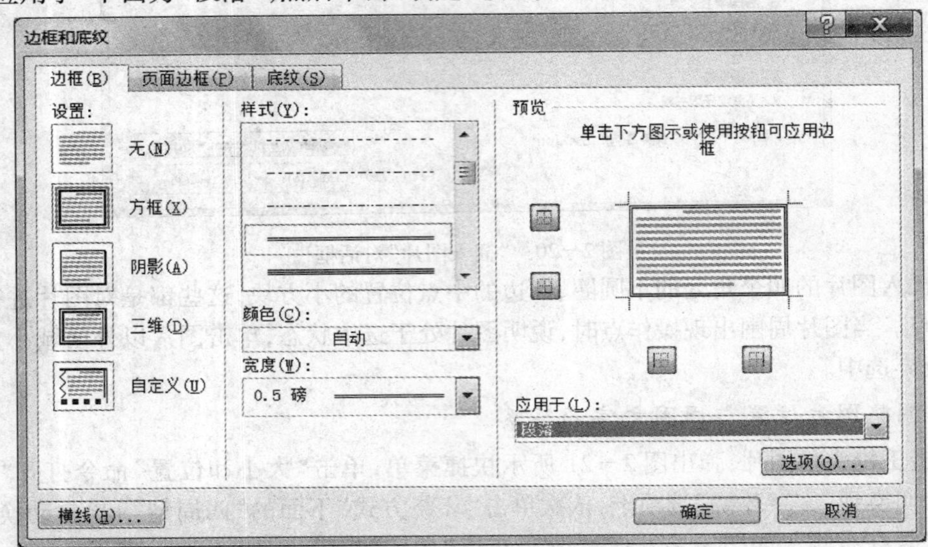


图 2－23 “边框”选项卡图

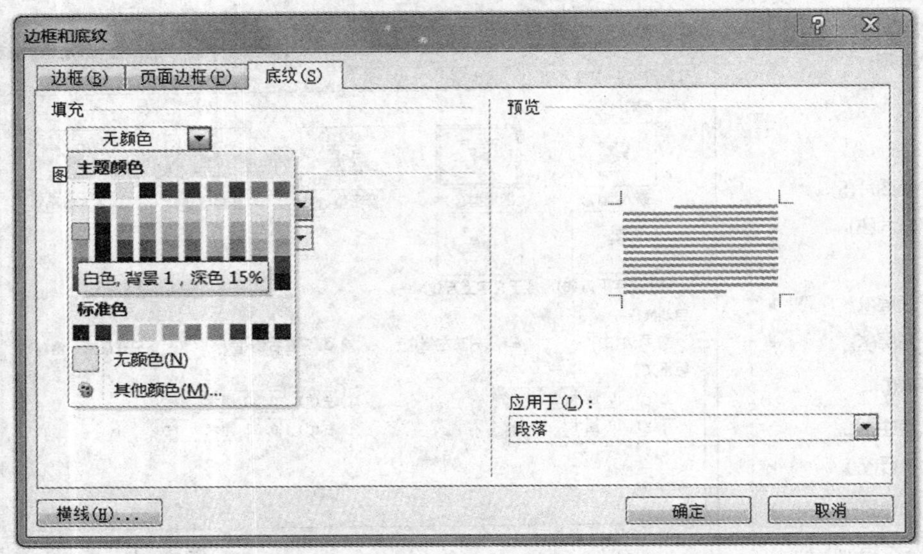


图 2－24 “底纹”选项卡

6. 设置文字的字号、对齐方式

选中第一首诗词(四行诗句),在"开始"选项卡中单击"段落"组右下角的"▣"按钮,打开"段落"对话框,设置其左、右各缩进2个字符,对话框如图2-25所示。然后同样设置第二首诗词也左、右各缩进2个字符。

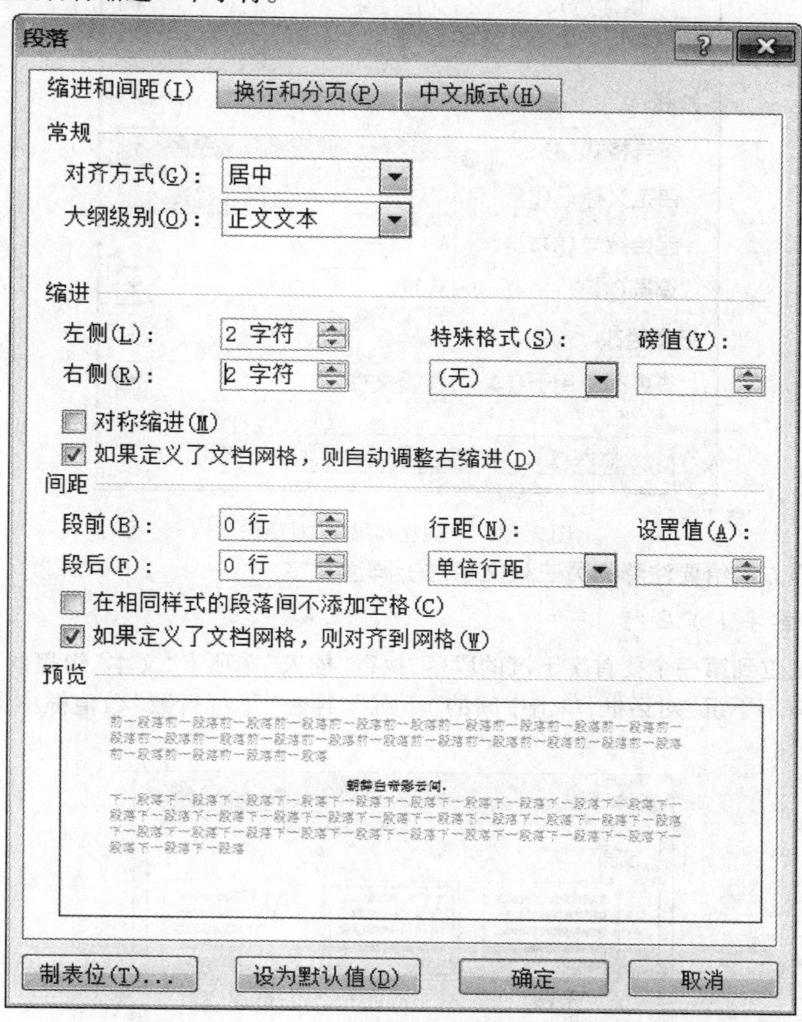


图2-25 "段落"对话框

7. 为文字加脚注

先将光标定位到要加注释的文字"暝"的右边(示例中有数字1的地方),在"引用"选项卡"脚注"组单击"▣"按钮,打开"脚注和位置"对话框,单击"脚注"单选按钮,然后在"编号格式"下拉列表框中选择"1,2,3…",使对话框如图2-26所示,然后单击"插入"按钮,光标出现在页面底端。

此时可以看到原来被注释的文字处出现数字1,下面放脚注的地方也出现1,光标正好在放脚注的位置,键入注释的具体文字"夜,晚。此指傍晚。"

脚注和尾注

位置

脚注(F)： 页面底端

尾注(E)： 文档结尾

转换(C)...

格式

编号格式(N)： 1, 2, 3, …

自定义标记(U)： 符号(Y)...

起始编号(S)： A

编号(M)： 连续

应用更改

将更改应用于(P)： 整篇文档

插入(I) 取消 应用(A)

图 2－26 “脚注和尾注”对话框

采用同样方法给要注释的另三处文字加上脚注文字。

8. 设置首字下沉 2 行

将光标定位到第一个要首字下沉的段落，执行“插入”选项卡“文本”组里的“首字下沉”命令，打开“首字下沉”对话框，单击中间的“下沉”，再在“下沉行数”数值框中设置 2 行，如图 2－27 所示。

图 2－27 “首字下沉”对话框

### 2.2.3 保存文档

保存文档到磁盘适当位置并命名，具体操作方法参见 2.1.2。

【工作小结与扩展】

通过本项工作任务训练，需要重点掌握的是图文混合排版等技术。从本项工作任务中，可以看出 Word 在文档排版中可以制作文字格式及其丰富的文档。在一般文档排版中人们需要的各种文档样式大都可以利用现有的 Word 功能轻松实现。

所有图文混排时的图片排版，都可以利用图 2－22“布局”对话框的“文字环绕”选项卡来调整图片在文档中出现的样式。但是在实际应用中，图片出现在文档中的最稳定形式主要为“嵌入型”，此时应该注意到在图片处于嵌入型的情况下，无法通过拖动图片来调整其在文档中的位置。此外，将图片设置成“浮于文字上方”或者“衬于文字下方”也是非常稳定的方法，注意此时应考虑键入若干回车使文档出现若干空行，腾出位置放置图片使其不与文字发生冲突。

【课后练习】

参照下面的样文图，编辑一首唐诗。注意以下几点：

1. 右上角插入一幅图片，设置成四周环绕，然后调整图片到右上的位置；

2. 对古文中的注释，采用脚注或尾注均可；

3. 将纸张设置成 B5，并把标题文字设置得稍微大一些，让全文充满一张纸，使得整体美观漂亮即可。

听蜀僧濬弹琴

李白

蜀僧抱绿绮，西下峨嵋峰。

为我一挥手，如听万壑松。

客心洗流水，余响入霜钟。

不觉碧山暮，秋云暗几重。

赏析

此是写听蜀地一位和尚弹琴，极写琴声之入神。开头两句，写他来自故乡四川，表达对他的倾慕。颔联写弹琴，以大自然的万壑松涛声作比，令人感到琴声之不凡。颈联写琴声荡涤胸怀，使人心旷神怡，回味无穷。尾联写聚精会神听琴，而不知时日将尽，反衬弹琴之高妙诱人。全诗一气呵成，势如行云流水，明快畅达。

样文图

# 2.3 工作任务:制作一个诗歌集

【学习目标】

通过本项工作任务的训练,学会插入文件、页眉页脚设置、插入页码、制作文档目录、制作封面等。

【工作情境】

某编辑部主编助理已经制作好了多篇诗歌文档,现在要把所有诗歌合并制作成一本诗歌集,并双面打印,装订成册。

【任务分析】

本项工作任务涉及要使用的 Word 技术有:

- 将已经制作好的全部文档合并在一起后统一编页码,考虑读者翻看时的方便需要,将奇数页的页码放在纸张的右下角,偶数页的页码放在纸张的左下角。
- 全文中每个作者的诗集一定在一张纸的首部开头(即每个作者的第一篇介绍和诗歌要新起一页开始)
- 文集前面有目录,目录列出各教学大纲的题目和起始页码。
- 每页上面列有“唐诗赏析”字样。
- 文集采用 16 开纸张双面打印。
- 全书需要一个封面,封面可以选择插入图片和文字等。

【任务关键步骤】

## 2.3.1 合并全部诗歌文档

新建一个空白文档,然后单击“插入”选项卡,在“文本”功能组“对象 -”下拉按钮处单击下拉按钮,在弹出如图 2-28 所示的选项中单击“文件中的文字”命令,打开“插入文件”对话框。

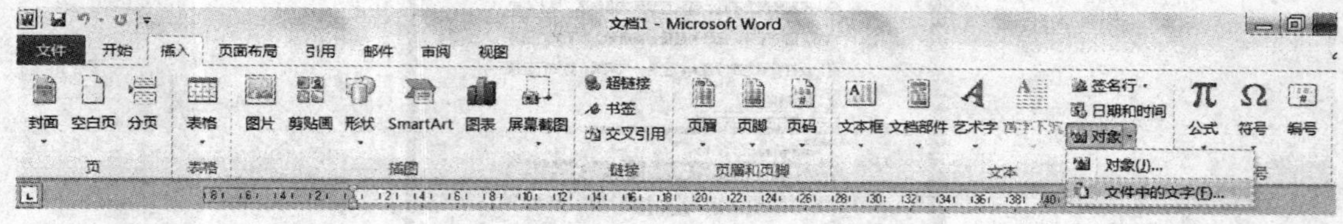


图 2-28 插入文件操作

在对话框左边找到并双击被插入文件所在的文件夹,保持“文件类型”下拉列表框中默认的“Word 文档(*.docx)”,即可找到事先用 Word 编写并保存的全部单篇诗歌文件,如图 2-29 所示。按照想插入文章的顺序,首先选中第一个文档,然后单击“插入”按钮,即可将一篇诗歌文档插入合并到当前一个文档中。

图 2－29　“插入文件”对话框

重复执行此操作，依次将所有诗歌按预想的顺序插入文档中。

操作时务必注意一个细节：每次插入一个新文档前，一定要将光标定位在全文的最末尾并保证光标在一个新段落行开头，以确保各首诗歌文档首尾相接，避免文档出现混乱。

## 2.3.2　设置诗歌书稿格式

### 1. 设置 16 开纸张，添加页眉和页码

参照前面介绍的方法设置“纸张大小”为“16 开（18.4×26 厘米）”。

考虑方便读者按页码翻看诗歌书稿，要求页码在奇偶页中位置不同，所以要双击页眉区域或页脚区域，功能区立即成为图 2－30 所示的样子。

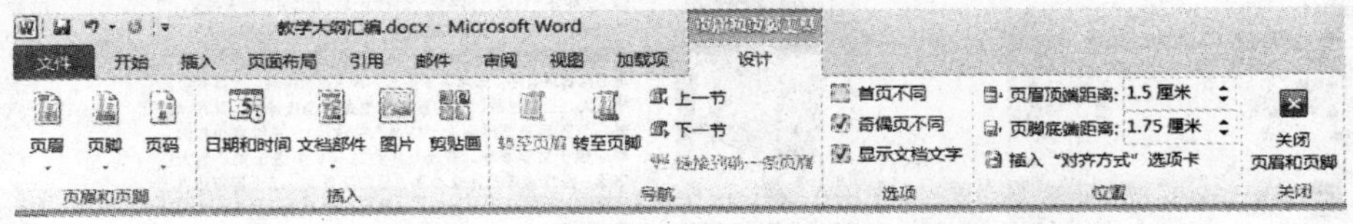

图 2－30　设置页眉页脚奇偶页不同

在靠近页面顶部或页面底部打开“页眉和页脚工具”选项卡，可以看到这里面提供了非常丰富的工具。借助它进行如下几个操作：

（1）在“选项”组中，选中“奇偶页不同”复选框。

（2）单击“导航”组的“转至页眉”按钮，然后键入“唐诗赏析”几个字并设置成小五号字。

（3）单击“导航”组的“转至页脚”按钮使光标出现在页脚处，注意观察当前是处在奇数

(或偶数)页的页脚位置,单击“页眉页脚”组的“页码”下拉按钮,在列表框中选择一种对应放在右侧(或左侧)位置的页码。

注意:由于前面设置了页眉页脚奇偶页不同,所以在奇数和偶数页的页眉要两次插入页眉文字,在页脚位置也要两次插入页码。

2. 设置每个作者的诗篇另起一页

把光标依次定位到每个作者开头起始处,然后在“插入”选项卡的“页”组中单击“分页”按钮。如法炮制,在后面每篇大纲起始处都重复这一操作即可。

3. 制作目录前的准备工作

前面的任务2只是考虑制作一个作者的一首诗,一般只是把文章题目设置成粗大醒目的文字即可表示文章的题目。但是,计算机无法通过文字大小、粗细来确认哪些是将来要进入目录的标题,为了后面自动生成目录,需要告诉计算机文章真正的标题是哪些,必须借助“样式”的设置实现这一目的。

(1)浏览全文找到并定位光标到每个作者的开始文字,然后在“开始”选项卡的“样式”组中单击“标题1”。

(2)考虑每个作者有多首诗歌,再把光标依次定位在每首诗歌的开头,参照上面的方法,把其设置为“标题2”。

重复本操作,如法炮制可把每个作者的首行设置为标题1,把每一篇诗歌设置为标题2。

将必要的标题样式都设置好之后,切换到“视图”选项卡,选中“显示”功能组中的“导航窗格”浮选框,然后单击左边“导航”窗格下面的“浏览您的文档中的标题”按钮“ ”,可以看到文章的所有标题都出现在左边窗格中,如图2-31所示。

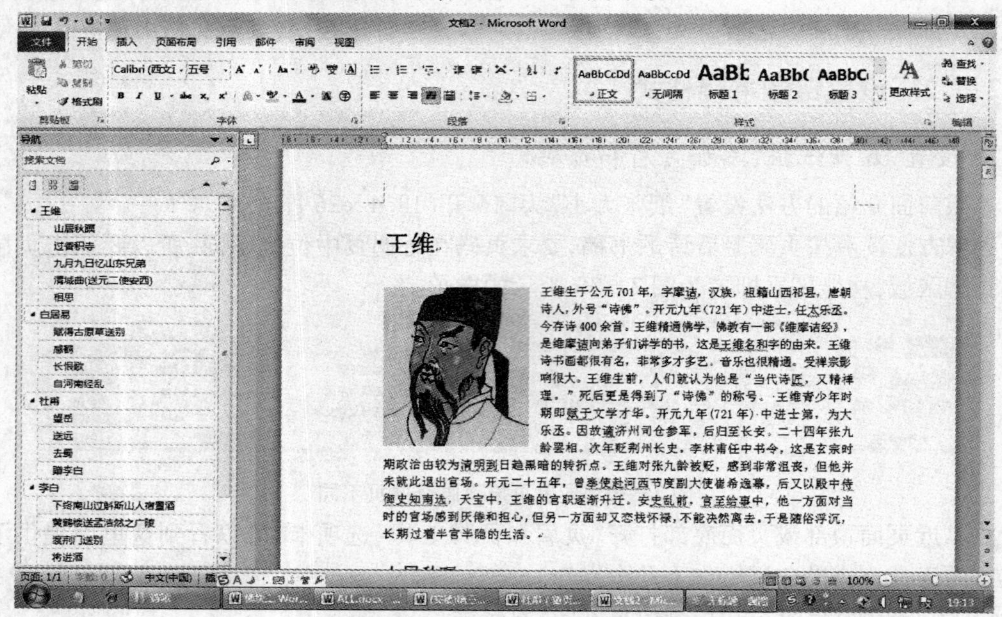


图2-31 在“导航”窗格显示有文档标题的文档视图

### 4. 调整文章的顺序

在实际工作中,很少文集把文章按照随意的顺序汇编成册,此文集也必然涉及重新排列文章顺序的问题。借助文档结构图,可以很容易地调整文章在文集中的顺序。比如,要把"×××"调整成最后一篇文章。

首先,单击文档结构图中的"×××",光标定位在此文章的第一行第一个字符左边,按住 Shift 键的同时连续按向下的光标键,直至到其下一篇文章的上一行,按住 Shift 键不放手,再按一下 End 键,即可选中了此文章的全文,单击"开始"选项卡"剪贴板"组"✂剪切"按钮,将其移动到剪贴板上,然后把光标定位在全文的末尾,再单击"粘贴"按钮,即可移动文章到最末尾的位置。

然后多次按照选中、剪切、重新定位光标、粘贴几个简单操作,就可以把文集中的所有文章全部重新排列成所需要的顺序。

### 5. 生成目录

为把目录放在文档最前面,将光标定位在文章开头位置,切换到"引用"选项卡,单击"目录"组中的"目录",在如图 2-32 所示的弹出的下拉列表框中单击"自动目录 1"命令,即可看到文档开头出现了目录。

单击目录中的文字,把鼠标指针移到生成的目录左侧,可以看到如图 2-33 所示的效果,右侧有页码,标题和页码之间用连续的"·"作为分割符号。实际正常显示和打印时只有文本标题和页码,不会打印上面的"更新目录"和周边的细框线。

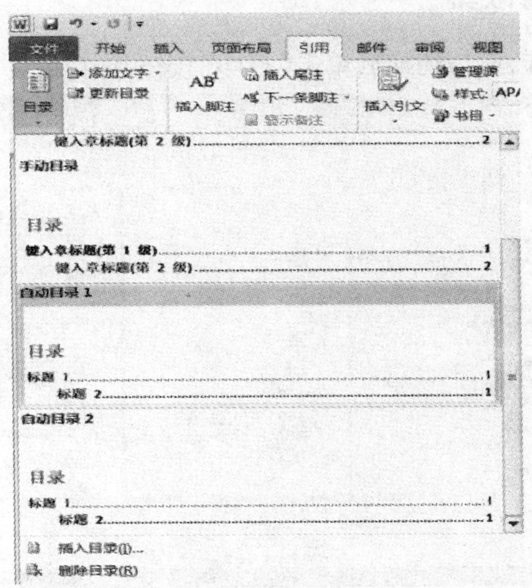


图 2-32 插入目录命令

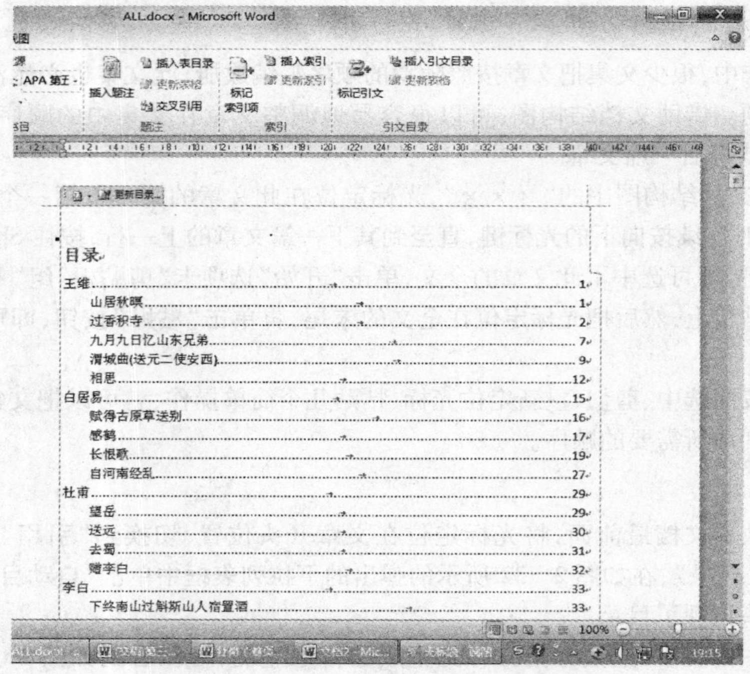


图 2－33　生成的目录效果

## 2.3.3　双面打印诗歌集

(1)单击“文件”选项卡,窗口切换后单击“打印”按钮,窗口成为如图 2－34 所示的样子。

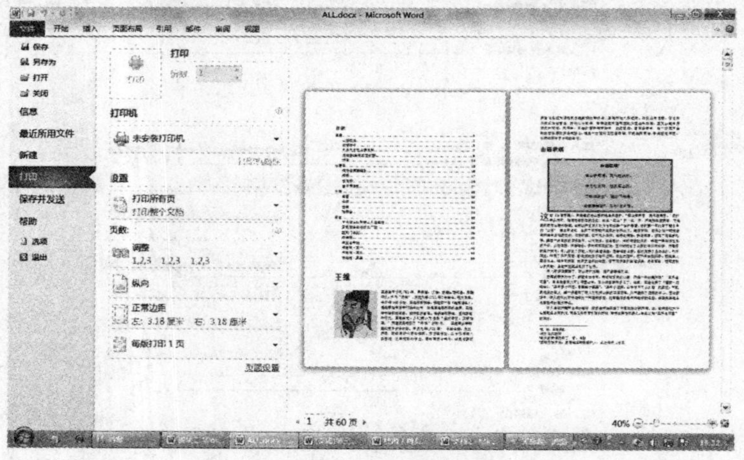

图 2－34　打印与预览视图

窗口左窗格是有关打印的设置工具,右边是打印视图。观察在打印视图右下方有调整显示比例的滑块 100% ⊖ ——▯—— ⊕ ,拖动滑块可以放大或缩小查看文档,当显示比例足够小时还可以出现同时预览多页的效果。拖动垂直滚动条还可以切换页面,也可以单击左边两侧的按钮切换预览页面。打印前认真预览查错,及时修改文档是避免打印出废品的一项重要措施。

(2)预览后在左窗格“设置”下面选择“打印所有页”,在“页数”列表框中选择“手动双面打印”,接通打印机并放好纸张,然后单击上面的“打印”按钮,系统开始打印全部奇数页,稍后打印完毕后弹出如图2-35所示的信息框,其含义是提示取出打印好的纸张然后翻面再送入打印机以便在奇数页背面继续打印偶数页。

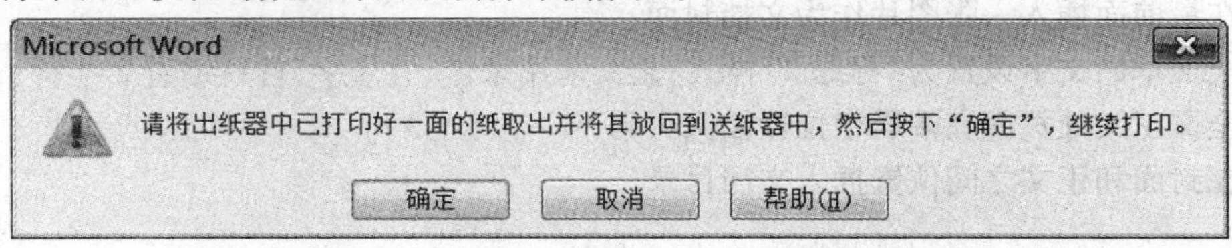


图2-35 提示取纸并翻面后放回纸张继续打印

按上述提示做好相应工作,然后单击“确定”按钮即可打印所有的偶数页。

(3)最后保存一下全文件即可。

## 【工作小结与扩展】

通过本项工作任务的训练,需要重点掌握的是制作文档目录以及页眉页脚设置等技术。本项工作任务涉及了纸张大小的选择,还可以设置纸张横向、竖向以及页的上下左右边距的长度。由于通常页眉页脚是对文档全部纸张首尾的局部设置,所以也需要借助“页面设置”对话框对页眉页脚做相应的规定。

请正确理解样式中的“标题1”,这里的“1”不是第一个标题的意思,它标识的是标题级别,标题1是最高级别的标题,当然“标题2”、“标题3”是指第2、第3级别的标题,一般对应文章的章、节、目。

设置了标题1样式后,原来自己设置的标题文字的格式就会自动更改为样式中标题1默认的格式。比如原来规定的标题格式隶书、二号、居中、空心就都无效了,如果还要坚持使用这种格式,可以重新选中标题文字,在保持具有“标题1”样式的基础上重新设置其为隶书、二号、居中、空心,然后借助格式刷快速把后面同类的标题都设置成统一的格式。

本任务只有“标题1”一个级别的标题,生成的目录也只能提取到标题1级别的标题,在一般应用中可以根据需要把标题2、标题3等多级标题也收录到目录当中。目录中采用的标题级别越多,可供生成的目录页也越长。

生成目录之后如果又修改了文档内容,文档原来目录中的页码也需要重新更改,此时单击图2-33上面的“更新目录”会弹出更新选择的对话框,只要选择更新整个目录即可(过程略)。

在“插入”选项卡的“文本”组的“文档部件”下拉按钮中有“域”命令。“域”是指需要由Word通过提取某些信息或通过计算而生成的字符信息。比如生成的目录是提取了样式中的标题文字。实际上页码也是非常典型的域,因为页码不能靠用户输入数字。可以尝试一下把在第一页该放页码的位置直接输入一个页码数字“1”,你会看到全文奇数页的页脚处都错误地以你输入的数字“1”做页码了。

如果某处的文字是作为“域”出现的,单击该处,你会看到它自动以有灰色底纹出现,以此可以作为分辨是用户键入的字符信息还是“域”内容。右击域文字可以执行诸如“更新域”命令,即重新提取信息。

## 【课后练习】

下载一本中国古典章回小说，比如《红楼梦》《西游记》等，将所有文字都保存到 Word 文档中进行排版。要求如下：

1. 在最前面插入一张图片作为文档封面；
2. 全文章回文字设置为“标题 2”样式，正文采用宋体、五号字，首行缩进 2 字符；
3. 全文正文处页面底端居中位置插入页码；
4. 在封面和正文之间位置插入文档目录。

# 2.4 工作任务：制作一个表格

## 【学习目标】

通过本项工作任务的训练，掌握绘制表格的方法，能够对表格进行比较复杂的编辑，主要用到调整行高、列宽、合并单元格、设置内外和单元格中的文字等。

## 【工作情境】

秘书小王需要制作一个“企业驻新机构技术负责人（总监）简历”表格，印发交给下属单位相应人员填写。表格行列不是很规范，需要在一般表格基础上进行相应编辑。要制作的表格如图 2－36 所示。

**企业驻新机构技术负责人(总监)简历**

<table>
<tr><td>姓 名</td><td colspan="2">张华</td><td>性 别</td><td>男</td><td>出生年月</td><td>1963. 05.</td><td rowspan="4">照<br>片</td></tr>
<tr><td>职 务</td><td colspan="2">总工程师</td><td>职 称</td><td>研究员</td><td>最高学历</td><td>博士</td></tr>
<tr><td colspan="3">何时/何校/何专业毕业</td><td colspan="4">1990 年清华大学建筑专业毕业</td></tr>
<tr><td colspan="2">工程管理资历</td><td>24 年</td><td>电 话</td><td>68888888</td><td>移动电话</td><td>13388888888</td></tr>
<tr><td rowspan="12">工<br>作<br>简<br>历</td><td colspan="3">由何年、月至何年、月</td><td colspan="4">在何单位、从事何工作、任何职</td></tr>
<tr><td colspan="3">1990 年 7 月至 2002 年 12 月</td><td colspan="4">北京华美建筑集团 任建筑设计师</td></tr>
<tr><td colspan="3">2002 年 12 月至 2005 年 1 月</td><td colspan="4">北京华美建筑设计院 任高级建筑设计师 担任总工程师职务</td></tr>
<tr><td colspan="3">2005 年 1 月至 2008 年 12 月</td><td colspan="4">北京奥运会建设委员会 任高级建筑设审计师、设计处处长</td></tr>
<tr><td colspan="3">2008 年 12 月至 2012 年 9 月</td><td colspan="4">北京城建集团 行政管理 总经理</td></tr>
<tr><td colspan="3"></td><td colspan="4"></td></tr>
<tr><td colspan="3"></td><td colspan="4"></td></tr>
<tr><td colspan="3"></td><td colspan="4"></td></tr>
<tr><td colspan="3"></td><td colspan="4"></td></tr>
<tr><td colspan="3"></td><td colspan="4"></td></tr>
<tr><td colspan="3"></td><td colspan="4"></td></tr>
<tr><td colspan="3"></td><td colspan="4"></td></tr>
<tr><td colspan="8">本人签字：　　　　　　年　月　日<br>身份证号：111111111111111111</td></tr>
</table>

图 2－36　要制作的表格

## 【任务分析】

此项工作任务所要使用的 Word 技术有：

- 表格上方有一个标题行，可以用普通文字。
- 观察表格一共有 18 行，数表格中从上到下大约 9 条竖线，也就是需要至少 19 行 8 列的一个表格。
- 表格中每行的单元格数基本不相同，这需要通过将一行或多行中相应的单元格进行合并。
- 最后一行看似很大，其实最简单，只需要把最后一行调整高度即可。

## 【任务关键步骤】

### 2.4.1 创建表格

新建一个空白文档，录入表题文字“企业驻新机构技术负责人（总监）简历”并设置字体字号和居中格式。

在“插入”选项卡单击“表格”组中的“表格”按钮，展开其下面的众多表格工具，从“插入表格”下面第一个单元格拖动鼠标，注意最多只能向下拖动到第 6 行，那么先绘制 6 行 8 列表格。拖动时操作界文档也显示要绘制的表格，如图 2－37 所示，松开鼠标按钮后看到表格出现在文档区。

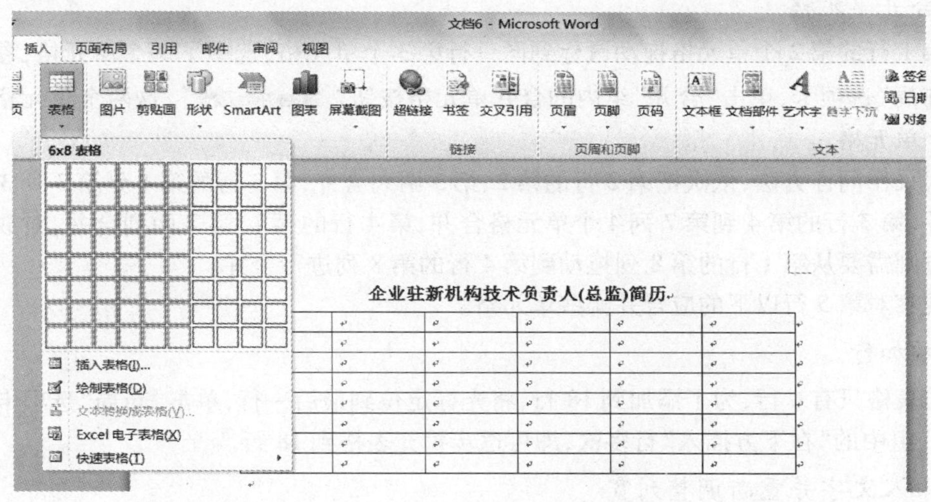


图 2－37　拖动方法绘制表格界面

当光标进入表格内任意位置时，注意观察插入表格后窗口标题行的位置出现“表格工具”字样，下面多出“设计”和“布局”两个选项卡，分别单击这两个选项卡看到里面的功能组如图 2－38 和图 2－39 所示，都是针对表格操作的各种工具。

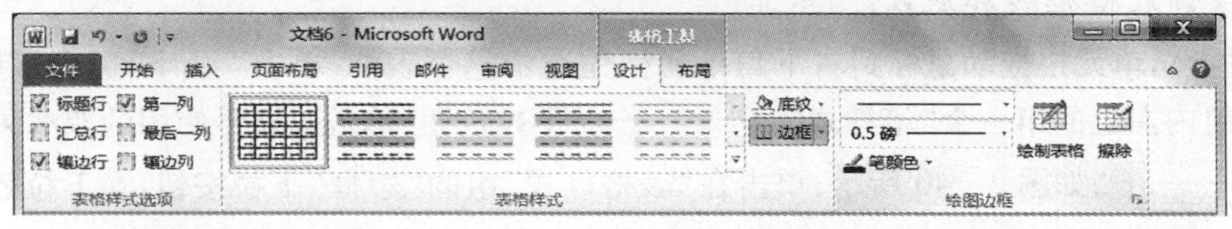


图 2－38　绘制表格后的“设计”选项卡

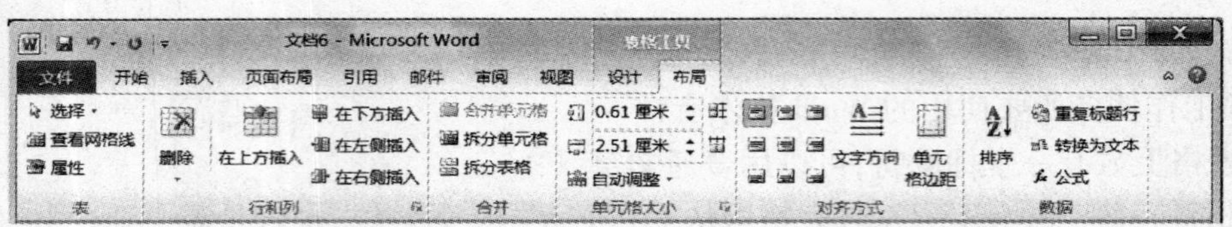

图 2-39 “布局”选项卡

## 2.4.2 编辑表格

### 1. 调整行高

单击表格使光标进入表格当中，观察窗口是否出现标尺，如果看不到标尺，就需要单击“视图”选项卡“显示”组中的“标尺”复选框，即可在文档的最上和最左边看到标尺。当光标在表格中时，可以看到每条竖线在水平标尺上对应出现一个“▦”形状的按钮，在水平方向拖动它可以调整其下面对应表格竖线的位置，即调整列的宽度；同样表格中的每个横线在左侧的垂直标尺上也对应有一个“▭”形状的按钮，上下方向拖动它可以调整其对应表格横线的位置，即调整行的高度。

关注前 4 行，调整第 1 列宽度，使其宽度恰好可以放置两个汉字“姓名”。

### 2. 合并单元格

从第 1 行的第 2 个单元格拖动鼠标到同一行第 3 个单元格，选中了两个单元格，参看图 2-39“布局”选项卡，单击“合并”组内的合并单元格按钮“合并单元格”，这两个单元格就合并为一个单元格。

后面采用同样方法，依次把第 2 行的第 2、第 3 两列合并，第 3 行的第 1 到第 3 列 3 个单元格合并，第 3 行的第 4 到第 7 列 4 个单元格合并，第 4 行的第 1、第 2 两列合并，对放置照片的地方则需要从第 1 行的第 8 列拖动到第 4 行的第 8 列进行合并。

请观察对第 5 行以下的应合并哪些单元格。

### 3. 增加行

目前表格只有 6 行，为了添加到 18 行，将光标定位到最后一行，单击“布局”选项卡下面“行和列”组中的“在下方插入”行多次，即可逐步扩充表格到 18 行。

### 4. 录入文字并重新调整列宽

在各单元格中录入文字，可以发现表格哪些行列高度宽度不能满足填表人的需要，然后使光标进入表格当中，利用水平标尺上对应出现的“▦”和垂直标尺上的“▭”按钮重新调整各行高度和各列宽度到符合本任务要求的样子即可。

### 5. 修饰表格框线和底纹

从左上角单元格拖动鼠标到右下角单元格先选中整个表格，单击“设计”选项卡里“绘图边框”组内左上的第一个“笔样式”“————”下拉按钮，单击选择要使用的双线外框线“════”，如图 2-40 所示；单击在“表格样式”组的“边框”下拉按钮，在下拉列表中单击选择“外侧框线(S)”，如图 2-41 所示。

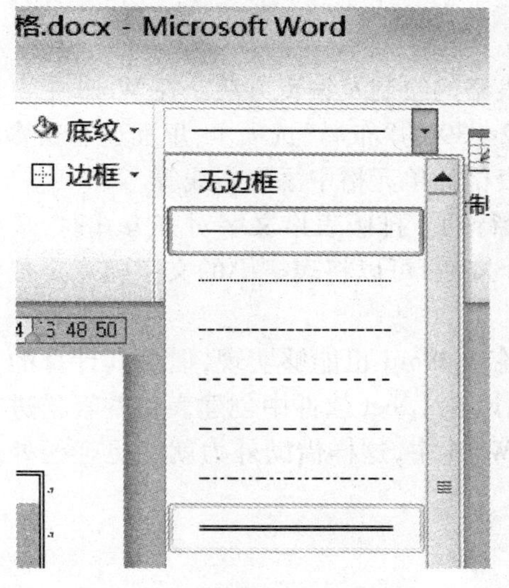


图 2－40　选择线型

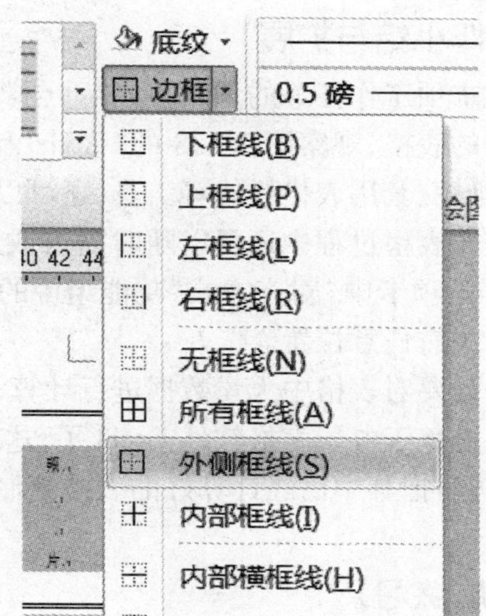


图 2－41　将线型应用于外框

将光标定位到放照片的单元格，在此重复上面步骤即可把照片框也设置成双线框。

为了给照片框设置一定灰度的底纹，将光标定位到放照片单元格，单击“设计”选项卡上的“表格样式”组内的“底纹”按钮，在下面弹出的颜色列表框中单击选中如图 2－42 所示的“白色，背景 1，深色 15%”灰色。

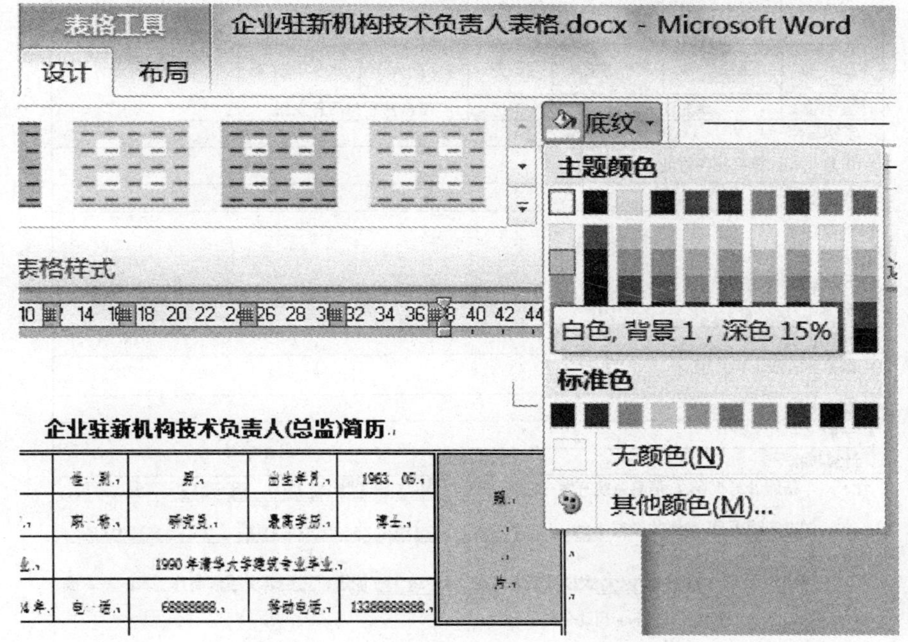


图 2－42　设置底纹颜色

## 【工作小结与扩展】

通过本项工作任务的训练，需要重点掌握表格的绘制及编辑方法。在 Word 中可以制作任意复杂的表格，观察图 2－38 的“设计”和图 2－39 的“布局”选项卡，里面还有很多涉及表格计算、排序、套用表格样式等工具，还可以在表格的单元格中添加斜线等。

在制作表格过程中还可以随时插入或删除行列。排版表格文字对齐方式时，最有用的是“对齐”选项卡中“对齐方式”功能组中的几个按钮，可以将表格中的文字随意定位到单元格的上下左右任意位置。

如果需要对表格中大量数据进行计算，理论上 Word 也能够实现，但是其计算的方便程度就远远逊色于电子表格软件 Excel 了，这时可以在 Excel 软件中创建表格并轻松进行大量的计算，然后把其中已经计算好的表格复制到 Word 中，这样借助外力就能更轻松处理任意表格了。

## 【课后练习】

参照样文图绘制一个简历表格：

注意在表格中填写文字时要尽量与表格中的字体、字号、对齐方式和文字颜色接近。

<table>
<tr><td colspan="7">个人概况</td></tr>
<tr><td>姓　　名：</td><td></td><td>性　　别：</td><td>男</td><td>民　　族：</td><td>汉　　族</td><td></td></tr>
<tr><td>政治面貌：</td><td>预备党员</td><td>身　　高：</td><td>168cm</td><td>籍　　贯：</td><td>江 西 吉 安</td><td></td></tr>
<tr><td>出生年月：</td><td>1984/04/28</td><td>学　　历：</td><td>本 科</td><td>学　　位：</td><td>学　　士</td><td></td></tr>
<tr><td>学　　制：</td><td>四　　年</td><td>培养方式：</td><td>统 招</td><td>毕业时间：</td><td>2006 年 07 月</td><td></td></tr>
<tr><td>毕业学校：</td><td colspan="2">黑龙江大学</td><td>专业</td><td colspan="2">信息管理与信息系统</td><td></td></tr>
<tr><td colspan="7">求职意向</td></tr>
<tr><td colspan="7">* 信息化和计算机相关行业</td></tr>
<tr><td colspan="7">联系方式:</td></tr>
<tr><td colspan="7">移动电话：<br>固定电话：<br>Email:<br>联系地址：</td></tr>
<tr><td colspan="7">英语水平</td></tr>
<tr><td colspan="7">* 国家英语四级和六级</td></tr>
<tr><td colspan="7">日语水平</td></tr>
<tr><td colspan="7">* 一般</td></tr>
<tr><td colspan="7">计算机水平</td></tr>
<tr><td colspan="7">☆· 精通计算机编程，信息系统开发，熟悉 J2EE 架构、.NET 平台（C#、VB.NET）. 有编程经验，做过实际项目. 熟练的掌握 asp、asp.net 、Jsp、javascript、xml、struts、UML。精通 sql server 大型数据库，熟悉 oracle. 能进行三剑客，视频制作工具的基本操作。能熟练的运用 office 自动化办公软件。</td></tr>
</table>

样文图

## 2.5　工作任务:邮件合并

邮件合并是 Word 针对批量制作信函、信封、通知等需要提供的一种快速制作技术,其核心思想是通过在表格中提取数据,实现快速批量制作版式、内容相近的文档的功能。

在使用邮件合并功能时,必须首先已经制作好提供数据的文档,这个被提取数据的文档被称为"数据源"。"数据源"可以是多种类型的数据库、Excel 电子表格、Word 表格文档等。

### 【学习目标】

通过本项工作任务的训练,掌握 Word 快速的邮件合并功能,以便快速制作大量相同或相近的信封、信函类文档。

### 【工作情境】

秘书小王负责组织一个企业家论坛,为此要向企业的合作伙伴及客户发送邀请函。前期已经制作了图 2-43 所示的"企业家通讯录表.docx"文档,其中含有上百人的联系方式等信息,现在要从中用提取数据的方法,为每位企业家制作一个可以贴在信封上的标签,以便分别贴在发给每位书面邀请函的信封上。

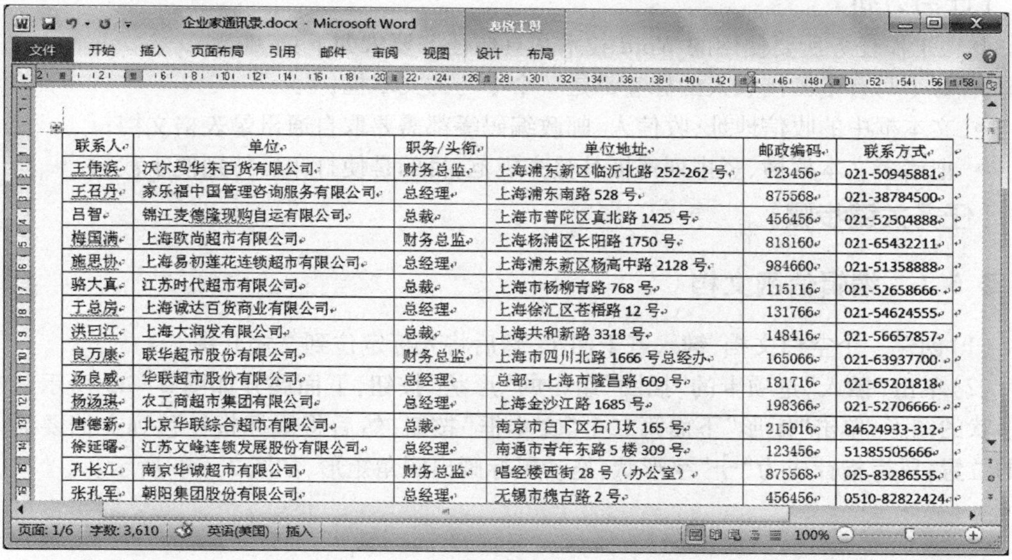

| 联系人 | 单位 | 职务/头衔 | 单位地址 | 邮政编码 | 联系方式 |
|---|---|---|---|---|---|
| 王伟滨 | 沃尔玛华东百货有限公司 | 财务总监 | 上海浦东新区临沂北路 252-262 号 | 123456 | 021-50945881 |
| 王召丹 | 家乐福中国管理咨询服务有限公司 | 总经理 | 上海浦东南路 528 号 | 875568 | 021-38784500 |
| 吕智 | 锦江麦德隆现购自运有限公司 | 总裁 | 上海市普陀区真北路 1425 号 | 456456 | 021-52504888 |
| 梅国满 | 上海欧尚超市有限公司 | 财务总监 | 上海杨浦区长阳路 1750 号 | 818160 | 021-65432211 |
| 施思协 | 上海易初莲花连锁超市有限公司 | 总经理 | 上海浦东新区杨高中路 2128 号 | 984660 | 021-51358888 |
| 骆大真 | 江苏时代超市有限公司 | 总裁 | 上海市杨柳青路 768 号 | 115116 | 021-52658666 |
| 于总房 | 上海诚达百货商业有限公司 | 总经理 | 上海徐汇区苍梧路 12 号 | 131766 | 021-54624555 |
| 洪曰江 | 上海大润发有限公司 | 总裁 | 上海共和新路 3318 号 | 148416 | 021-56657857 |
| 良万康 | 联华超市股份有限公司 | 财务总监 | 上海市四川北路 1666 号总经办 | 165066 | 021-63937700 |
| 汤良威 | 华联超市股份有限公司 | 总经理 | 总部:上海市隆昌路 609 号 | 181716 | 021-65201818 |
| 杨汤琪 | 农工商超市集团有限公司 | 总经理 | 上海金沙江路 1685 号 | 198366 | 021-52706666 |
| 唐德新 | 北京华联综合超市有限公司 | 总裁 | 南京市白下区石门坎 165 号 | 215016 | 84624933-312 |
| 徐延曙 | 江苏文峰连锁发展股份有限公司 | 总经理 | 南通市青年东路 5 楼 309 号 | 123456 | 51385505666 |
| 孔长江 | 南京华诚超市有限公司 | 财务总监 | 唱经楼西街 28 号(办公室) | 875568 | 025-83286555 |
| 张孔军 | 朝阳集团股份有限公司 | 总经理 | 无锡市槐古路 2 号 | 456456 | 0510-82822424 |

图 2-43　"企业家通讯录表.docx"文档

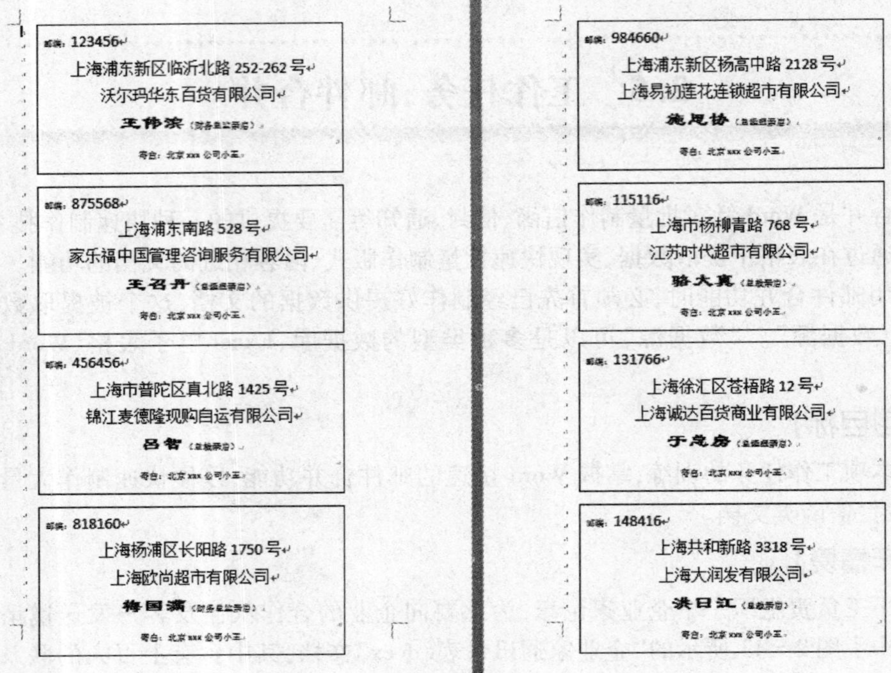


图 2－44　要求制作信封标签

【任务分析】

此项工作任务所要使用的 Word 技术和具体任务要求如下：

- 每个写有信函接收人的标签都是一个小巧的文本框；
- 文本框中的收信地址、收信人、邮政编码等都需要取自通讯录表格文档；
- 把诸多文本框横、竖排列得极其整齐规范，目的是使打印后特别便于裁剪。

【任务关键步骤】

## 2.5.1　编辑信函文档

(1)创建一个空白文档，键入若干回车，然后将光标定位到文档开头。

(2)单击“插入”选项卡的“插图”组中的“形状”按钮，下面展开如图 2－45 所示的有很多形状的图形，单击“矩形”下面第二个“文本框”按钮，然后将鼠标指针移到文档要插入图形的位置，鼠标指针成为“**十**”字形状，拖动鼠标画出圆角矩形，如图 2－46 所示。

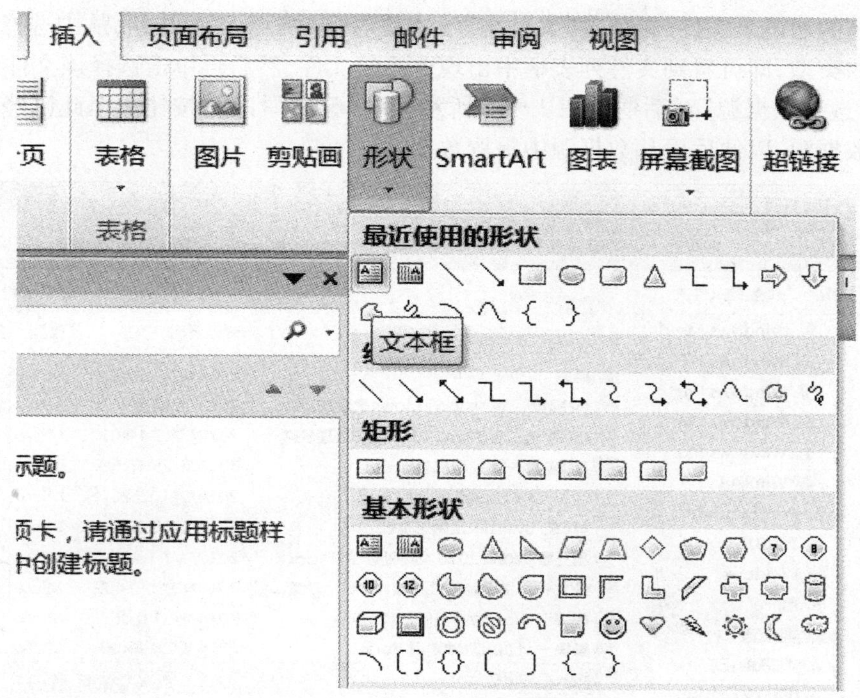


图 2－45　插入图形操作过程

刚创建的图形周围有小圆圈操作点，此时处于选中状态，拖动边和角上的操作点可以调整其高度、宽度。

将鼠标指向图形，当鼠标指针上出现十字箭头“✥”时可拖动图形到适当位置，即可插入一个文本框，如图 2－46 所示。这是先制作便签的基本样式，以后只要在相应位置插入真实收信人的地址、单位、姓名、邮政编码等具体信息即可。

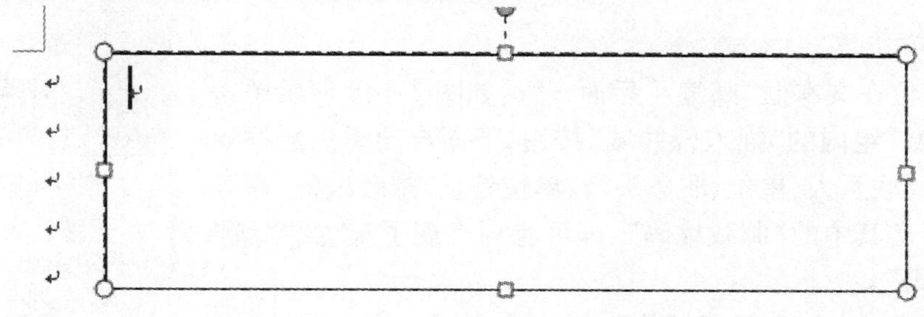

图 2－46　在文本框中可录入文字

## 2.5.2 启动邮件合并

### 1. 选择数据源

单击“邮件”选项卡，然后在“开始邮件合并”组中单击“选择收件人”按钮，再在弹出的列表中单击“使用现有列表”命令，系统弹出“选取数据源”对话框。

在对话框中找到“企业家通讯录表. docx”文档所在的磁盘、文件夹。若文件列表框中没

有出现要用的通讯录文件，先单击“文件名”文本框右侧的类型下拉按钮，从中选择与要使用文件匹配的类型，即可看到文件列表框中出现要用的文件，然后再单击选择该文件。

此时“选择数据源”对话框如图 2－47 所示，然后单击“打开”按钮。至此已经选定了邮件合并的数据源，以便后面从数据源中提取数据。

图 2－47 “选取数据源”对话框

2. 插入合并域

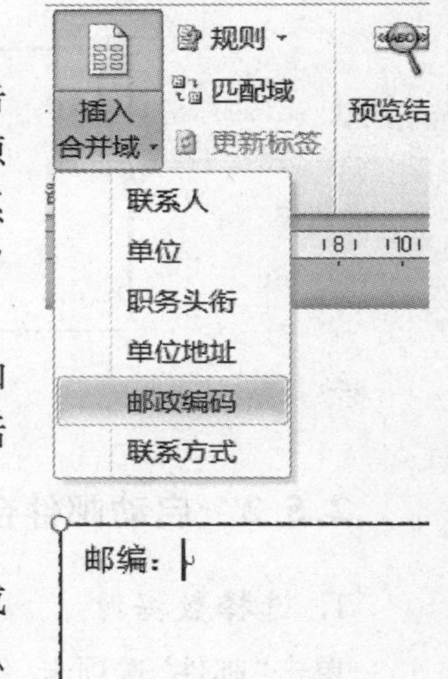


图 2－48 插入合并域操作

将光标定位在文本框“邮编：”后面，然后如图 2－48 所示单击“编写和插入域”组内的“插入合并域”按钮，下面自动弹出数据源文件表格中的“联系人、单位、职务头衔、单位地址、邮政编码、联系方式”栏目，单击其中的“邮政编码”，即可看到出现了灰色的“域”文字“邮政编码”。

参照上面方法，在下面两行依次插入合并域“单位地址”和“单位”；在下面行中连续插入合并域“联系人”，然后键入一对括号，再在括号内插入合并域“职务头衔”，再键入“亲启”二字。

另起一行键入“寄自：北京×××公司小王”。

这里插入合并域的位置，都将用数据源文件中的数据替换成具体每个收件人的真实信息，可以对文档中的任意文字进行字体、字号居中等任意格式的设置。

考虑到信封版式的需要，将文档中重要的合并域“邮政编码、单位地址”、“单位”、“联系人”都设置大一些，把次要文字“职务头衔”、“亲启”和发信人的落款设置小一些，适当设置居中和字体，这样可以使标签更美观一些。插入合并域并设置了文字格式后的文档如图 2-49 所示，其中灰色部分是合并域。

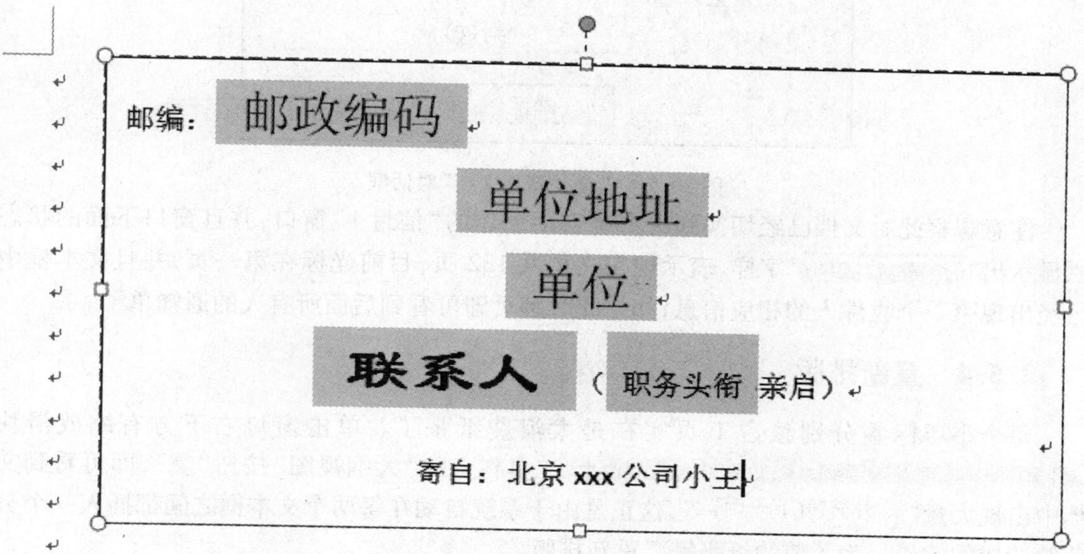


图 2-49 插入合并域并设置了文字格式后的文档

### 2.5.3 实现合并过程

如图 2-50 所示，单击“完成”组内的“完成并合并”按钮，在下面的命令列表中单击“编辑单个文档”命令，弹出如图 2-51 所示的“合并到新文档”对话框，依次单击“全部”和“确定”按钮。

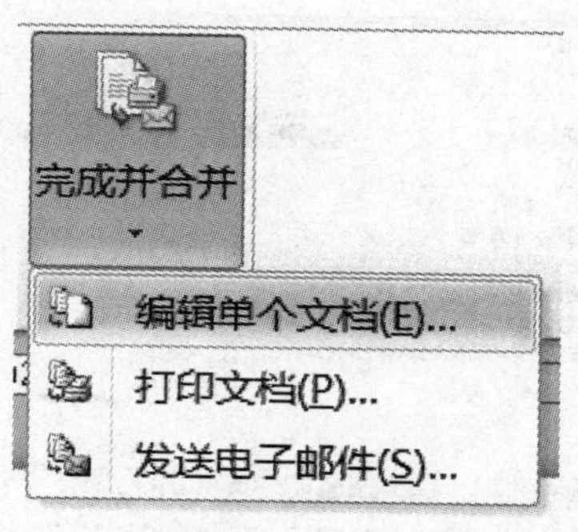


图 2-50 单击“完成并合并”

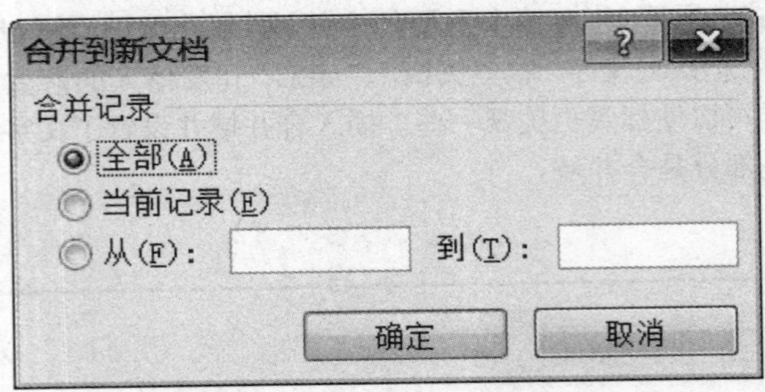


图 2-51 “合并到新文档”对话框

注意观察此时文档已经切换到由系统自动创建的“信封 1”窗口，并且窗口下面的状态栏显示出“页面：1/132”字样，表示现在文档共 132 页，目前光标在第一页，并且文本框中已经出现第一个收件人的相应信息，如果此时翻页即可看到后面所有人的通知单了。

### 2.5.4 重新排版

每个小巧标签分别独占 1 页实在是太浪费纸张了。单击窗口右下方有缩放滑块“100%”工具栏上的“大纲视图”按钮“”，即可看到文档中出现大量“分节符(下一页)”，这正是由于系统自动在每两个文本框之间都插入一个分节符造成的效果。为了节约纸张需要重新排版。

(1)将光标定位在文本框外文档起始处，单击“开始”选项卡“编辑”组中的“替换”命令，打开如图 2-52 左上图所示的“查找和替换”对话框，先单击“更多”按钮，使对话框下面扩展出“搜索选项”，对话框成为如图 2-52 右下图的样子。

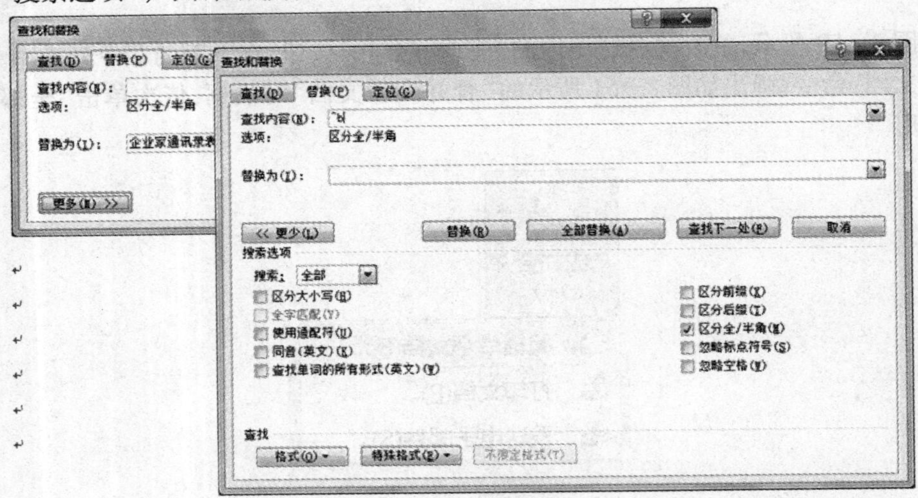


图 2-52 “查找和替换”对话框

(2)再将光标定位在“查找内容”文本框中，然后单击最下面的“特殊格式”按钮，弹出一个很长的选项列表，单击其中的“分节符 B”，文本框中出现“^b”字样，保持“替换为”文本框中为空，然后单击“全部替换”按钮，即可看到所有通知单整齐连续罗列在一整列上了(如图 2-53 所示)。

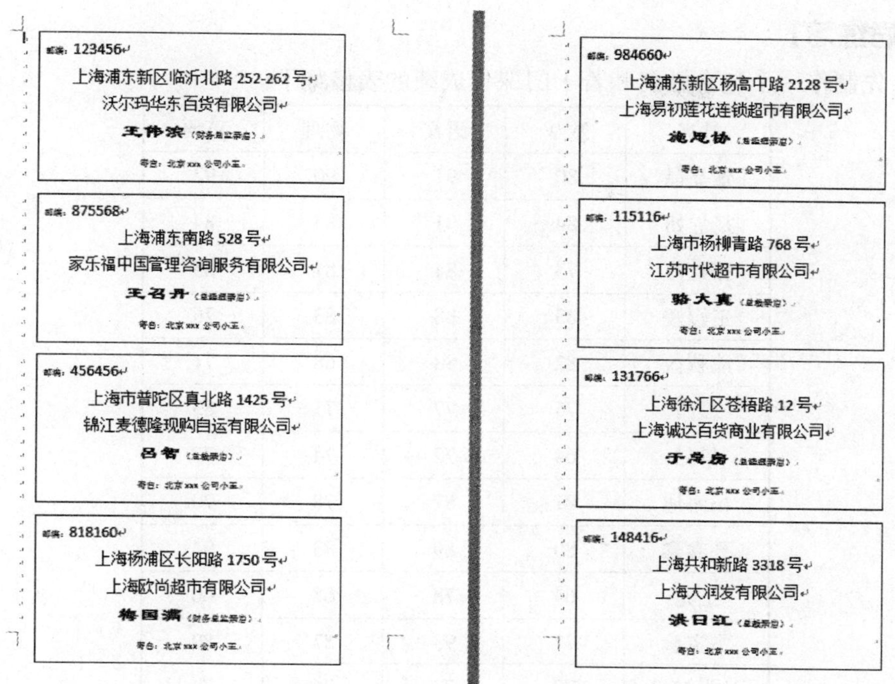


图 2－53　不分页标签效果

(3)文档中的每个标签都是一个文本框,通过拖动文本框调整位置,可以把他们做成多行多列的紧凑样式。打印后将每个标签裁剪成小方块,即可快速粘贴到信封上,免除了大量手工填写信封的烦恼。

## 【工作小结与扩展】

通过本项工作任务的训练,需要重点掌握的是 Word 快速的邮件合并功能。邮件合并是 Word 针对特定需求专门提供的一种文档制作技术,可以用于批量制作内容格式相近,但数据不同的信封、信函、带不同编号的入场券等。能够使用这项技术的前提是事先已经做好了数据源,这就要求秘书及办公室文员在平时注意积累数据,把收到的各类联系人的名片及联系方式及时输入计算机中保存。

本工作任务使用查找分节符并替换成空的示例,实际上是删除文档中全部的分节符,这样可以压缩许多小通知单所占据的纸张数量。

请思考为什么在图 2－46 的文档绘制文本框前先要键入若干多个回车符,这样做有什么意义?

另外请浏览关注单击“查找与替换”对话框中“特殊字符”时弹出的大量特殊字符,学会使用这些特殊字符进行查找替换,对高效处理长文档具有特别的意义。

必须说明的是,邮件合并对数据源文档有非常严格的要求,要求数据必须以表格形式存放,表格行列必须非常规范,表格中不能有合并的单元格,且文档表格前面不能有诸如表格名称的任何文字。稍微违背这些规定,计算机就可能因为分不清楚哪些栏目可以做合并域而无法从数据源中提取数据。

## 【课后练习】

1. 首先制作一个包含姓名和若干门课程成绩的表格如下。

| 姓名 | 数学 | 语文 | 物理 | 英语 |
|---|---|---|---|---|
| 董晶晶 | 80 | 91 | 90 | 92 |
| 杨立妍 | 84 | 91 | 85 | 84 |
| 张虹霞 | 73 | 84 | 81 | 85 |
| 王媛媛 | 83 | 88 | 83 | 76 |
| 熊秋盈 | 82 | 88 | 68 | 71 |
| 彭茜 | 75 | 77 | 71 | 83 |
| 景喆 | 64 | 72 | 74 | 77 |
| 杨海迪 | 81 | 87 | 78 | 70 |
| 孙鑫鑫 | 80 | 89 | 83 | 94 |
| 王宠 | 64 | 78 | 68 | 60 |
| 雷宝珍 | 77 | 93 | 87 | 89 |
| 张虹 | 70 | 73 | 76 | 72 |
| 孙超 | 70 | 71 | 70 | 72 |
| 王敬 | 79 | 95 | 81 | 72 |
| 张子瑜 | 80 | 71 | 76 | 70 |

2. 借助表格利用邮件合并功能为每个人制作如下所示包含所有人成绩通知的小标签。

| | | | |
|---|---|---|---|
| 张虹同学，你本学期<br>各科考试成绩如下：<br>数学：70<br>语文：73<br>物理：76<br>英语：72 | 张子瑜同学，你本学期<br>各科考试成绩如下：<br>数学：80<br>语文：71<br>物理：76<br>英语：70 | 杨海迪同学，你本学期<br>各科考试成绩如下：<br>数学：81<br>语文：87<br>物理：78<br>英语：70 | 董晶晶同学，你本学期<br>各科考试成绩如下：<br>数学：80<br>语文：91<br>物理：90<br>英语：92 |
| 熊秋盈同学，你本学期<br>各科考试成绩如下：<br>数学：82<br>语文：88<br>物理：68<br>英语：71 | 孙超同学，你本学期各<br>科考试成绩如下：<br>数学：70<br>语文：71<br>物理：70<br>英语：72 | 孙鑫鑫同学，你本学期<br>各科考试成绩如下：<br>数学：80<br>语文：89<br>物理：83<br>英语：94 | 杨立妍同学，你本学期<br>各科考试成绩如下：<br>数学：84<br>语文：91<br>物理：85<br>英语：84 |

# 模块3 Excel电子表格处理软件

编写各类报表、统计相关数据是现代秘书及办公室文员的重要工作内容。Excel具有强大的电子表格处理、数据处理与分析功能,使用它可以进行各种数据的处理和统计分析。在现代秘书工作中,Excel得到了广泛的应用。Excel主要用于绘制表格、数据运算、统计分析等,并可以生成各类图表。

## 3.1 工作任务:制作员工档案表

**【学习目标】**

通过本项工作任务的训练,初步认识Excel 2010工作簿和工作表,了解工作簿和工作表的概念,掌握选择、增加、删除、重命名工作表的方法。熟练掌握单元格中数据的输入方法、单元格的合并等操作。

**【工作情境】**

某企业人力资源管理部门助理小张接到任务,为新筹建的部门“信息系统事业部”制作“员工档案表”,需要清晰直观地反映部门员工情况。“员工档案表”样式如图3-1所示。员工信息的来源是人力资源部的“员工资料表”,“员工资料表”样式如图3-2所示。

| 员工编号 | 姓名 | 性别 | 部门 | 职位 | 出生日期 | 学历 | 联系电话 |
|---|---|---|---|---|---|---|---|
| | | | | | | | |
| | | | | | | | |
| | | | | | | | |
| | | | | | | | |
| | | | | | | | |
| | | | | | | | |
| | | | | | | | |

图3-1 员工档案样表图

员工资料表

| 个人基本资料 | 姓　名 | 高星 | 员工编号 | 10006655 | 年　龄 | 41 |
|---|---|---|---|---|---|---|
| | 性　别 | 男 | 婚姻状况 | 已婚 | 出生日期 | 1973年05月22日 |
| | 民　族 | 汉 | 政治面貌 | 党员 | 执业资格证 | 有 |
| | 外　语 | 英语 | 外语水平 | 高级 | 员工类别 | 主管 |
| | 籍　贯 | 黑龙江省 | 户口性质 | 非农业户口 | 学历 | 本科 |
| | 部门 | 信息系统事业部 | | | 职位 | 部门总经理 |
| | 身份证号码 | 230×××19891005 2072 | | | 职　称 | 高级工程师 |
| | 户籍地址 | 黑龙江省五常市南四路 | | | 邮政编码 | 510000 |
| | 现 住 址 | 北京市海淀区紫金大厦 | | | 邮政编码 | 100086 |
| | 办公电话 | 85575621 | 手机 | 1326402×××× | E-mail | gaoxing230@163.com |

图 3－2　员工资料样表图

## 【任务分析】

这是一个将单个员工信息整理、汇总成员工档案表的任务，涉及要使用的 Excel 技术有：

- 新建、保存工作簿；
- 删除及重命名工作表；
- 单元格合并；
- 向电子表格中输入基本数据；
- 设置单元格格式；
- 设置列宽；
- 设置框线。

## 【任务关键步骤】

### 3.1.1　创建并命名工作表

启动 Excel，可以看到 1 个空白的工作簿和 3 个工作表，每个工作表都有自己独立的名称，名称在下方的“工作表标签栏”中显示。工作表新建时默认名字为“sheet”＋“数字”，如图 3－3 所示。

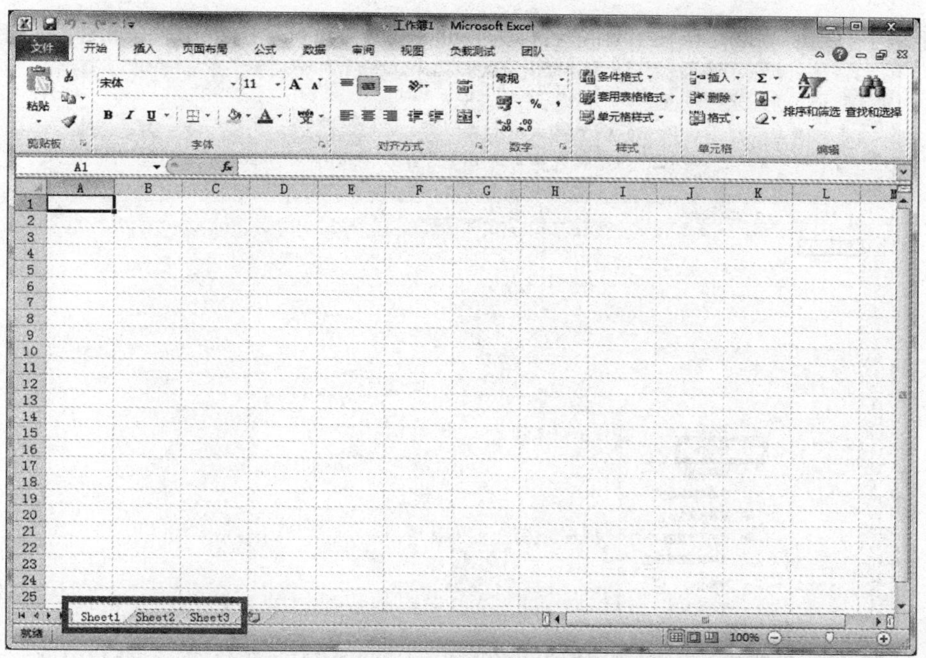


图 3－3　新建工作簿

点击左上角保存按钮，弹出“另存为”对话框，输入“员工档案表”，点击保存按钮“🖫”（如图 3－4 所示）。

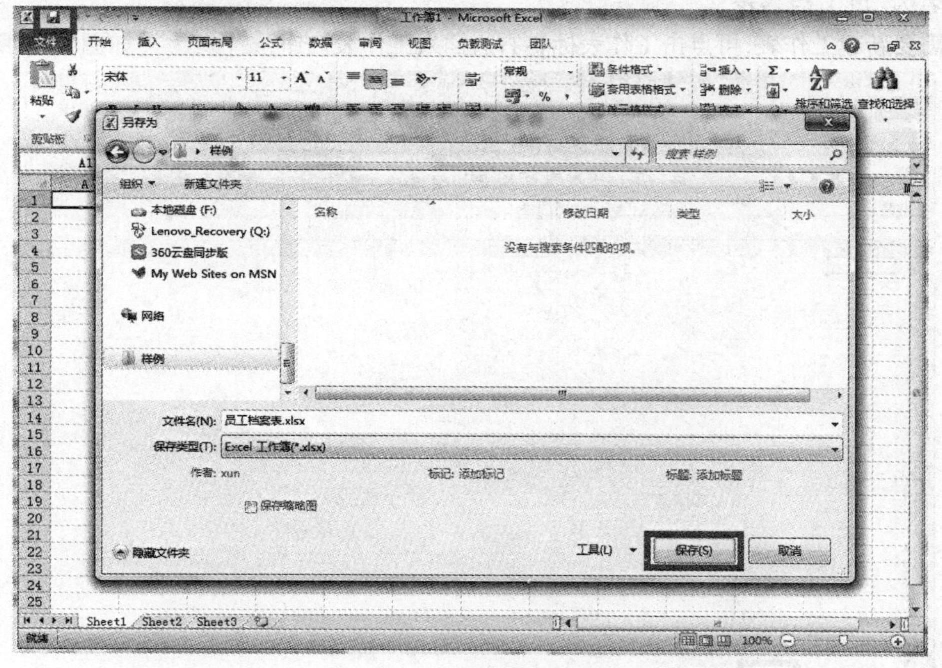


图 3－4　保存工作簿

因为本次任务仅需要一个工作表，我们需删除多余的工作表。在工作表标签上点击右键，弹出操作菜单,点击“删除”按钮。删除名称为“sheet2”及“sheet3”的工作表(如图3-5所示)。

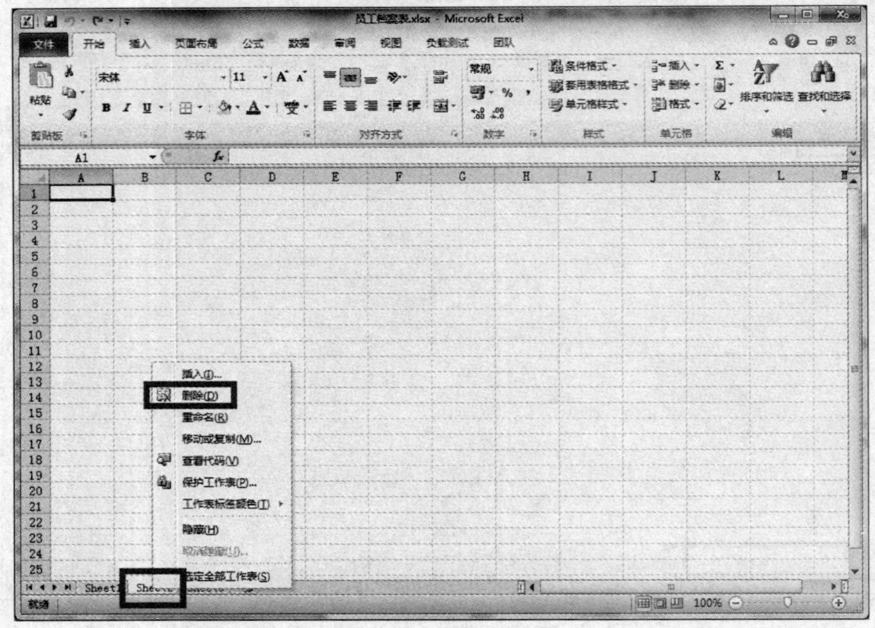

图3-5 删除工作表

在名称为“sheet1”的工作表标签上点击右键,弹出操作菜单,点击“重命名”按钮,将工作表命名为“员工档案表”。

如需要新建工作表,可点击工作表标签右边插入工作表按钮“ ”(如图3-6所示)。

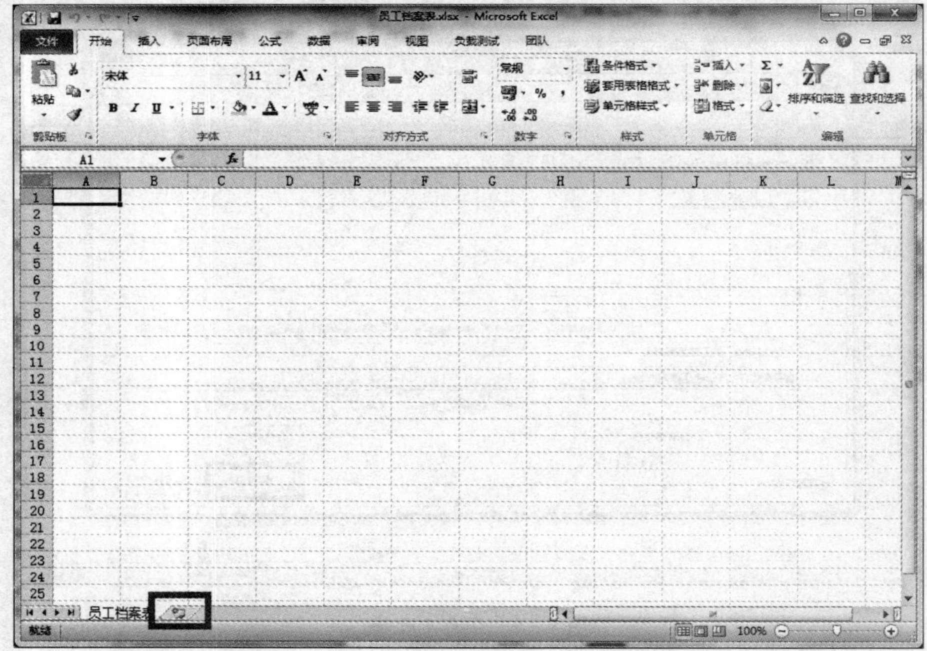

图3-6 新建工作表

### 3.1.2 编辑表格

1. 制作表格标题及表头

选择 A1 到 H3 的单元格，点击“合并后居中”按钮“ ”，如图 3－7 所示，输入“员工档案表”，并选择单元格，将字号改为“18”，如图 3－8 所示。

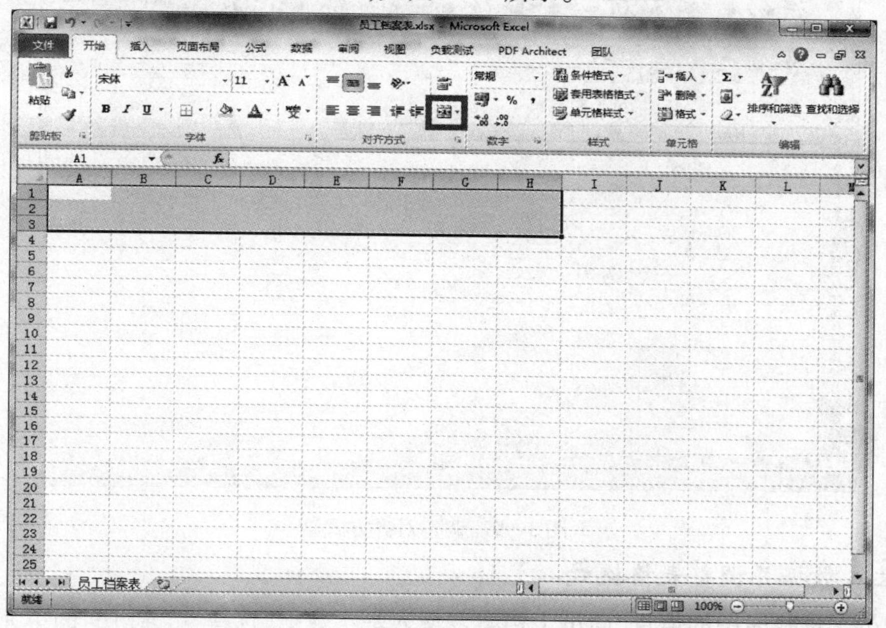

图 3－7 合并单元格

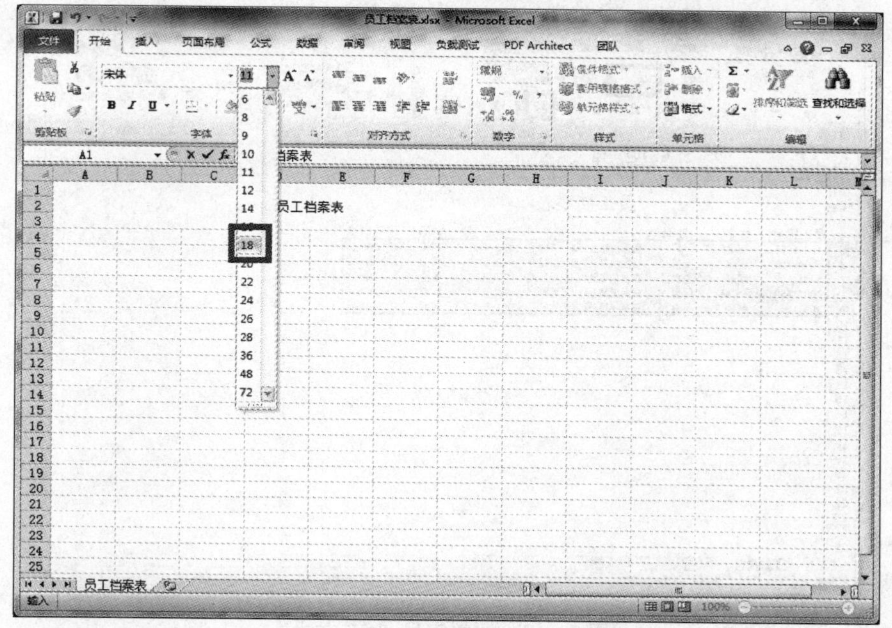

图 3－8 变更字号

在 A4 到 H4 的单元格内依次输入“员工编号、姓名、性别、部门、职位、出生日期、学历、联系电话”。选择 A4 到 H4 单元格，将字号调整为“12”，对齐方式调整为居中对齐“▤”。如图 3－9 所示。

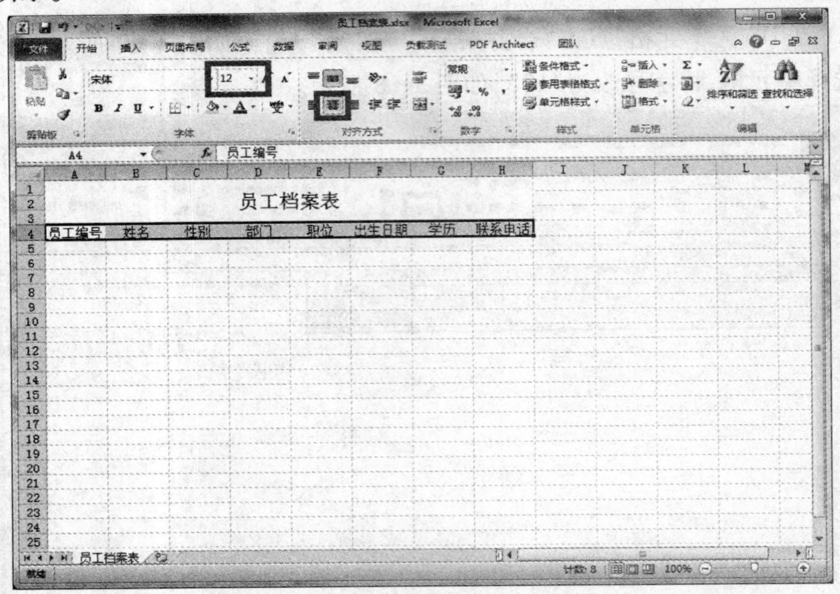


图 3－9　调整对齐方式

## 2. 录入数据并调整表格格式

根据员工资料表中的信息，向员工档案表输入基本数据，选择 A5 到 H9 的单元格，调整字号为“10”，调整对齐方式为居中对齐“▤”（如图 3－10 所示）。

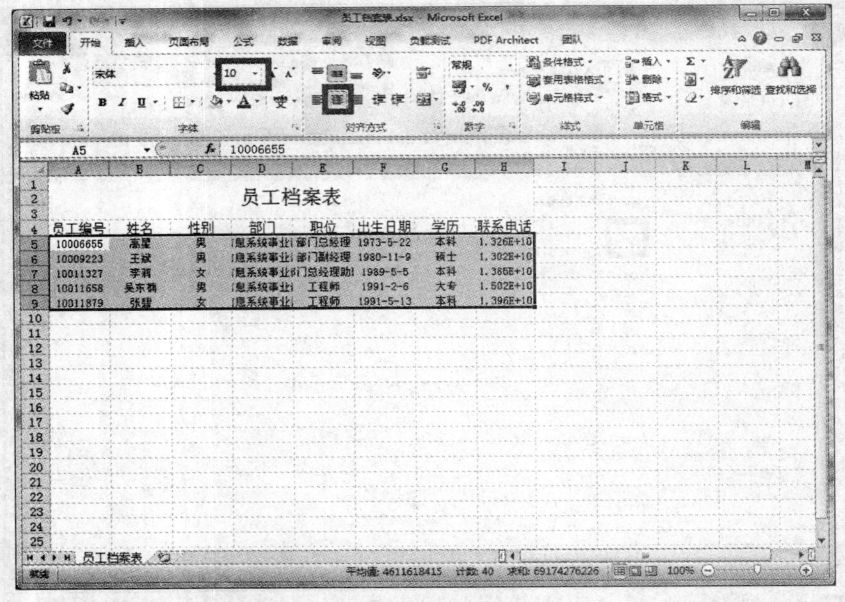


图 3－10　调整字号、对齐方式

右键点击列标签，依次调整列 A 到列 H 的列宽，让数据内容显示完整，如图 3－11 所示；选择 A4 到 H9 的单元格，依次设定边框为“所有框线”、“粗匣框线”，如图 3－12 所示；选择 A4 到 H4 的单元格，设定边框为“粗匣框线”。

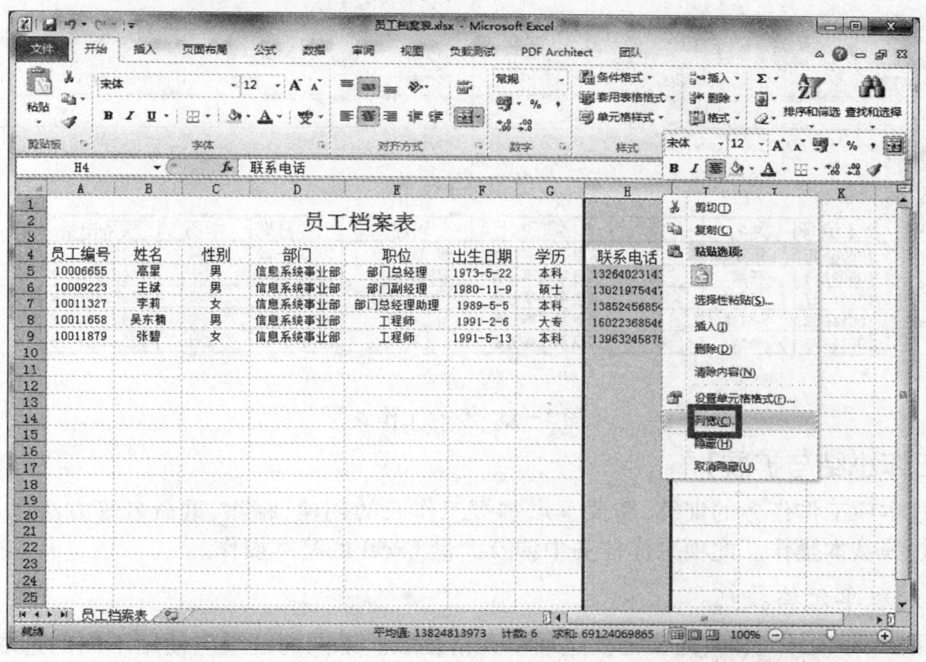


图 3－11 调整列宽

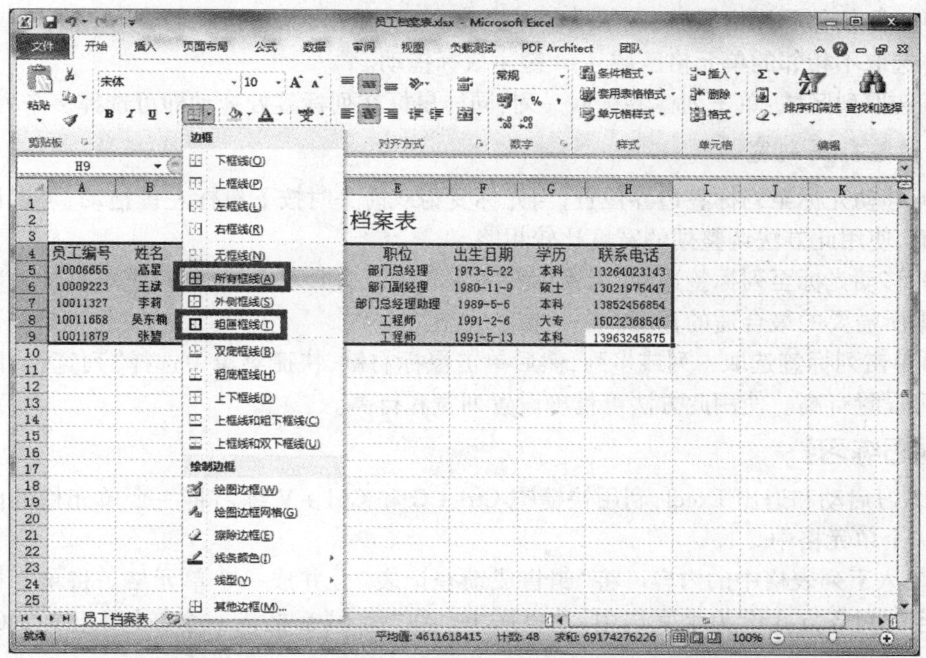


图 3－12 设定框线

### 3.1.3 保存工作簿

点击保存按钮保存工作簿,最终表格效果如图 3-13 所示。

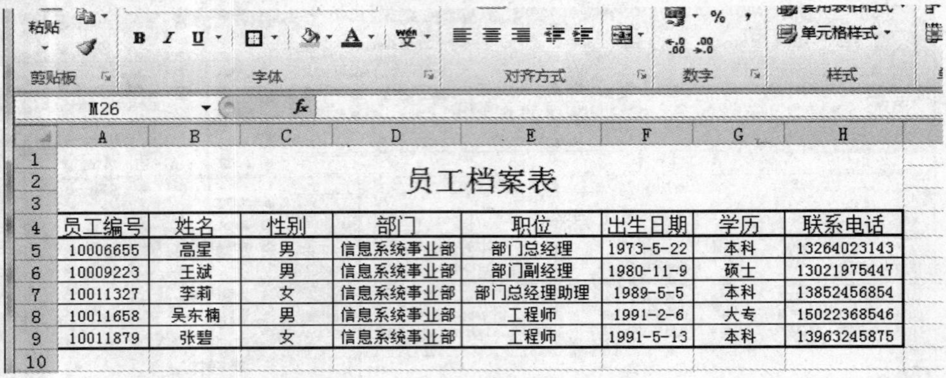

员工档案表

| 员工编号 | 姓名 | 性别 | 部门 | 职位 | 出生日期 | 学历 | 联系电话 |
|---|---|---|---|---|---|---|---|
| 10006655 | 高星 | 男 | 信息系统事业部 | 部门总经理 | 1973-5-22 | 本科 | 13264023143 |
| 10009223 | 王斌 | 男 | 信息系统事业部 | 部门副经理 | 1980-11-9 | 硕士 | 13021975447 |
| 10011327 | 李莉 | 女 | 信息系统事业部 | 部门总经理助理 | 1989-5-5 | 本科 | 13852456854 |
| 10011658 | 吴东楠 | 男 | 信息系统事业部 | 工程师 | 1991-2-6 | 大专 | 15022368546 |
| 10011879 | 张碧 | 女 | 信息系统事业部 | 工程师 | 1991-5-13 | 本科 | 13963245875 |

图 3-13　保存工作表

## 【工作小结与扩展】

通过本项工作任务的训练,需要重点掌握工作表的创建、删除、重命名等方法以及单元格的合并等基本操作。此项工作任务中涉及大量 Excel 的基本操作。

1. 选取单元格技巧

使用 Excel 工作表时,通常需要选取单元格区域。不同的区域应使用不同的选取方法,可以提高工作效率。

(1)选取相邻单元格区域:鼠标拖动,或 Shift 键 + 单击区域的首、尾单元格。

(2)选取不相邻的单元格区域:Ctrl 键 + 鼠标拖动。

(3)选取列区域:单击列标签选取一列,同样鼠标在列标签处拖动即可选择多个列区域。

2. 调整行高列宽

(1) 移动光标至列标签边界位置,当光标变为双箭头时按下鼠标左键拖动,可以调整列的宽度值,使用此方法调整列的宽度比较粗略。

(2) 移动光标至列标签边界,当光标变为实心双箭头时双击鼠标,列宽可自动设置为单元格数据所需要的最合适的宽度。

(3)单击列标签选取一列或多列,然后单击鼠标右键,快捷菜单中选择“列宽”。同样照此方法可设置行高。使用此方法可精确设置列宽和行高。

## 【课后练习】

1. 练习启动和退出 Excel,利用快捷键 Ctrl + C 和 Ctrl + V 练习将一个单元格的内容复制到另一个单元格中。

2. 输入下列表格中的内容。将“销售成绩登记表”合并成一个单元格。将单元格中的全部内容的对齐方式设为水平居中、垂直居中。在“组 6”后插入一个新行“组 7:240,225,261,171”。

| 销售成绩登记表 | | | | |
|---|---|---|---|---|
| 姓名 | 3 月 | 4 月 | 5 月 | 6 月 |
| 组 1 | 210 | 270 | 219 | 270 |
| 组 2 | 240 | 180 | 225 | 120 |
| 组 3 | 168 | 150 | 204 | 150 |
| 组 4 | 240 | 210 | 255 | 150 |
| 组 5 | 204 | 210 | 150 | 234 |
| 组 6 | 270 | 240 | 288 | 255 |
| 合计 | | | | |

## 3.2　工作任务:制作采购单

### 【学习目标】

通过本项工作任务的训练,掌握单元格行高、列宽等格式设置方法,掌握条件格式化以及样式的使用方法,能够熟练设置边框、图案及背景,复制格式,设置数字、日期及时间格式等操作。

### 【工作情境】

某企业采购部秘书小王接到任务,公司需采购一批笔记本电脑,领导要求小王制作本次采购的采购单,样式如图 3-14 所示。

| 采　购　单 | | | | | | | |
|---|---|---|---|---|---|---|---|
| 采购代码 | CA-133255 | 经办人 | 王强 | 联系方式 | 13324456854 | 采购日期 | 2014/2/17 |
| 是否含税 | 是 | 交货日期 | 2014/3/17 | 运输方式 | 送货上门 | 主管确认 | |
| 送货地址 | | | | | | | |
| 序号 | | 品　名 | 规格型号 | 单　价 | 数　量 | 总　价 | 备　注 |
| 1 | | 笔记本 | 华硕VivoBook S400CA系列 | ¥4,150.00 | 2 | ¥8,300.00 | |
| 2 | | 笔记本 | ThinkPad S3 | ¥5,300.00 | 5 | ¥26,500.00 | |
| 3 | | 笔记本 | 戴尔Inspiron 灵越 15 7000 | ¥7,500.00 | 1 | ¥7,500.00 | |
| 4 | | 笔记本 | 神舟精盾 K480 | ¥3,600.00 | 5 | ¥18,000.00 | |
| 5 | | 笔记本 | Acer V5-573系列 | ¥4,630.00 | 8 | ¥37,040.00 | |

图 3-14　采购单样表图

### 【任务分析】

此项工作任务所涉及的 Excel 技术和具体要求如下:

- 设置表格单元格格式;
- 设置表格的行高、列宽;
- 运用条件格式化将单价大于 5000 元的单元格设置为“浅红填充色,深红色文本”;
- 设置边框、图案(备注一栏为“12.5% 灰色”图案)及背景(序号 1 的总价单元格背景为浅绿色);

- 运用格式的复制操作方式将总价一栏背景设置为浅绿色；
- 运用单元格样式功能将表头背景设置为“突出文字”的深蓝色；
- 设置数字、日期(时间)格式。

【任务关键步骤】

### 3.2.1　创建采购单并录入数据

创建采购单并填入数据，具体操作过程可参见 3.1，这里不再详细描述。制作表格效果如图 3－15 所示。

| 采购单 | | | | | | | |
|---|---|---|---|---|---|---|---|
| 采购代码 | CA-133255 | 经办人 | 王强 | 联系方式 | 13324456854 | 采购日期 | 2014年2月17日 |
| 是否含税 | 是 | 交货日期 | 2014年3月17日 | 运输方式 | 送货上门 | 主管确认 | |
| 送货地址 | | | | | | | |
| 序号 | | 品 名 | 规格型号 | 单 价 | 数 量 | 总 价 | 备 注 |
| 1 | | 笔记本 | ivoBook S400C | 4150 | 2 | 8300 | |
| 2 | | 笔记本 | ThinkPad S3 | 5300 | 5 | 26500 | |
| 3 | | 笔记本 | 戴尔Inspiron 灵越 15 7000 | 7500 | 1 | 7500 | |
| 4 | | 笔记本 | 神舟精盾 K480D | 3600 | 5 | 18000 | |
| 5 | | 笔记本 | cer V5-573系列 | 4630 | 8 | 37040 | |

图 3－15　创建采购单数据

### 3.2.2　设置单元格格式

(1)设置单元格格式有多种方法。选中要设置的单元格，在“开始”功能区的“字体”、“对齐方式”或“数字”分组中单击“设置单元格格式”对话框启动按钮，如图3－16所示，可分别设置单元格的分类、对齐方式、字体、边框、填充、保护。

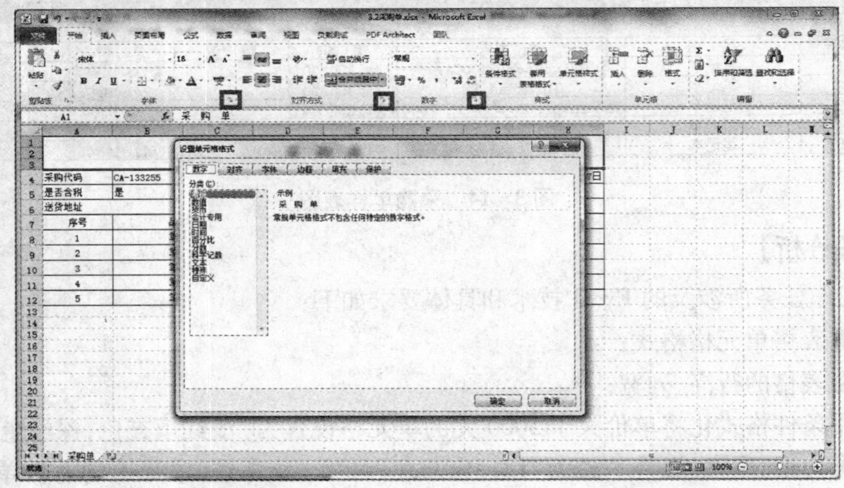


图 3－16　调整单元格

（2）其中一些常用的设置可通过快捷操作来实现。如设置数字格式，如图 3－17 所示；设置保护，如图 3－18 所示。

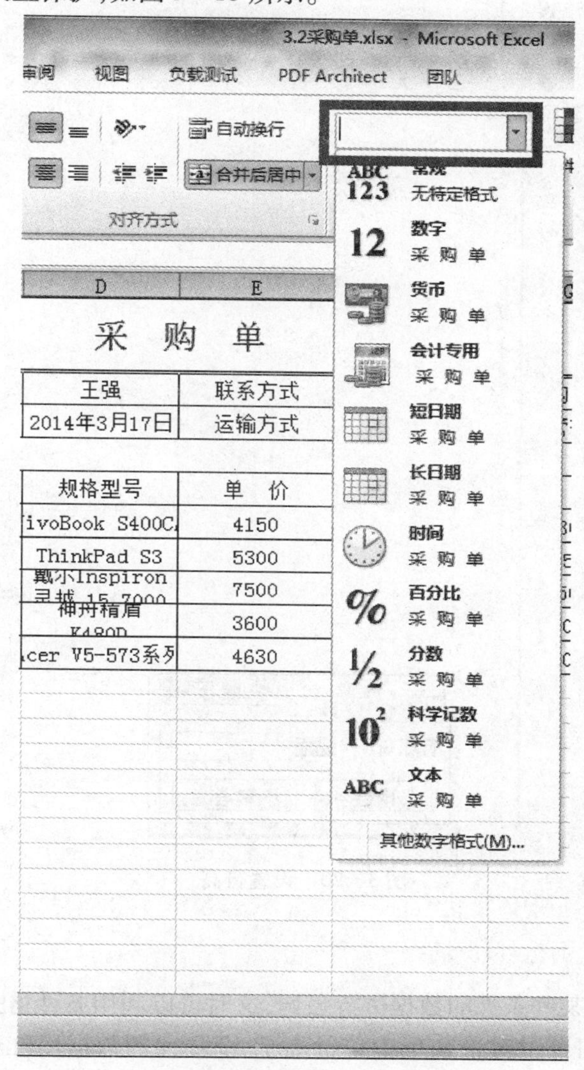


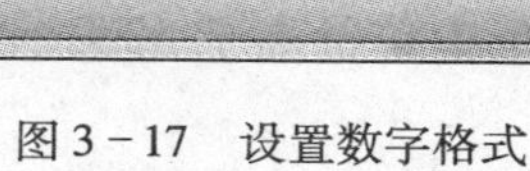

图 3－17　设置数字格式

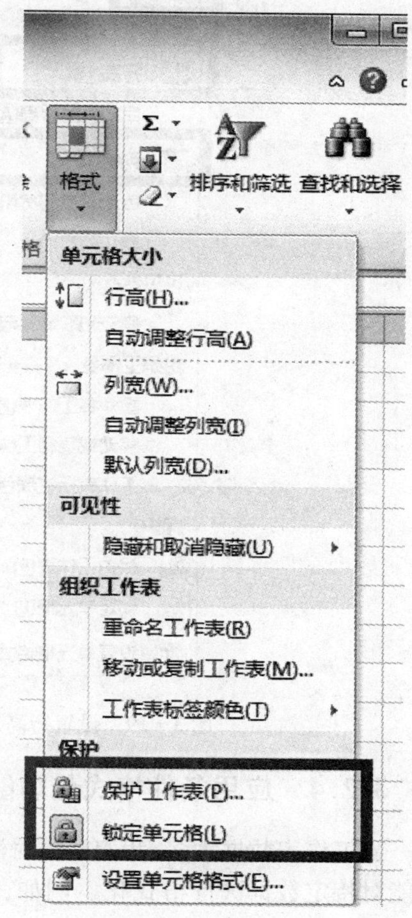


图 3－18　设置保护

### 3.2.3　设置行高及列宽

选择要调整的单元格，点击格式，可设置该单元格的行高、列宽，也可点击自动调整，可以根据输入内容的多少自动调整行宽与列高，如图 3－19 所示。选择调整行高，输入数值，如图 3－20 所示。选择全部有数据的单元格，点击自动调整列宽，之前显示不全的内容全都正常显示了。

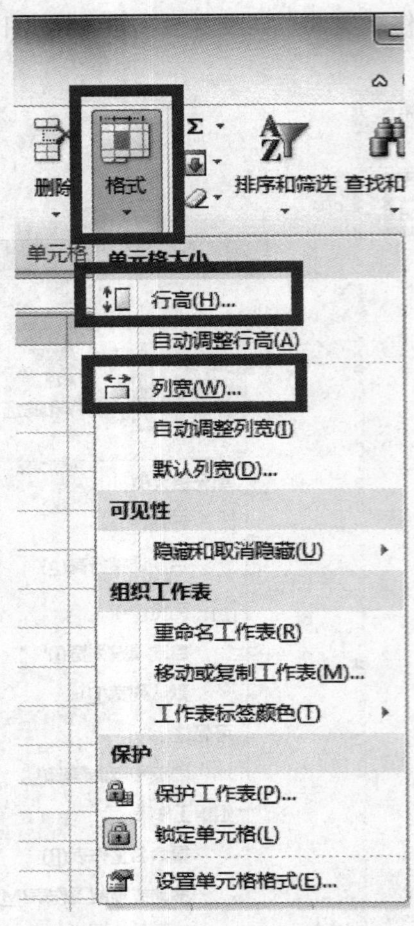


图 3－19 设置行高、列宽

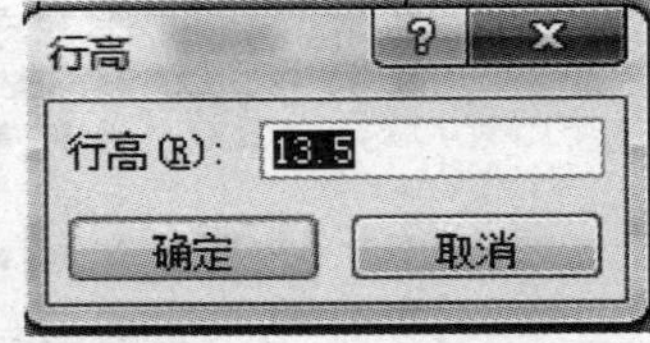


图 3－20 设置行高

### 3.2.4 应用条件格式化功能

当工作表数据太多，我们需要对满足某些条件的数据进行强调，这时可以利用条件格式功能对特定数据进行格式化。例如，我们可以对采购单中单价高于 5000 元的数据用红色表示。

首先选中要使用条件格式化的单元格。点击“条件格式→突出显示单元格规则→大于”按钮，如图 3－21 所示。设置数值为 5000，颜色为浅红，点击“确定”按钮，如图 3－22所示。表格效果如图 3－23 所示。

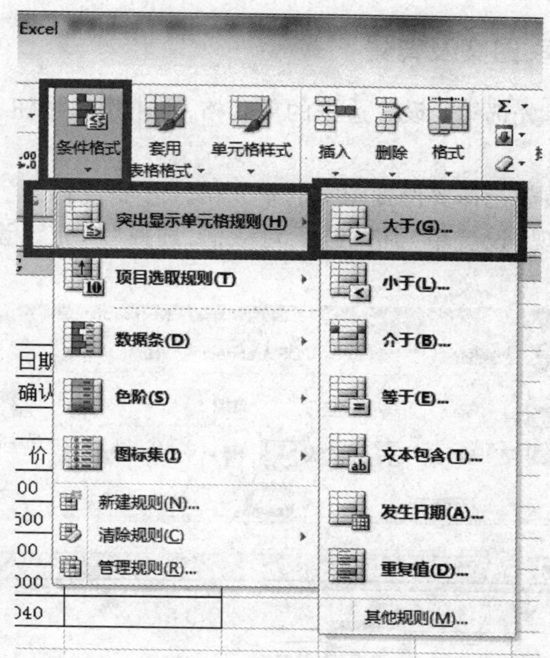


图 3－21　设置条件格式化 1

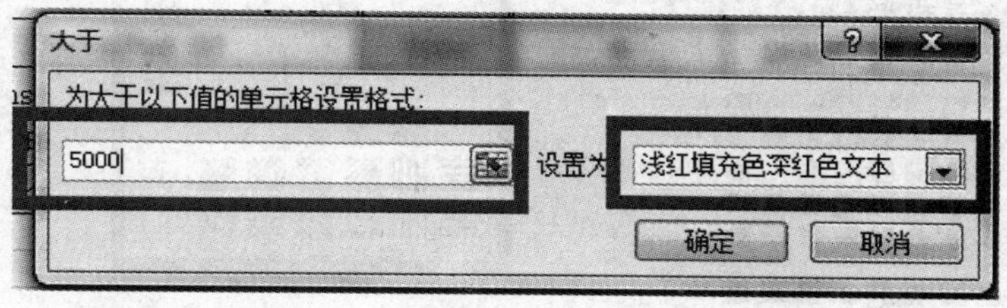


图 3－22　设置条件格式化 2

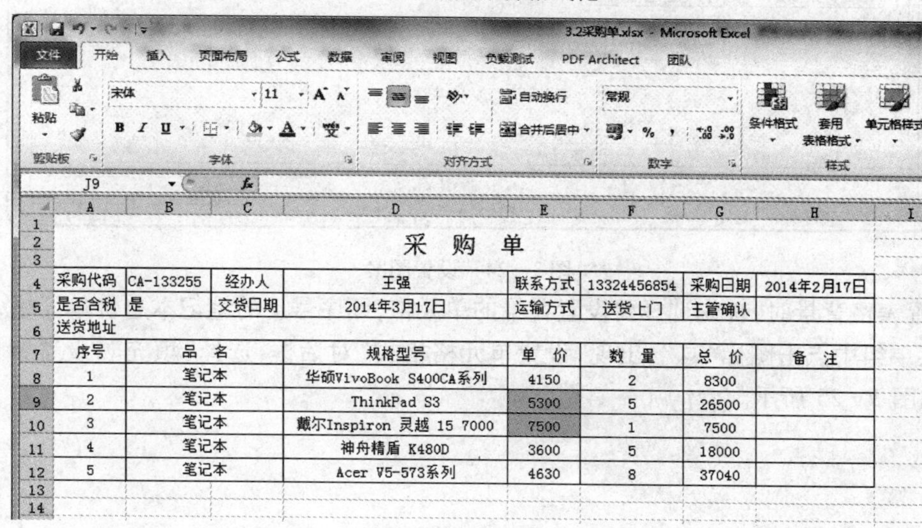


采　购　单

| 采购代码 | CA-133255 | 经办人 | 王强 | 联系方式 | 13324456854 | 采购日期 | 2014年2月17日 |
|---|---|---|---|---|---|---|---|
| 是否含税 | 是 | 交货日期 | 2014年3月17日 | 运输方式 | 送货上门 | 主管确认 | |
| 送货地址 | | | | | | | |
| 序号 | 品　名 | | 规格型号 | 单　价 | 数　量 | 总　价 | 备　注 |
| 1 | 笔记本 | | 华硕VivoBook S400CA系列 | 4150 | 2 | 8300 | |
| 2 | 笔记本 | | ThinkPad S3 | 5300 | 5 | 26500 | |
| 3 | 笔记本 | | 戴尔Inspiron 灵越 15 7000 | 7500 | 1 | 7500 | |
| 4 | 笔记本 | | 神舟精盾 K480D | 3600 | 5 | 18000 | |
| 5 | 笔记本 | | Acer V5-573系列 | 4630 | 8 | 37040 | |

图 3－23　设置条件格式化 3

### 3.2.5 设置边框、图案及背景

设置表格边框时，首先选择要设置边框的单元格，点击边框按钮“田·”进行设置，详细操作可参见3.1.2。

设置表格图案时，首先选择要设置图案的单元格，即“备注栏”。在“对齐方式”的菜单组中点击图标“◲”，出现“设置单元格格式”对话框，选择“填充”，设置图案为“12.5% 灰色”，如图3-24所示。

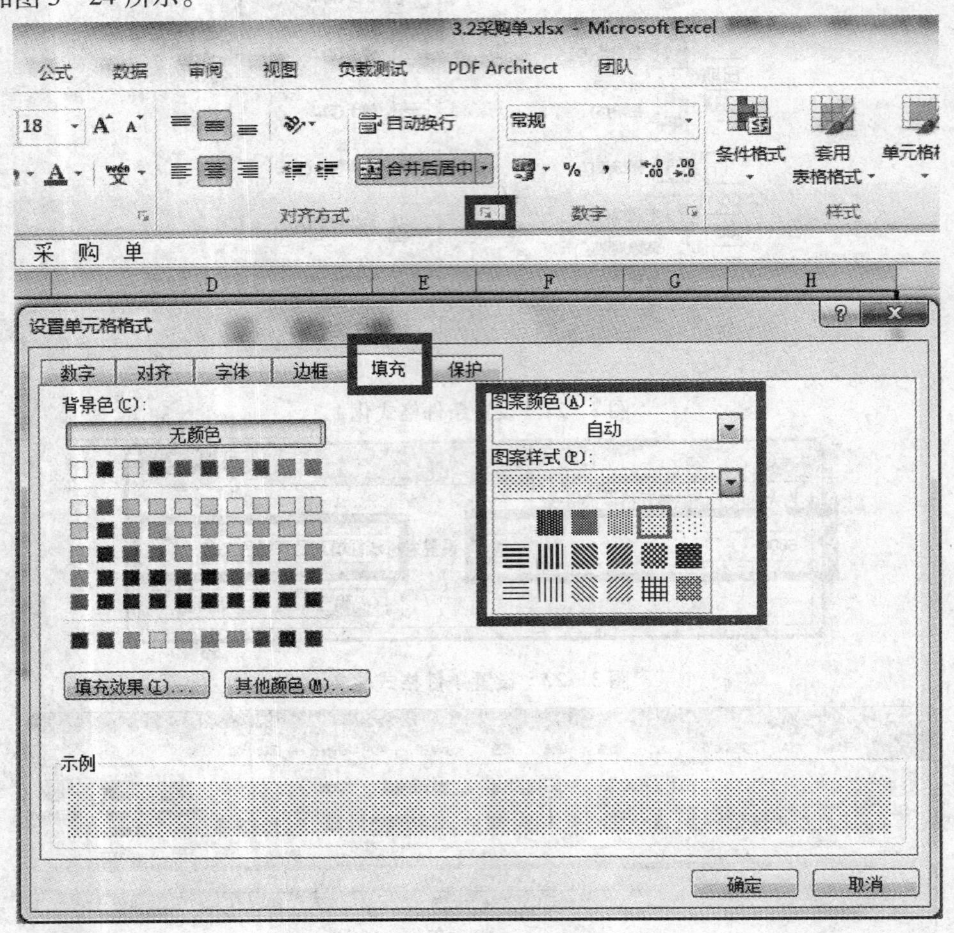


图3-24 设置图案

设置表格背景时，首先选择要设置背景的单元格，即序号1的笔记本总价单元格，在“字体”的菜单组中点击图标“◲”，出现“设置单元格格式”对话框，选择“填充”，设置背景为浅绿色，如图3-25所示。

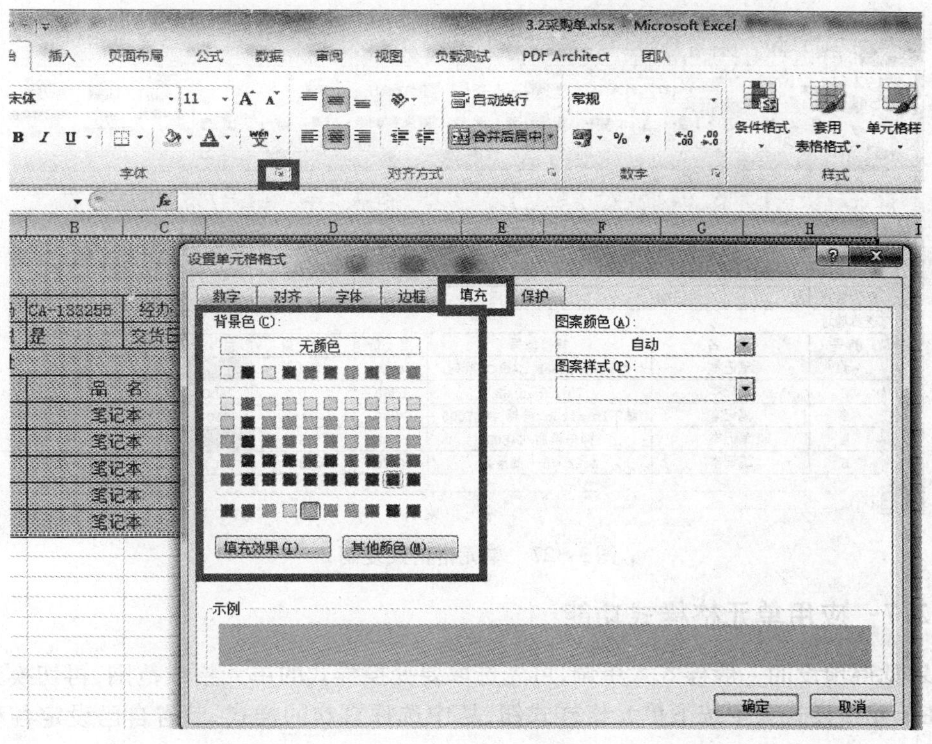


图 3－25　设置背景色

## 3.2.6　复制单元格格式

Excel 单元格的格式是可复制的。选择被复制格式的单元格，点击“ ”按钮，如图 3－26 所示。点击目标单元格，格式复制成功，如图 3－27 所示。分别将总价一栏背景均复制为浅绿色，如图 3－14 所示的效果。

G8　=E8*F8

| | A | B | C | D | E | F | G | H |
|---|---|---|---|---|---|---|---|---|
| 1 | | | | | | | | |
| 2 | 采　购　单 | | | | | | | |
| 3 | | | | | | | | |
| 4 | 采购代码 | CA-133255 | 经办人 | 王强 | 联系方式 | 13324456854 | 采购日期 | 2014年2月17日 |
| 5 | 是否含税 | 是 | 交货日期 | 2014年3月17日 | 运输方式 | 送货上门 | 主管确认 | |
| 6 | 送货地址 | | | | | | | |
| 7 | 序号 | 品　名 | | 规格型号 | 单　价 | 数　量 | 总　价 | 备　注 |
| 8 | 1 | 笔记本 | | 华硕VivoBook S400CA系列 | 4150 | 2 | 8300 | |
| 9 | 2 | 笔记本 | | ThinkPad S3 | 5300 | 5 | 26500 | |
| 10 | 3 | 笔记本 | | 戴尔Inspiron 灵越 15 7000 | 7500 | 1 | 7500 | |
| 11 | 4 | 笔记本 | | 神舟精盾 K480D | 3600 | 5 | 18000 | |
| 12 | 5 | 笔记本 | | Acer V5-573系列 | 4630 | 8 | 37040 | |
| 13 | | | | | | | | |
| 14 | | | | | | | | |

图 3－26　单元格格式复制 1

|  | A | B | C | D | E | F | G | H |
|---|---|---|---|---|---|---|---|---|
| 2 | 采 购 单 | | | | | | | |
| 4 | 采购代码 | CA-133255 | 经办人 | 王强 | 联系方式 | 13324456854 | 采购日期 | 2014年2月17日 |
| 5 | 是否含税 | 是 | 交货日期 | 2014年3月17日 | 运输方式 | 送货上门 | 主管确认 | |
| 6 | 送货地址 | | | | | | | |
| 7 | 序号 | 品 名 | | 规格型号 | 单 价 | 数 量 | 总 价 | 备 注 |
| 8 | 1 | 笔记本 | | 华硕VivoBook S400CA系列 | 4150 | 2 | 8300 | |
| 9 | 2 | 笔记本 | | ThinkPad S3 | 5300 | 5 | 26500 | |
| 10 | 3 | 笔记本 | | 戴尔Inspiron 灵越 15 7000 | 7500 | 1 | 7500 | |
| 11 | 4 | 笔记本 | | 神舟精盾 K480D | 3600 | 5 | 18000 | |
| 12 | 5 | 笔记本 | | Acer V5-573系列 | 4630 | 8 | 37040 | |

图 3－27　单元格格式复制 2

## 3.2.7　应用单元格样式功能

如果觉得预设的一般样式太单调，可先选取要变换样式的单元格或范围，再切换到开始页次，在单元格样式去中按下单元格样式钮，从中选择喜欢的样式，节省自己设定各种格式的时间。

选中要设置样式的单元格，即采购单的表头部分，点击“单元格样式”按钮“”，如图 3－28所示，选择深蓝色的“强调文字”将采购单的表头部分背景设置为如图 3－14 所示的效果。

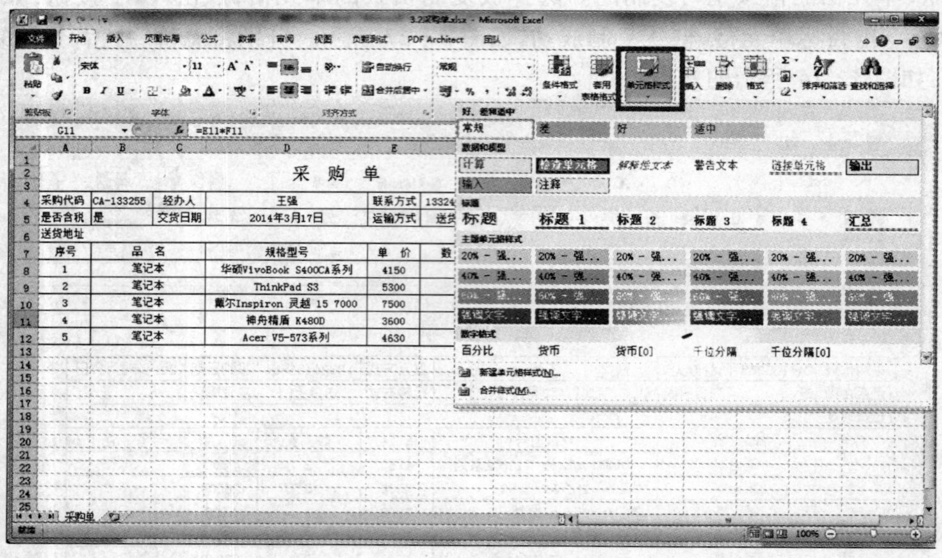


图 3－28　应用单元格样式

### 3.2.8　设置数字、日期(时间)格式

工作表的数字资料，也许是一笔金额、一个数量或是银行利率等，为了显示不同的特性(加上货币符号“＄”、百分比符号“%”等)，又不影响使用(求最大、求和等计算)，需设置数字格式。

可选中要更改数字格式的单元格，即单价栏和总价栏的相关单元格，单击鼠标右键，选择“设置单元格格式”，或点击“数字”按钮，进入数字选项，选择要设定的数字格式，如图 3－29 所示；还可选择菜单栏里数字区域，点击数据格式，选择适合的数值格式，如图3－30 所示。

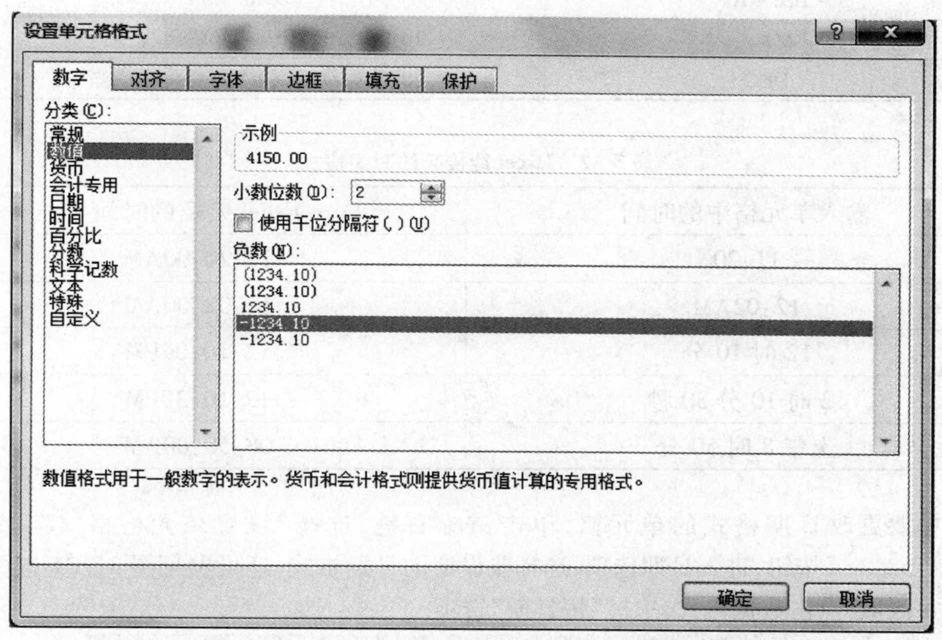


图 3－29　设置数值格式 1

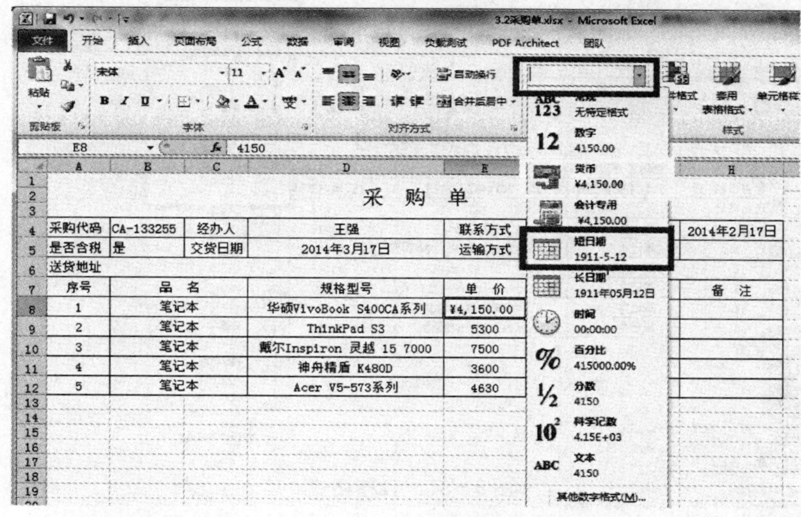


图 3－30　设置数值格式 2

日期和时间也是属于数字类型，不过因为它们的格式比较特殊，可显示的格式也有多种变化。当你在储存格中输入日期或时间资料时，必须以 Excel 能接受的格式输入，才会被当成是日期或时间，否则会被当成文字资料。表 3-1、3-2 列举了 Excel 所能接受的日期与时间格式。

表 3-1　Excel 能接受的日期格式

| 输入单元格中的日期 | Excel 判定的日期 |
| --- | --- |
| 2010 年 12 月 1 日 | 2010/12/1 |
| 2010/12/1 | 2010/12/1 |
| 1-Dec-10 | 2010/12/1 |
| 12/1 | 2010/12/1（不输入年份将视为当年） |
| 1-DEC | 2010/12/1（不输入年份将视为当年） |

表 3-2　Excel 能接受的时间格式

| 输入单元格中的时间 | Excel 判定的时间 |
| --- | --- |
| 11:20 | 11:20:00AM |
| 12:02AM | 12:02:00AM |
| 12 时 10 分 | 12:10:00PM |
| 12 时 10 分 30 秒 | 12:10:30PM |
| 上午 8 时 50 分 | 08:50:00AM |

选中要更改日期格式的单元格，单击鼠标右键，选择“设置单元格格式”，或点击“数字”按钮，进入日期选项，选择要设定的日期格式；还可参见图 3-31 选择菜单栏里数字区域，点击数据格式，选择“短日期”选项。

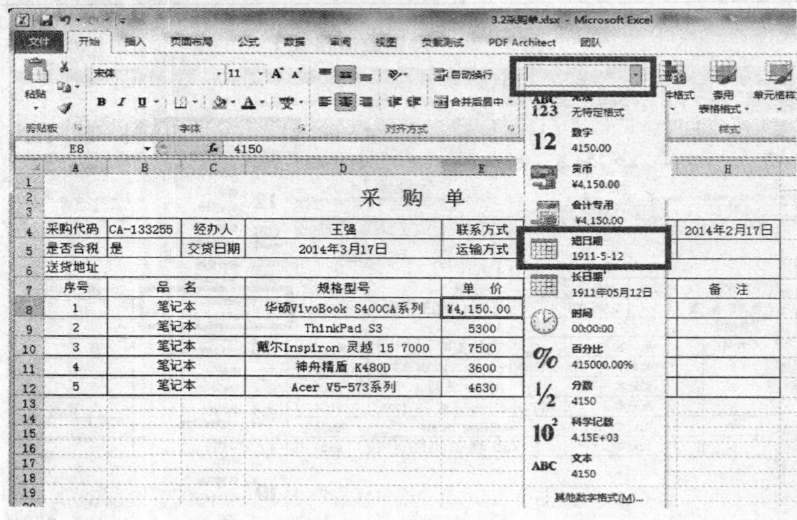


图 3-31　日期格式

更改时间的显示方式和更改日期的方法类似。

【工作小结与扩展】

通过本项工作任务的训练,需要重点掌握单元格格式设置方法,掌握条件格式化以及样式的使用方法等。

以下向大家介绍一下单元格的格式分类。

1. 通用格式

常规格式,由Excel根据单元格内容判断数值类型(程序默认)。如果单元格的宽度不足以显示整个数字,则"常规"格式将对含有小数点的数字进行舍入,并对较大数字使用科学记数法。

例如,输入0123,程序会自动将此内容转换为数字的123;再如,输入02-03-01,程序会自动将此内容作为日期处理,并显示为2002-3-1;又如,输入123456789012345,则显示为1.23457E+14。

2. 文本格式

所输即所得。不过如果是先输内容后设置,有时需要在单元格末尾输入一个回车才能更新单元格的显示方式。

例如,当123456789012345已经显示为1.23457E+14,这时在更改单元格格式后,并不会马上显示为123456789012345,需要选中该单元格变成编辑模式后按回车键才可以。

3. 数字格式

(1)数字一般用#来表示。

(2)小数位数:由小数点(.)后加0的个数或者加##的个数来控制(多余的位数会被四舍五入),两者的区别在于是否显示最后面的0。如数字1.501,在0.00格式下显示为1.50,而在#.##格式下显示为1.5。

(3)数字位数:用数字0的个数可以控制显示的位数,不足的在前面加0。例如单元格格式为00000#,则单元格将会用6位数显示,即999会显示为000999。

(4)千分符:Excel中用##,##0.00表示显示千分符,而据笔者观察,只要格式中包含"#,#"就可以。

(5)负数醒目:用分号(;)隔开,分号前写正数的格式,分号后写[X色]和负数格式。例如单元格格式为0.00_);[红色](-0.00),表示数字有两位小数,且当数字为负数时用红色显示,显示负号且两边加括号。颜色中的X可以是:红、绿、蓝、白、黄、黑(橙、紫、青等颜色在这里不可用,其他可用颜色暂时没有发现,希望大家补充)。另外,Excel帮助文件的示例中用的是[red],但在中文Office2003下不可用。

4. 货币、会计专用、百分比、混合格式

其实这些都可以说成是混合格式,因为前三种只是在数字型的基础上在前后加货币符号或百分号即可。

例如,如果单元格格式为$#,##0.00,输入数字12000后显示为$12,000.00;又如,如果单元格格式为0.0时,输入0.1235后显示为12.4%。

当然，数字的前后不一定非加货币符号或百分号不可，其他任意符号或文字都可以用。这个在一些场合非常实用：

例如要录入某班学生的成绩表，学号是从2005001到2005050，但因排列不规律不能按序列填充，这时将单元格格式设置为200500#，只需输入最后一位或两位，就能显示完整的学号了。

【课后练习】

输入下列表格的内容，具体要求如下：

1. 将“××××集团”标题所在的那一行合并为一个单元格；
2. 将标题“××××集团”的字体设置为黑体、16号字；
3. 将“年月”这一列的日期格式设为“2013年3月”格式；
4. 设置表格为“粗匣框线”；
5. 设置列宽为15，行高为18。

| ××××集团 | | | | |
|---|---|---|---|---|
| 产品 | 年月 | 销售额 | 代理商 | 地区 |
| 台式机 | Jan-12 | 4500 | 东北总代 | 哈尔滨 |
| 笔记本 | Feb-13 | 5000 | 华北总代 | 北京 |

## 3.3 工作任务：编制数据分析表

Excel具有强大的数据分析功能，在秘书及办公室文员工作中可利用Excel的数据分析功能对收集来的大量资料和数据进行统计、分析，以求最大化地开发数据资料的功能，发挥数据的作用。

【学习目标】

通过本项工作任务的训练，了解数据透视图及数据透视表，学习数据排序、筛选的方法，掌握数据的分类汇总方法。

【工作情境】

某企业总经理秘书小高接到任务，要分析第三事业群销售情况。小高现在已有的资料是“2013年第三事业群销售记录表”，如表3-3所示。

表3-3　2013年第三事业群销售记录表

| 部门 | 销售人员 | 订单金额(元) | 订单日期 | 订单ID |
|---|---|---|---|---|
| 第二事业部 | 可彭祖 | 1 707.97 | 2013-7-9 | SF133653 |
| 第一事业部 | 可彭祖 | 2 422.42 | 2013-7-10 | SF133654 |
| 第二事业部 | 温昊苍 | 4 677.27 | 2013-7-11 | SF133655 |

（续表）

| 部门 | 销售人员 | 订单金额(元) | 订单日期 | 订单 ID |
|---|---|---|---|---|
| 第二事业部 | 温昊苍 | 2 018.38 | 2013-7-12 | SF133656 |
| 第三事业部 | 程子实 | 850.278 | 2013-7-15 | SF133657 |
| …… | …… | …… | …… | …… |

## 【任务分析】

此项工作任务要使用的 Excel 技术有：

- 数据的排序；
- 数据的筛选；
- 数据的分类汇总；
- 数据透视表；
- 数据透视图。

## 【任务关键步骤】

### 3.3.1　数据排序

数据排序是指按一定规则对数据进行整理、排列，为数据的进一步处理做好准备。打开文件“3.3 数据分析表. xlsx”，可以看到“2013 年第三事业群销售记录”。点击菜单“数据”栏中的排序按钮“ ”，在对话框中选择“订单日期”、“升序”，确定后所有数据按照“订单日期”的升序进行排列，如图 3－32 所示。

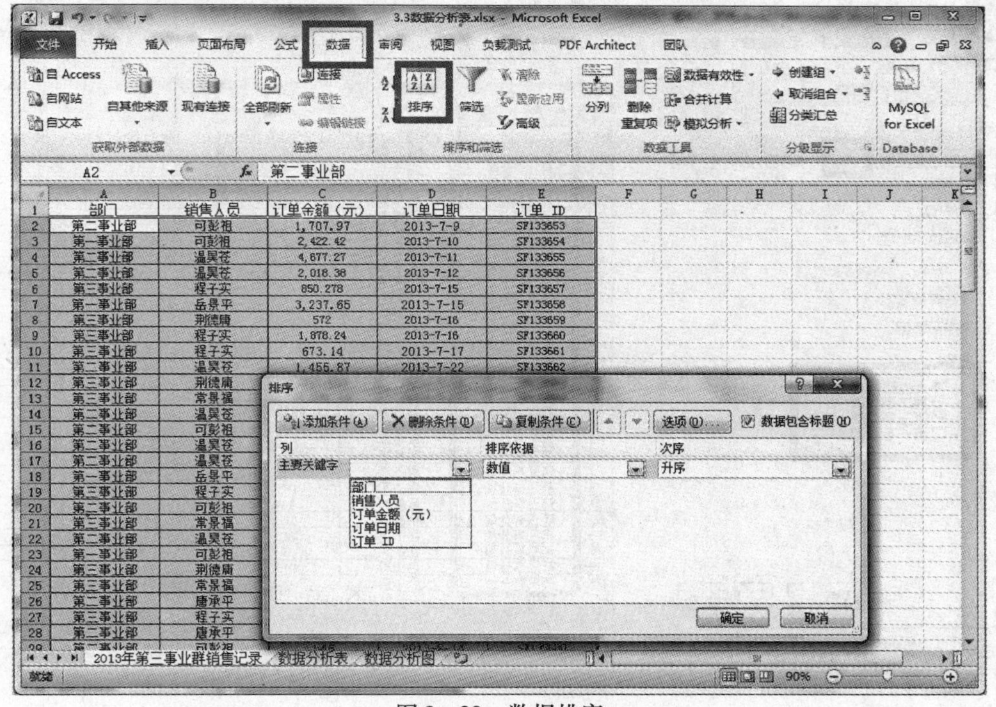


图 3－32　数据排序

### 3.3.2 数据筛选

数据筛选就是将数据表中所有不满足条件的记录行暂时隐藏起来，只显示那些满足条件的数据行。点击菜单“数据”栏中的筛选按钮“ ”，在表头出现 按钮，如图 3－33 所示；点击 按钮，在要显示的内容（即第三事业部）上打钩，进行筛选，如图 3－34 所示。筛选结果，仅显示“第三事业部”数据，如图 3－35 所示。

图 3－33 数字筛选 1

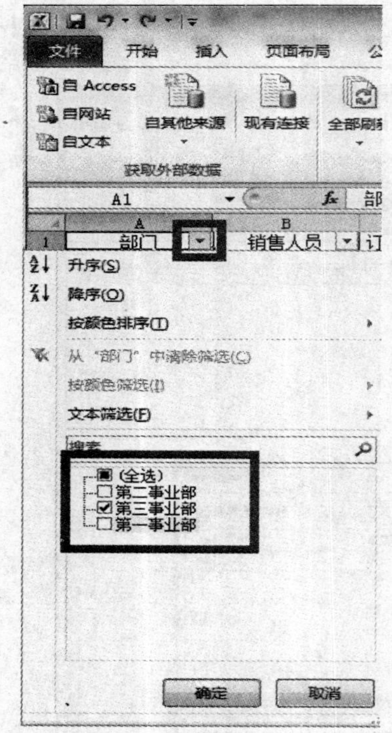


图 3－34 数字筛选 2

图 3－35 数字筛选 3

### 3.3.3　数据分类汇总

分类汇总是对工作表中指定的行或列中的数据进行汇总统计。通过折叠或展开原工作表中的行、列数据及汇总结果，从汇总和明细两种角度显示数据，可快捷地创建各种汇总报告。

分类汇总的第一步是对要进行分类的某列排序，例如对销售人员进行排序，如图 3 - 36 所示。

A1　部门

| | A | B | C | D | E |
|---|---|---|---|---|---|
| 1 | 部门 | 销售人员 | 订单金额（元 | 订单日期 | 订单 ID |
| 2 | 第三事业部 | 常景福 | 2,099.34 | 2013-7-23 | SF133664 |
| 3 | 第三事业部 | 常景福 | 1,788.80 | 2013-8-2 | SF133672 |
| 4 | 第三事业部 | 常景福 | 379.392 | 2013-8-9 | SF133676 |
| 5 | 第三事业部 | 常景福 | 2,266.37 | 2013-8-26 | SF133688 |
| 6 | 第三事业部 | 常景福 | 1,684.80 | 2013-9-2 | SF133694 |
| 7 | 第三事业部 | 常景福 | 1103.31 | 2013-9-11 | SF133701 |
| 8 | 第三事业部 | 常景福 | 1240.72 | 2013-9-17 | SF133707 |
| 9 | 第三事业部 | 常景福 | 648.05 | 2013-9-23 | SF133710 |
| 10 | 第三事业部 | 常景福 | 349.44 | 2013-9-26 | SF133713 |
| 11 | 第三事业部 | 常景福 | 2,722.59 | 2013-10-4 | SF133718 |
| 12 | 第三事业部 | 常景福 | 3,685.50 | 2013-10-8 | SF133720 |
| 13 | 第三事业部 | 常景福 | 1,946.10 | 2013-10-14 | SF133728 |
| 14 | 第三事业部 | 常景福 | 3,167.03 | 2013-11-8 | SF133750 |
| 15 | 第三事业部 | 常景福 | 7,018.34 | 2013-11-20 | SF133757 |
| 16 | 第三事业部 | 常景福 | 1,517.98 | 2013-12-2 | SF133765 |
| 17 | 第三事业部 | 常景福 | 2,660.11 | 2013-12-3 | SF133771 |
| 18 | 第三事业部 | 常景福 | 1235 | 2013-12-4 | SF133773 |
| 19 | 第三事业部 | 常景福 | 596.7 | 2013-12-9 | SF133776 |
| 20 | 第三事业部 | 常景福 | 518.7 | 2013-12-13 | SF133779 |
| 21 | 第三事业部 | 常景福 | 1122.68 | 2013-12-13 | SF133780 |
| 22 | 第三事业部 | 常景福 | 1,375.92 | 2013-12-20 | SF133787 |
| 23 | 第三事业部 | 常景福 | 898.56 | 2013-12-23 | SF133789 |
| 24 | 第三事业部 | 常景福 | 94.848 | 2013-12-24 | SF133790 |
| 25 | 第三事业部 | 程子实 | 850.278 | 2013-7-15 | SF133657 |
| 26 | 第三事业部 | 程子实 | 1,878.24 | 2013-7-16 | SF133660 |
| 27 | 第三事业部 | 程子实 | 673.14 | 2013-7-17 | SF133661 |
| 28 | 第三事业部 | 程子实 | 450.528 | 2013-7-31 | SF133670 |
| 29 | 第三事业部 | 程子实 | 2,648.46 | 2013-8-12 | SF133678 |

数据分析表　数据分析图

就绪

图 3 - 36　数据排序

点击菜单“数据”中的“分类汇总”按钮，在对话框中，设置“分类字段”为“销售人员”，设置“汇总方式”为“求和”，设置“选定汇总项”为“订单金额（元）”，如图 3 - 37 所示。点击“确定”按钮，对“销售人员”的“订单金额”进行汇总，如图 3 - 38 所示。

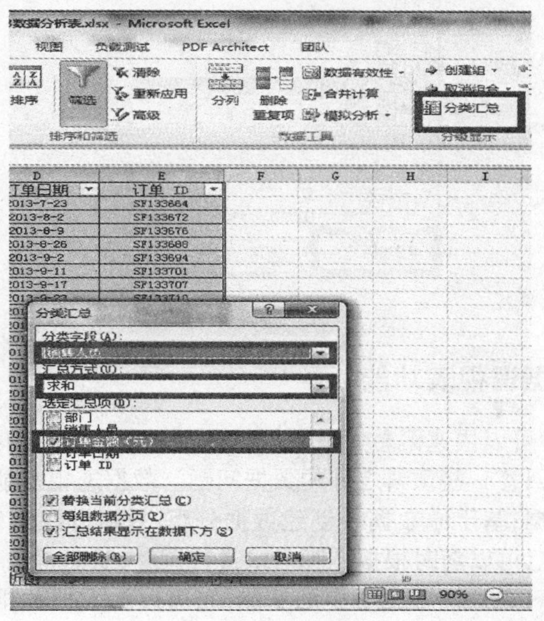


图 3 - 37　分类汇总 1

| | A | B | C | D | E |
|---|---|---|---|---|---|
| 1 | 部门 | 销售人员 | 订单金额（元 | 订单日期 | 订单 ID |
| 2 | 第三事业部 | 常景福 | 2,099.34 | 2013-7-23 | SF133664 |
| 3 | 第三事业部 | 常景福 | 1,788.80 | 2013-8-2 | SF133672 |
| 4 | 第三事业部 | 常景福 | 379.392 | 2013-8-9 | SF133676 |
| 5 | 第三事业部 | 常景福 | 2,266.37 | 2013-8-26 | SF133688 |
| 6 | 第三事业部 | 常景福 | 1,684.80 | 2013-9-2 | SF133694 |
| 7 | 第三事业部 | 常景福 | 1103.31 | 2013-9-11 | SF133701 |
| 8 | 第三事业部 | 常景福 | 1240.72 | 2013-9-17 | SF133707 |
| 9 | 第三事业部 | 常景福 | 648.05 | 2013-9-23 | SF133710 |
| 10 | 第三事业部 | 常景福 | 349.44 | 2013-9-26 | SF133713 |
| 11 | 第三事业部 | 常景福 | 2,722.59 | 2013-10-4 | SF133718 |
| 12 | 第三事业部 | 常景福 | 3,685.50 | 2013-10-8 | SF133720 |
| 13 | 第三事业部 | 常景福 | 1,946.10 | 2013-10-14 | SF133728 |
| 14 | 第三事业部 | 常景福 | 3,167.03 | 2013-11-8 | SF133750 |
| 15 | 第三事业部 | 常景福 | 7,018.34 | 2013-11-20 | SF133757 |
| 16 | 第三事业部 | 常景福 | 1,517.98 | 2013-12-2 | SF133765 |
| 17 | 第三事业部 | 常景福 | 2,660.11 | 2013-12-3 | SF133771 |
| 18 | 第三事业部 | 常景福 | 1235 | 2013-12-4 | SF133773 |
| 19 | 第三事业部 | 常景福 | 596.7 | 2013-12-9 | SF133776 |
| 20 | 第三事业部 | 常景福 | 518.7 | 2013-12-13 | SF133779 |
| 21 | 第三事业部 | 常景福 | 1122.68 | 2013-12-13 | SF133780 |
| 22 | 第三事业部 | 常景福 | 1,375.92 | 2013-12-20 | SF133787 |
| 23 | 第三事业部 | 常景福 | 898.56 | 2013-12-23 | SF133789 |
| 24 | 第三事业部 | 常景福 | [illegible] | 2013-12-24 | SF133790 |
| 25 | | **常景福 汇总** | 40120.28 | | |
| 26 | 第三事业部 | 程子实 | [illegible] | 2013-7-15 | SF133657 |
| 27 | 第三事业部 | 程子实 | 1,878.24 | 2013-7-16 | SF133660 |
| 28 | 第三事业部 | 程子实 | 673.14 | 2013-7-17 | SF133661 |
| 29 | 第三事业部 | 程子实 | 450.528 | 2013-7-31 | SF133670 |

2013年第三事业群销售记录 / 数据分析表 / 数据分析图

图 3－38　分类汇总 2

如需删除分类汇总，在“分类汇总”对话框点击“全部删除”按钮即可，如图 3－39 所示。

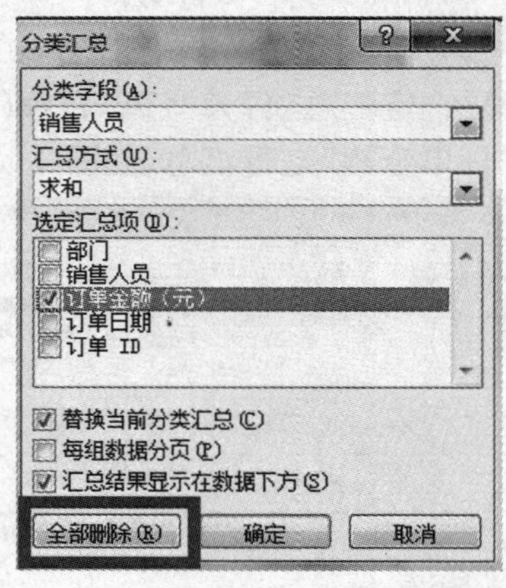


图 3－39　删除分类汇总

### 3.3.4　应用数据透视表功能

数据透视表是一种可以快速汇总大量数据的交互式方法。使用数据透视表可以深入分析数值数据，并且可以回答一些预料之外的数据问题。数据透视表能够改变数据表的行、列布局；快速汇总大量数据；基于原数据表创建数据分组，并对分组进行汇总统计。数据透视表的表格结构并不固定，可以随时根据实际需求进行调整，从而得出不同的视图。

数据透视表是 Excel 的一个非常重要的功能，它可以将数据的排序、筛选和分类汇总三个过程结合在一起，可以转换行和列以查看源数据的不同汇总结果。透视表因功能强大被

普遍应用于商业数据分析工作中，实现对大量数据的重新汇总和统计分析。

在应用数据透视表时，首先要点击菜单中的“插入→数据透视表→数据透视表(T)”，如图 3－40 所示；弹出对话框点击“确定”，如图 3－41 所示；在新 Sheet 中生成数据透视表，如图 3－42 所示。

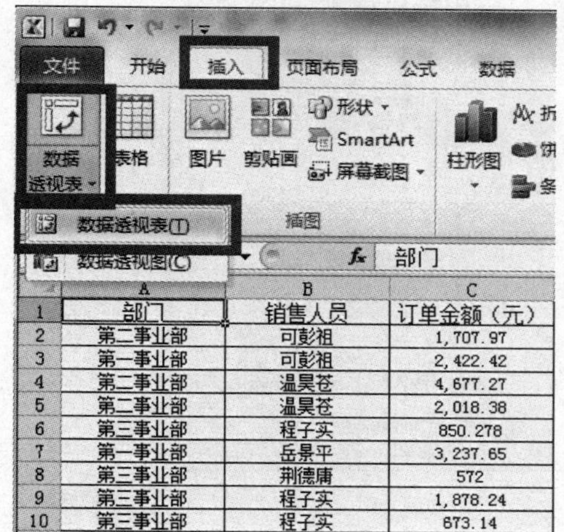



| | A | B | C |
|---|---|---|---|
| 1 | 部门 | 销售人员 | 订单金额（元） |
| 2 | 第二事业部 | 可彭祖 | 1,707.97 |
| 3 | 第一事业部 | 可彭祖 | 2,422.42 |
| 4 | 第二事业部 | 温昊苍 | 4,677.27 |
| 5 | 第二事业部 | 温昊苍 | 2,018.38 |
| 6 | 第三事业部 | 程子实 | 850.278 |
| 7 | 第一事业部 | 岳景平 | 3,237.65 |
| 8 | 第三事业部 | 荆德庸 | 572 |
| 9 | 第三事业部 | 程子实 | 1,878.24 |
| 10 | 第三事业部 | 程子实 | 673.14 |

图 3－40　创建数据透视表 1

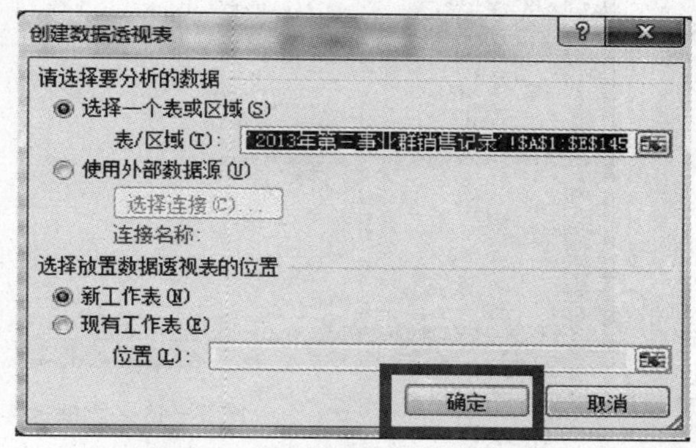



图 3－41　创建数据透视表 2

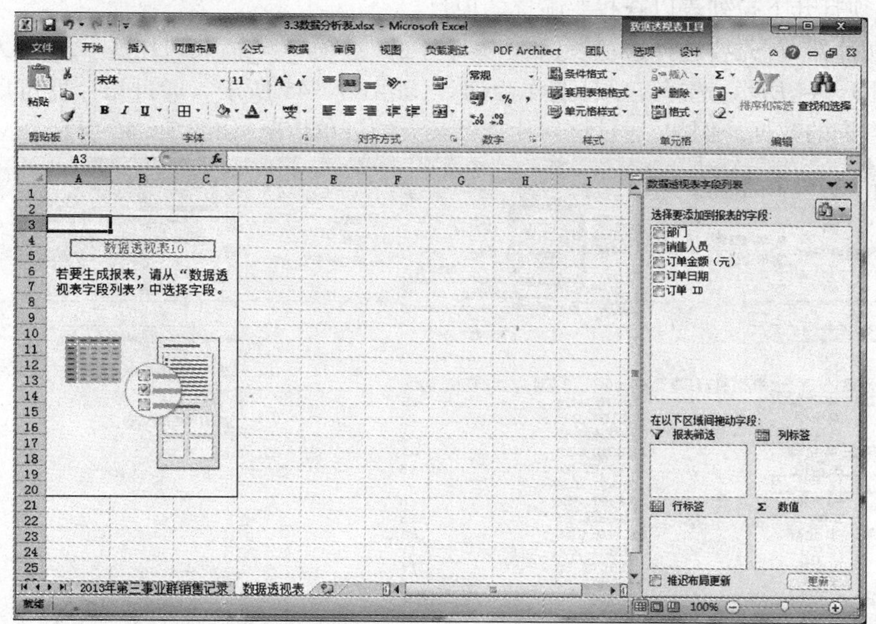



图 3－42　数据透视表 1

行标签：拖放到行中的数据字段中的每个数据项将占据透视表的一行。

列标签：拖放到列中的数据字段中的每个数据项将占据透视表的一列。

行和列确定一个二维表格。

数值：进行计数或汇总的字段名称。

例如，现在要统计各部门及各销售人员订单金额及订单数量，设置如图 3－43 所示。

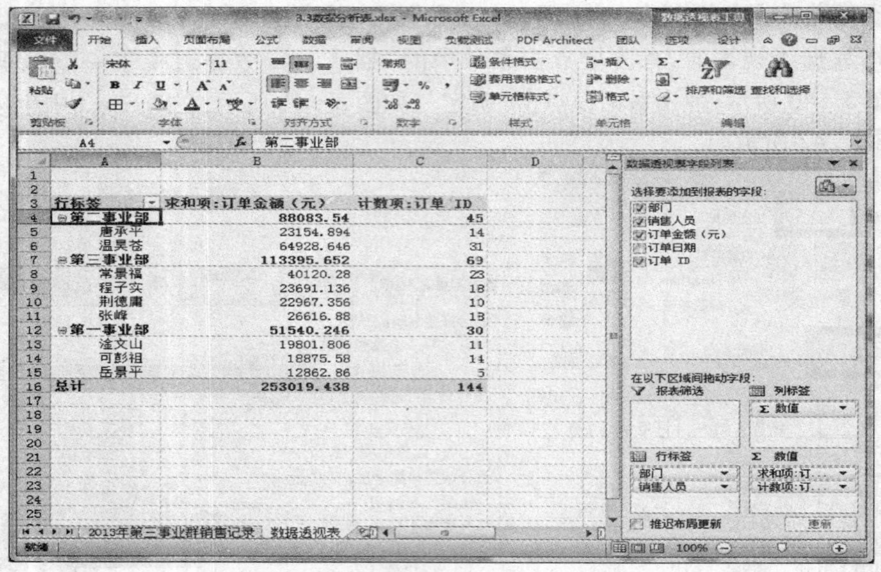


图 3－43　数据透视表 2

切片器是易于使用的筛选组件，它包含一组按钮，使你能够快速地筛选数据透视表中的数据，而无须打开下拉列表以查找要筛选的项目。

应用切片器，首先要选择透视表，点击菜单中的“选项→插入切片器→插入切片器(I)”，如图 3－44 所示；选择订单日期作为切片，如图 3－45 所示。通过切片器可以很直观地筛选要查询的数据。例如，通过该切片查看某天的订单情况，如图 3－46 所示。

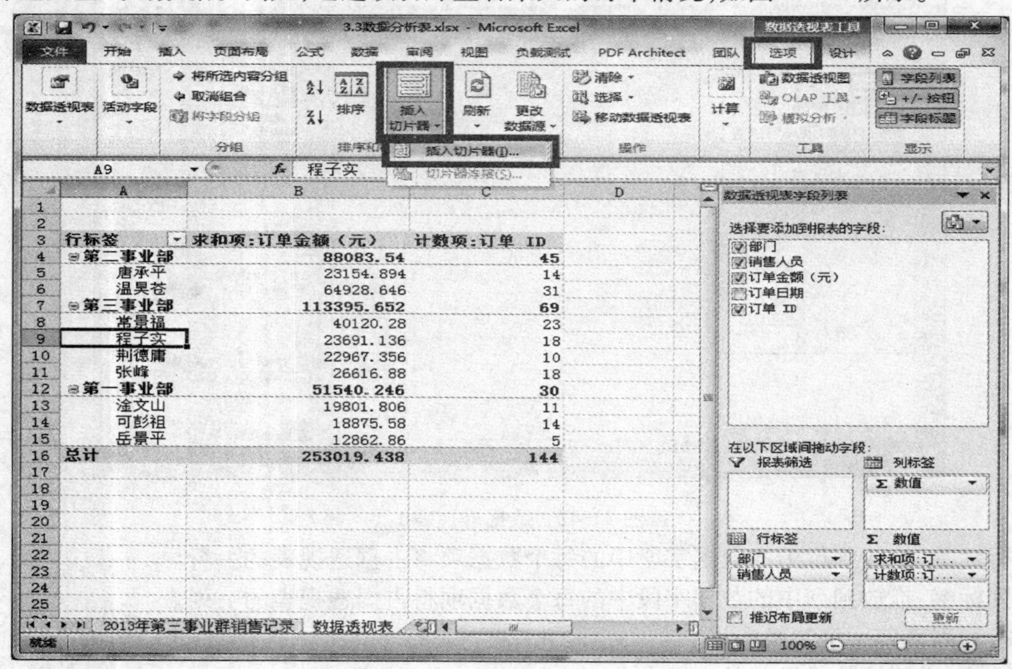


图 3－44　插入切片器 1

图 3－45　插入切片器 2

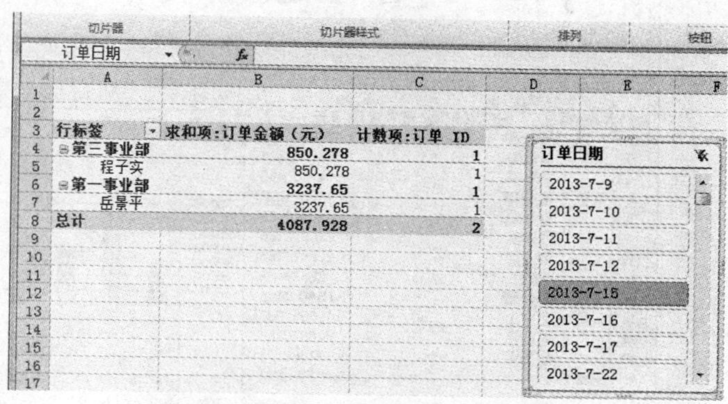


图 3－46　应用切片器筛选数据

## 3.3.5　应用数据透视图功能

数据透视图是根据数据透视表制作的图表，与数据透视表相关联，它们具有彼此对应的字段。若数据透视表中内容更改，数据透视图表中的内容也要随之更改。数据透视图的使用可以更加清晰地对数据进行分析，能够非常直观地查看想要的数据。

数据透视图的创建方式和数据透视表类似，点击“插入→数据透视表→数据透视图(C)”，如图 3－47 所示；在对话框中点击“确认”按钮，生成数据透视图，如图 3－48 所示。

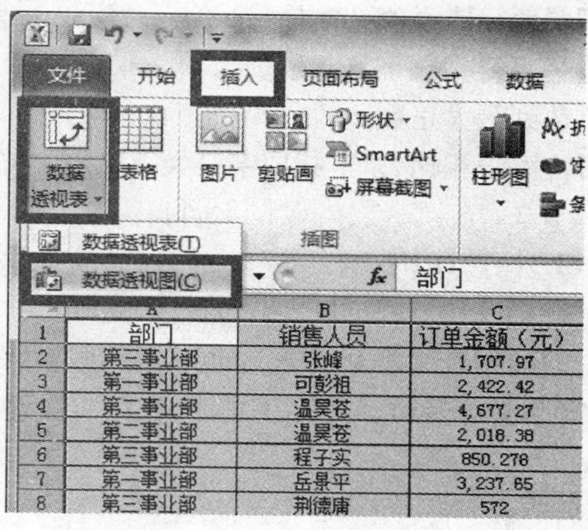


图 3－47　创建数据透视图

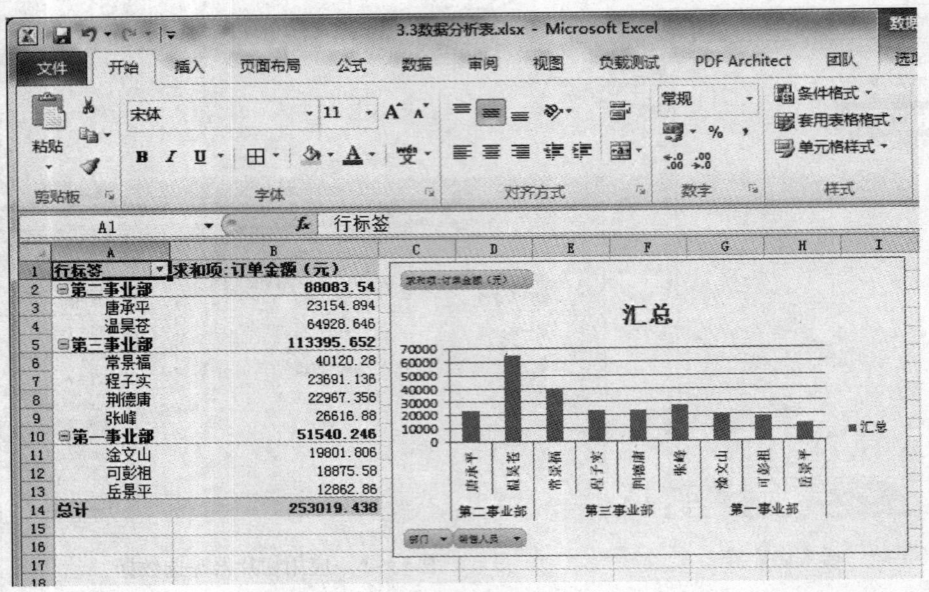

| 行标签 | 求和项:订单金额（元） |
|---|---|
| ⊟第二事业部 | 88083.54 |
| 唐承平 | 23154.894 |
| 温昊苍 | 64928.646 |
| ⊟第三事业部 | 113395.652 |
| 常景福 | 40120.28 |
| 程子实 | 23691.136 |
| 荆德庸 | 22967.356 |
| 张峰 | 26616.88 |
| ⊟第一事业部 | 51540.246 |
| 淦文山 | 19801.806 |
| 可彭祖 | 18875.58 |
| 岳景平 | 12862.86 |
| 总计 | 253019.438 |



图 3-48　数据透视图

## 【工作小结与扩展】

通过本项工作任务的训练，需要重点掌握数据透视图表的功能，以及数据排序、分类汇总的方法等。

以下介绍与编制数据分析表相关的一些规则、方法等。

### 1. 排序的规则

升序：数字→字符→逻辑值→错误值→空格。

降序：错误值→逻辑值→字符→数字→空格。

数字排序规则：最小负数到最大正数。

字母排序规则：逐个对应字符相比，以不相同字符大小确定字符串大小。

字符顺序：0 ~9 空格 # $ % &( * ,./:;? @[\]^_{|} - + < = >A ~Z。

逻辑值排序规则：FALSE 小于 TRUE。

汉字排序规则：汉语拼音排序和笔画排序。

多重排序：对数据表中的数据按照两个或以上的关键字进行排序。

在第一关键字相同的情况下按照第二关键字排序，在第二关键字相同的情况下按照第三关键字排序……

### 2. 筛选的方式

自动筛选提供了快速查找工作表数据的功能，只需通过简单的操作，就能够筛选出需要的数据 。

高级筛选能够完成自动筛选所不能实现的多条件复杂筛选。

### 3. 汇总结果保存方式

(1)替换当前分类汇总：最后一次的汇总会取代以前的分类汇总。

(2)每组数据分页:各种不同的分类数据将被分页保存。

(3)汇总结果显示在数据下方:原数据的下方会显示汇总计算的结果。

以上3种方式可同时选中。

4. 多次分类汇总

Excel可以对同一分类进行多次汇总,若要在同一汇总表中显示两个以上的汇总数据,只需对同一数据清单进行两次不同的汇总运算。第二次汇总在第一次的汇总结果上进行。

5. 数据透视表的基本术语

源数据:为数据透视表提供数据的基础行或数据库记录。

字段:是从源列表或数据库中的字段衍生得到的数据的分类。

项:是字段的子分类或成员。

汇总函数:用来对值进行合并的计算类型。数据透视表通常为包含数字的数据字段使用Sum,而为包含文本的数据字段使用Count。也可使用其他汇总函数,如Average,Min,Max等。

刷新:用来自源列表或数据库的最新数据更新当前数据透视表中的数据。

**【课后练习】**

参照样表内容编制Excel表格,完成以下具体任务:

1. 删除所有没有资格证的40岁以上的记录;
2. 使用“自动套用格式”设置表格;
3. 对年龄字段按升序排列;
4. 以“是否有资格证”为主关键词按降序、姓名为次关键词按升序进行排序;
5. 显示年龄小于30并且有资格证的人员名单;
6. 生成数据透视表并创建切片(是否有资格证)。

样　表

| 姓名 | 年龄 | 是否有资格证 |
|---|---|---|
| 张禧 | 22 | 无 |
| 潘如千 | 19 | 无 |
| 叶佩可 | 46 | 有 |
| 许权璨 | 45 | 有 |
| 危临煌 | 37 | 有 |
| 白漳若 | 29 | 无 |
| 褚戚缘 | 25 | 有 |
| 元俊侨 | 55 | 无 |
| 尤腾方 | 57 | 有 |
| 吕遥千 | 33 | 无 |

（续表）

| 姓名 | 年龄 | 是否有资格证 |
|---|---|---|
| 施标庭 | 21 | 无 |
| 霍福伟 | 36 | 有 |
| 李昶祖 | 56 | 无 |
| 李培量 | 58 | 无 |

## 3.4 工作任务:制作年度销售报表

图表是将工作表中的数据用图的形式表现出来。通过图表表达,让复杂的数据更加容易理解,而且表达形象。Excel 可以将数据图形化,更直观地显示数据,使数据的比较或趋势变得一目了然,从而更容易表达我们的观点。

### 【学习目标】

通过本项工作任务的训练,了解 Excel 中图表的概念,掌握创建图表、编辑图表的具体操作方法,并学会对工作表进行打印。

### 【工作情境】

年度销售报表,是公司销售管理的重要组成部分,用于反映公司在某一年度内的销售情况。某企业总经理秘书小张接到任务,根据各事业部提交的销售数据,制作“年度销售报表”,并根据报表上的数据生成数据图,样式如图 3 - 49 所示。

×××公司××××年销售报表

| 部门 | 第一季度销售额（万元） | 第二季度销售额（万元） | 第三季度销售额（万元） | 第四季度销售额（万元） | 总额（万元） |
|---|---|---|---|---|---|
| 第一事业部 | 1324 | 1656 | 1234 | 965 | 5179 |
| 第二事业部 | 588 | 675 | 799 | 622 | 2684 |
| 第三事业部 | 1556 | 1235 | 1569 | 1988 | 6348 |
| 第四事业部 | 948 | 787 | 569 | 865 | 3169 |
| 第五事业部 | 436 | 895 | 348 | 675 | 2354 |
| 合计 | 4852 | 5248 | 4519 | 5115 | 19734 |

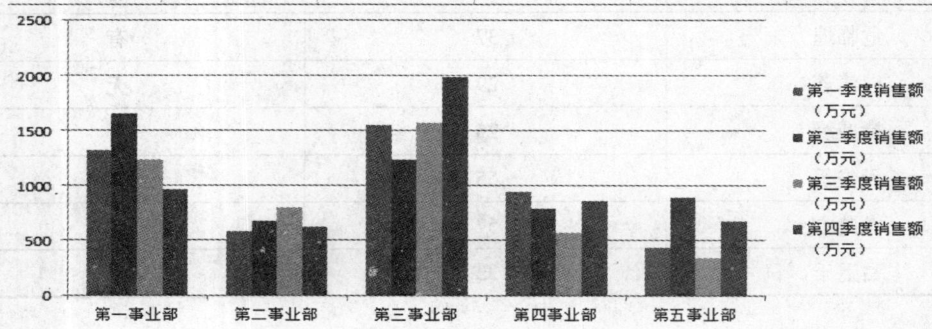


图 3 - 49　年度销售报表图

【任务分析】

此项工作任务所要使用的 Excel 技术有：

- 图表的创建；
- 图表的修改；
- 打印工作表与图表。

【任务关键步骤】

### 3.4.1　创建图表

Excel 内建了多达 70 余种的图表样式，只要选择适合的样式，马上就能制作出一张具专业水平的图表。

点击菜单的"插入"栏，在图表区中即可看到内建的图表类型，如图 3－50 所示。

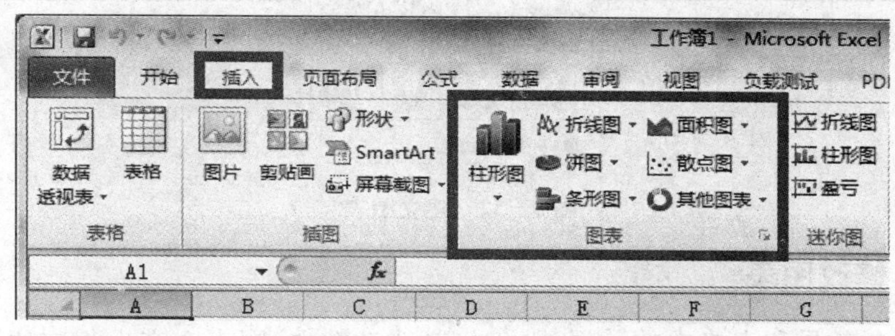


图 3－50　图表类型 1

图表有多种不同的分类方式。按照图表是否独立存在，可以分为两种形式，一种是嵌入式图表，另一种是工作表图表；按照图表的维度划分，可以分为二维图表和三维图表；按照图表的展示形式，可以分为柱状图、折线图、饼图、条形图、面积图、散点图、股价图、曲面图、圆环图、气泡图、雷达图等，如图 3－51 所示。

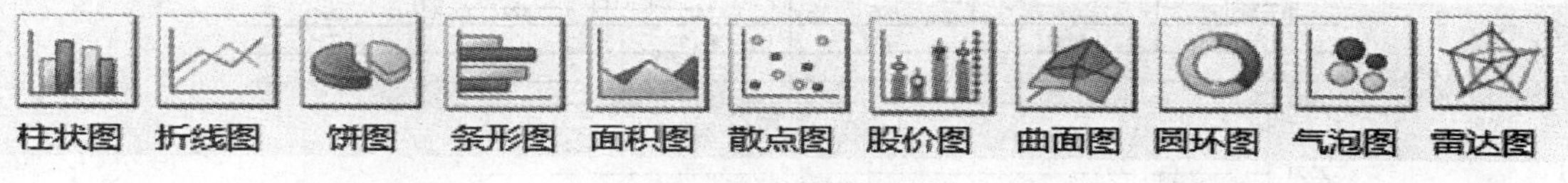


图 3－51　图表类型 2

制作一个年度销售报表表格及文字部分，该过程不详细描述。建立图表有多种方式，本次选择从数据直接生成图表，选取 A4 到 F9 的单元格，点击菜单"插入"栏的柱状图按钮"▇"，选择二维柱状图，如图 3－52 所示。新创建的图表效果如图 3－49 所示。

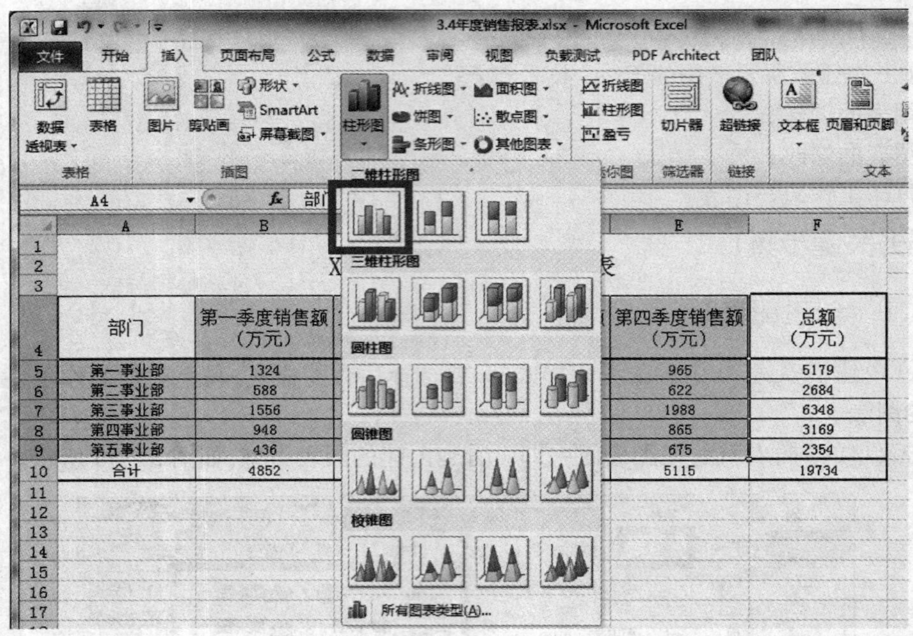


图 3－52　建立图表

## 3.4.2　修改图表

图表显示的效果和表格中的数据一一对应，改动数据，图表会产生相应的变化。如图3－53所示。

XXX公司XXXX年销售报表

| 部门 | 第一季度销售额（万元） | 第二季度销售额（万元） | 第三季度销售额（万元） | 第四季度销售额（万元） | 总额（万元） |
|---|---|---|---|---|---|
| 第一事业部 | 1324 | 1656 | 1234 | 965 | 5179 |
| 第二事业部 | 1588 | 675 | 799 | 622 | 3684 |
| 第三事业部 | 1556 | 1235 | 1569 | 1988 | 6348 |
| 第四事业部 | 948 | 787 | 569 | 865 | 3169 |
| 第五事业部 | 436 | 895 | 348 | 675 | 2354 |
| 合计 | 5852 | 5248 | 4519 | 5115 | 20734 |

2500
2000
1500
1000
500
0
第一事业部　第二事业部　第三事业部　第四事业部　第五事业部
■第一季度销售额（万元）
■第二季度销售额（万元）
■第三季度销售额（万元）
■第四季度销售额（万元）

图 3－53　调整图表数值

点击选取当前图表，功能区会自动出现图表工具页次，可在此页次中进行图表的各项美化、编辑工作，如图 3－54 所示。

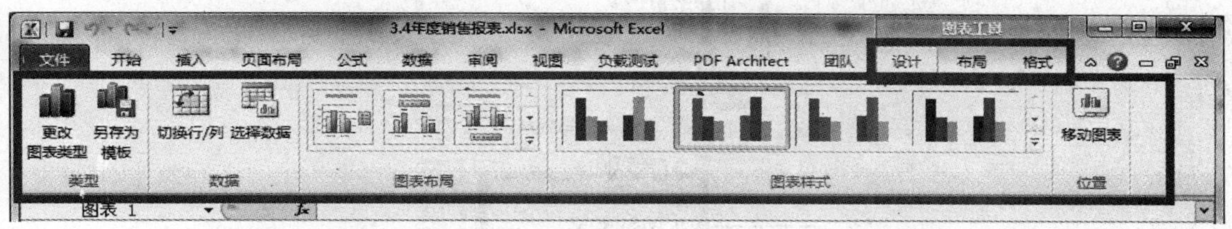


图 3－54　图表修改

在选取图表对象后，可按下数据区的选取数据按钮“ ”，开启“选取数据源”对话框来调整图表数据，如图 3－55 所示；按下“确定”钮后，图表即会自动依选取范围重新绘图。也可在图表上点击右键，进行更改图表类型等操作，如图 3－56 所示。

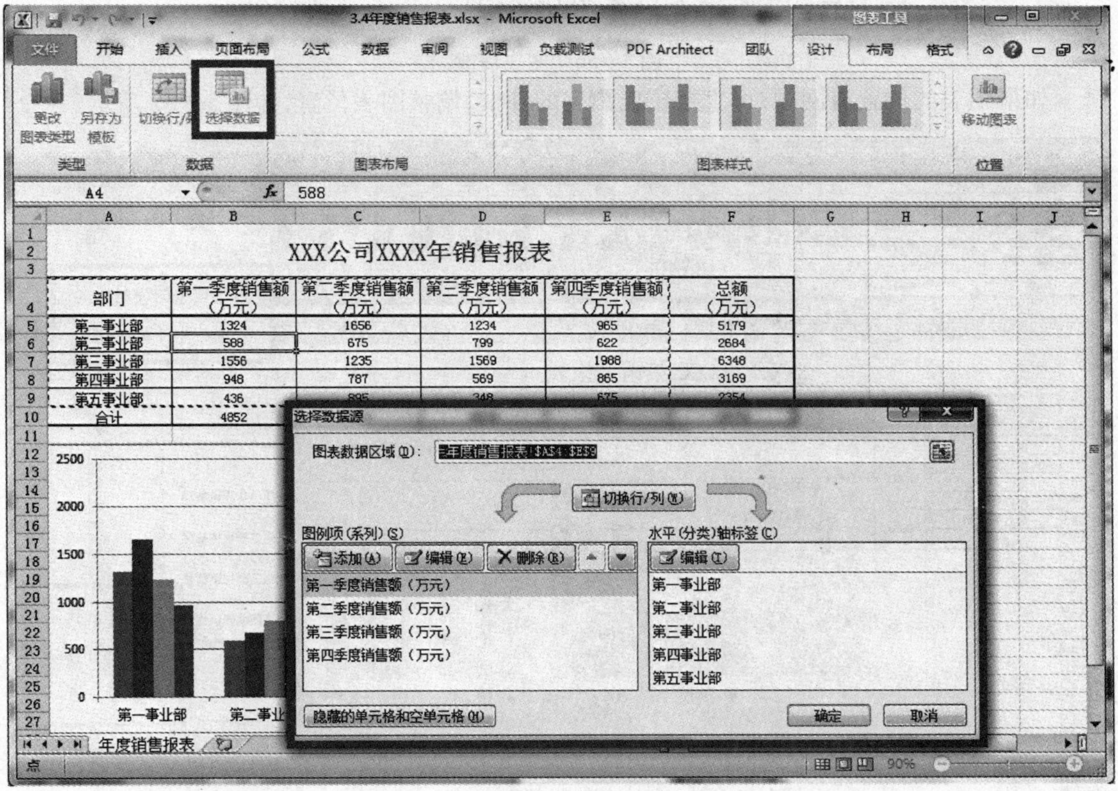

XXX公司XXXX年销售报表

| 部门 | 第一季度销售额（万元） | 第二季度销售额（万元） | 第三季度销售额（万元） | 第四季度销售额（万元） | 总额（万元） |
|---|---|---|---|---|---|
| 第一事业部 | 1324 | 1656 | 1234 | 965 | 5179 |
| 第二事业部 | 588 | 675 | 799 | 622 | 2684 |
| 第三事业部 | 1556 | 1235 | 1569 | 1988 | 6348 |
| 第四事业部 | 948 | 787 | 569 | 865 | 3169 |
| 第五事业部 | 436 | 895 | 348 | 675 | 2354 |
| 合计 | 4852 | | | | |

选择数据源

图表数据区域(D)：

切换行/列(W)

图例项(系列)(S)

添加(A)　编辑(E)　删除(R)

第一季度销售额（万元）
第二季度销售额（万元）
第三季度销售额（万元）
第四季度销售额（万元）

水平(分类)轴标签(C)

编辑(T)

第一事业部
第二事业部
第三事业部
第四事业部
第五事业部

隐藏的单元格和空单元格(H)　确定　取消

图 3－55　选取数据

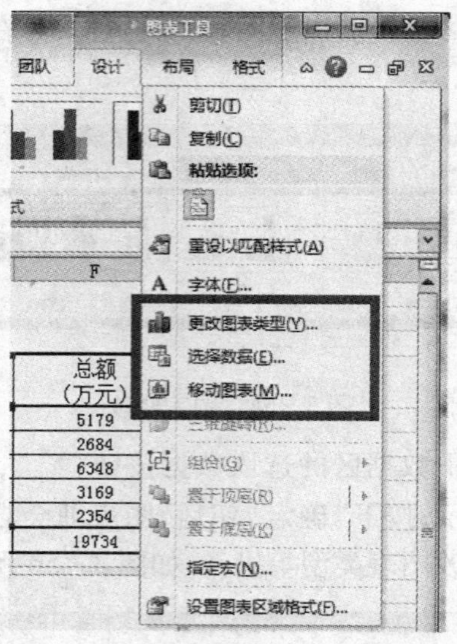


图 3-56　图表修改

如果图表的位置有问题,可直接拉曳图表的外框,调整图表位置,如图 3-57 所示。

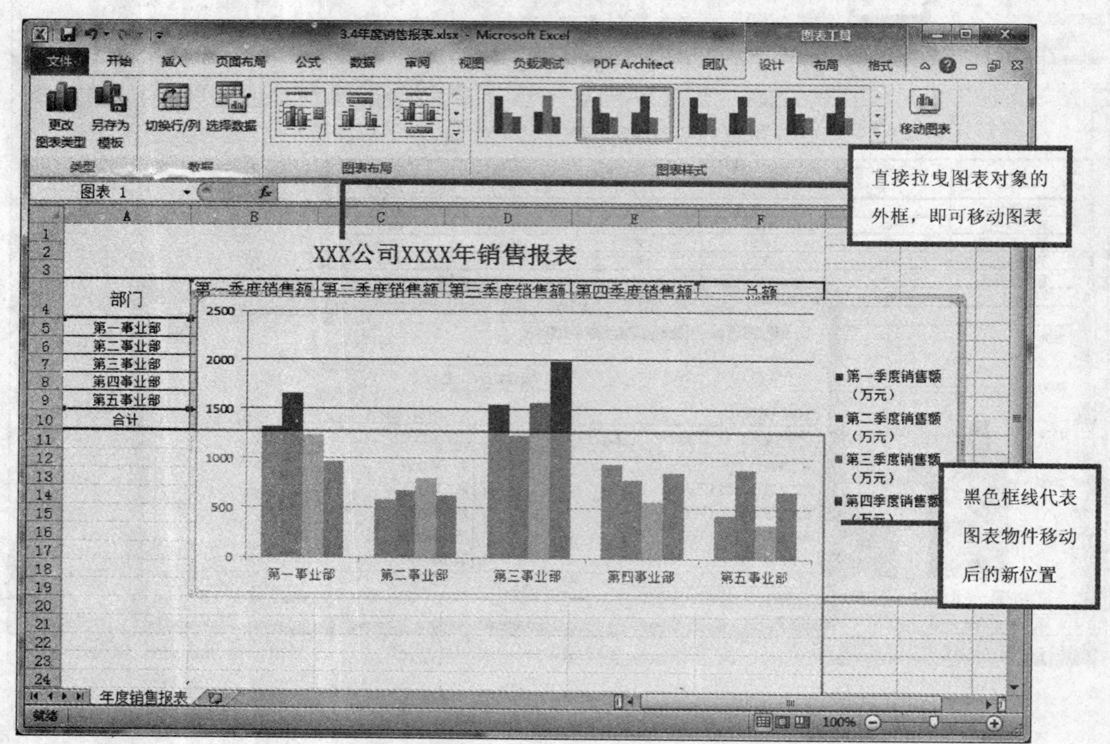


图 3-57　图表拉拽

如果图表的内容没办法完整显示,或是觉得图表太小看不清楚,可拉曳图表周围的控点来调整图表大小,如图 3-58 所示。

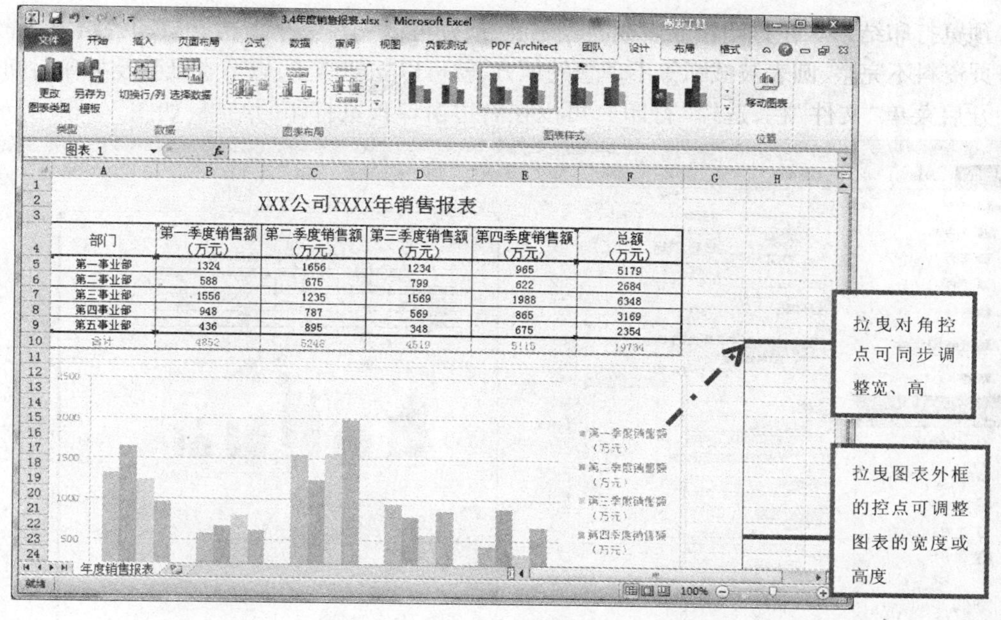


图 3－58 图表拉拽

### 3.4.3 打印工作表与图表

打印工作表与图表的第一步是设置打印区域。点击菜单中“页面布局”，选取 A1 到 F28 单元格；点击打印区域按钮“ ”中的设置打印区域按钮“ ”，该区域就被设置为打印区域，如图 3－59 所示。

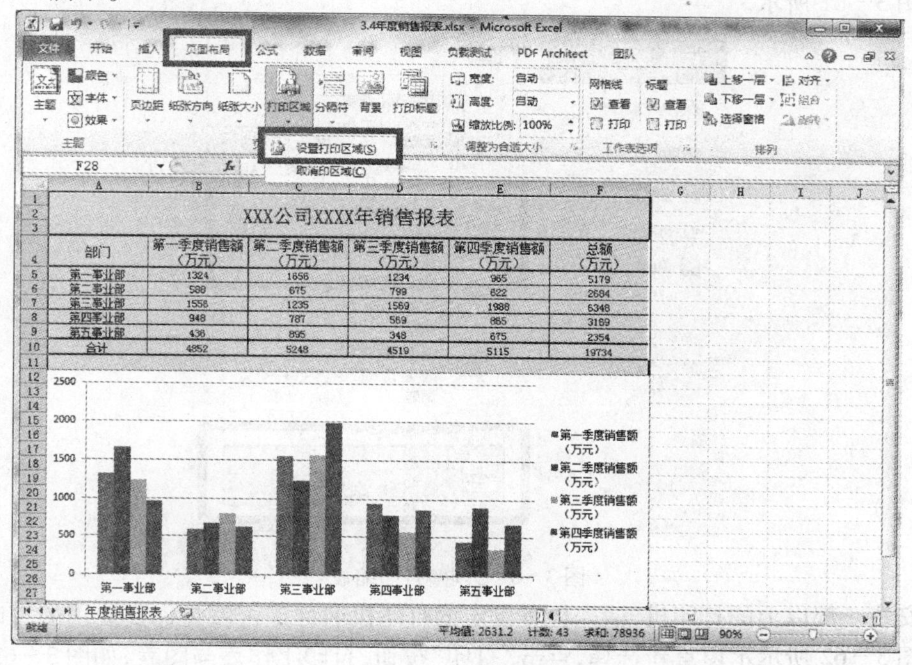

图 3－59 设置打印区域

预览打印结果。在打印作业表或固表之前,最好可以先在荧幕上检查打印的结果,若发现有跨页资料不完整、圆表被截断等不理想的地方,就可以立即修正,以节省纸张及打印时间。

开启菜单“文件”栏,选择“打印”,可以在右边窗口预览打印的结果,如图3－60所示。

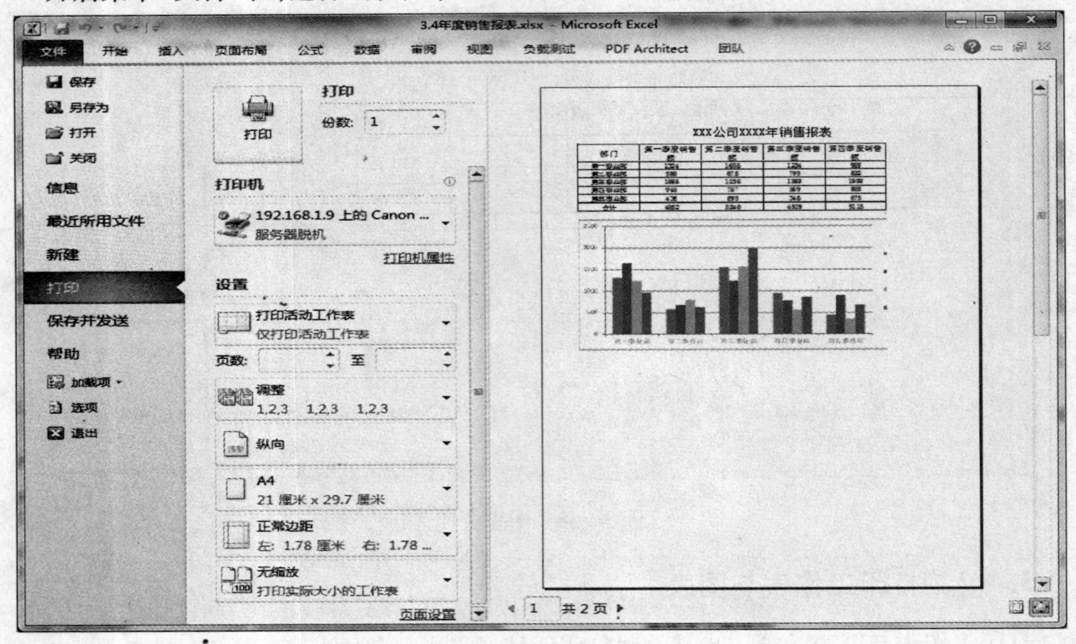



图3－60 打印预览

若想在一页上打印全部内容,点击缩放设置,将“无缩放”调整为“将工作表调整为一页”,如图3－61所示。

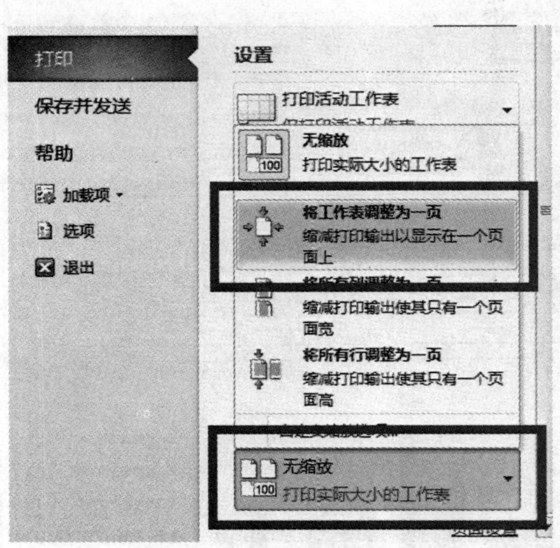



图3－61 调整打印缩放

若安装一部以上的打印机,请先检查设定的打印机名称是否就是你要使用的打印机,或是按如图3－62所示示窗重新选择,点击“打印”按钮,打印工作表与图表,如图3－63所示。

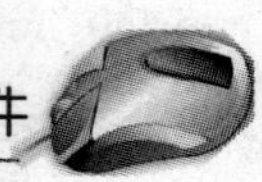

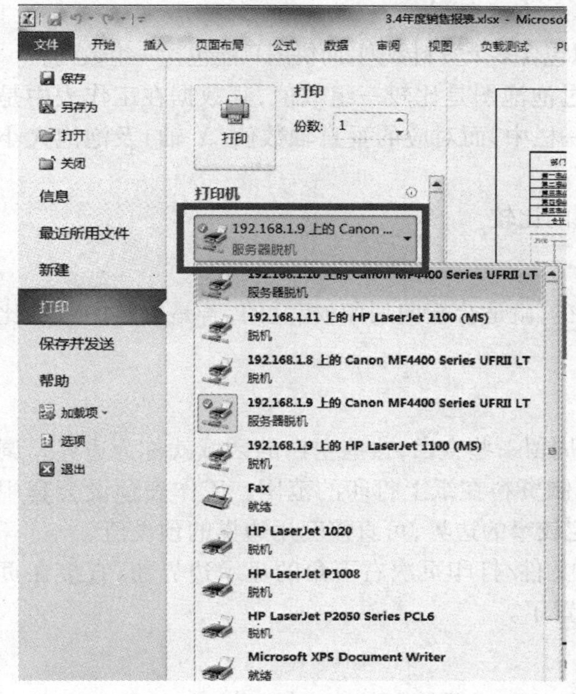


图 3－62　调整打印机

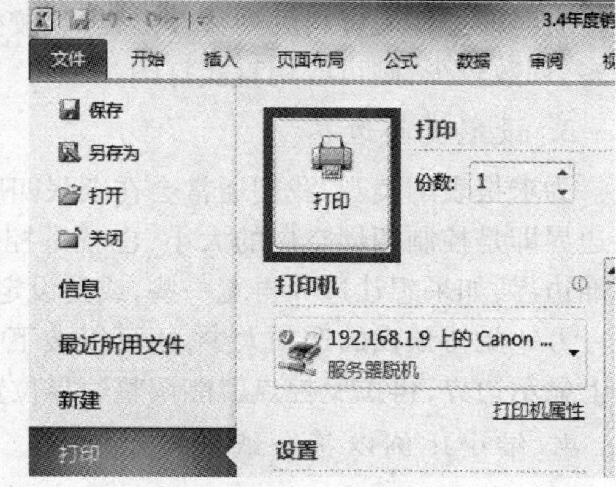


图 3－63　打印图表

## 【工作小结与扩展】

1. 图形分类及特点

(1)柱形图:柱形图是最普遍使用的图表类型,它很适合用来表现一段期间内数量上的变化,或是比较不同项目之间的差异。各种项目被放置于水平坐标轴上,而其值则以垂直的长条显示。

(2)折线图:显示一段时间内的连续数据,适合用来显示相等间隔(每月、每季、每年等)的资料趋势。

(3)圆形图:饼图只能有一组数列数据,每个数据项都有唯一的色彩或是图样。饼图适合用来表现各个项目在全体数据中所占的比率。

(4)横条图:可以显示每个项目之间的比较情形。Y 轴表示类别项目,X 轴表示值。条形图主要是强调各项目之间的比较,不强调时间。

(5)区域图:强调一段时间的变动程度,可由值看出不同时间或类别的趋势。例如可用分区图强调某个时间的利润数据,或是某个地区的销售成长状况。

(6)散布图:显示两组或是多组资料数值之间的关联。散布图若包含两组坐标轴,会在水平轴显示一组数字数据,在垂直轴显示另一组数据,图表会将这些值合并成单一的数据点,并以不均匀间隔显示这些值。散布图通常用于科学、统计及工程数据。

(7)股价图:股价图顾名思义就是用于说明股价的波动。例如你可以依序输入日期、开盘点位、最高点位、最低点位、收盘点位的数据,来当作投资的趋势分析图。

(8)曲面图:实际上是折线图和面积图的另一种形式,其有 3 个轴,分别代表分类、系列

和数值。

(9)环圈图:与饼图类似,不过环圈图可以包含多个资料数列,而饼图只能包含一组数列。

(10)泡泡图:泡泡图和散布图类似,不过泡泡图是比较三组数值,其数据在工作表中是以栏进行排列。水平轴的数值(X 轴)在第一栏中,而对应的垂直轴数值(Y 轴)及泡泡大小值则列在相邻的栏中。

(11)雷达图:可以用来做多个资料数列的比较。

2. 设定列印方向

有时候工作表资料的列数较多、行数较少,就适合横向列印;相反的,若是资料的行数比较多,列数较少,则可改用直式打印。

3. 设定页面边界

为求报表的美观,我们通常会在纸张四周留一些空白,这些空白的区域就称为边界。调整边界即是控制四周空白的大小,也就是控制资料在纸上打印的范围。工作表预设会套用标准边界,如果想让边界再宽一些,或是设定较窄的边界,可直接套用边界的预设值。

万一觉得预设的选项太少,还可以按下文件/打印页次右下角的显示边界钮,直接在页面上显示边界,再拉曳控点就能调整边界位置了。

4. 缩小比例以符合纸张尺寸

有时候资料会单独多出一列,转到了下一页;或是资料只差 2 ~ 3 行,就能挤在同一页了。这种情况就可以试试缩小比例的方式,将资料缩小排列以符合纸张尺寸,不但资料完整,阅读起来也方便。

5. 设定打印份数

列印出来的工作表可能要分送给多人查阅或多个部门参考,此时可在最上方的打印区设定复本的数量。

当你要列印多份,可由下方选择是否要自动分页。假设要列印 5 份,若设定为未自动分页,表示会先印出 5 张第 1 页,再印 5 张第 2 页……设定为自动分页时,一次会印出完整的第 1 份(共 5 页),再列印第 2 份……省去我们手动分页的麻烦。

## 【课后练习】

输入下列表格的内容,具体要求如下:

1. 在“哲学”和“历史”之间增加一列“艺术”成绩:88,75,82,75,91;
2. 生成一个柱型图表,最大刻度为 100,主要刻度单位为 50;
3. 生成一个曲面图表。

| 班级 | 古文 | 哲学 | 历史 |
|---|---|---|---|
| A 班 | 73.8 | 71.1 | 82.8 |
| B 班 | 71.1 | 77.4 | 79.2 |
| C 班 | 78.3 | 76.5 | 83.7 |
| D 班 | 79.2 | 83.7 | 81.9 |
| E 班 | 70.2 | 68.4 | 80.1 |

# 3.5 工作任务:制作分项报价表

公式是 Excel 工作表中进行数值计算的等式。公式输入是以“=”开始的。简单的公式有加、减、乘、除等计算。Excel 函数就是一些定义的公式。Excel 函数有 11 类,分别是数据库函数、日期与时间函数、工程函数、财务函数、信息函数、逻辑函数、查询和引用函数、数学和三角函数、统计函数、文本函数以及用户自定义函数。

## 【学习目标】

通过本项工作任务的训练,了解单元格引用的概念和应用方法,学习公式和函数的使用,掌握窗格的拆分、冻结,了解工作表保护的方法。

## 【工作情境】

在项目投标时,常用表格包括报价表及分项报价表,其中报价表展示项目总体报价,分项报价表展示明细报价。某企业销售部小王接到任务,为×××采购项目制作分项报价表,样式如图 3-64 所示。

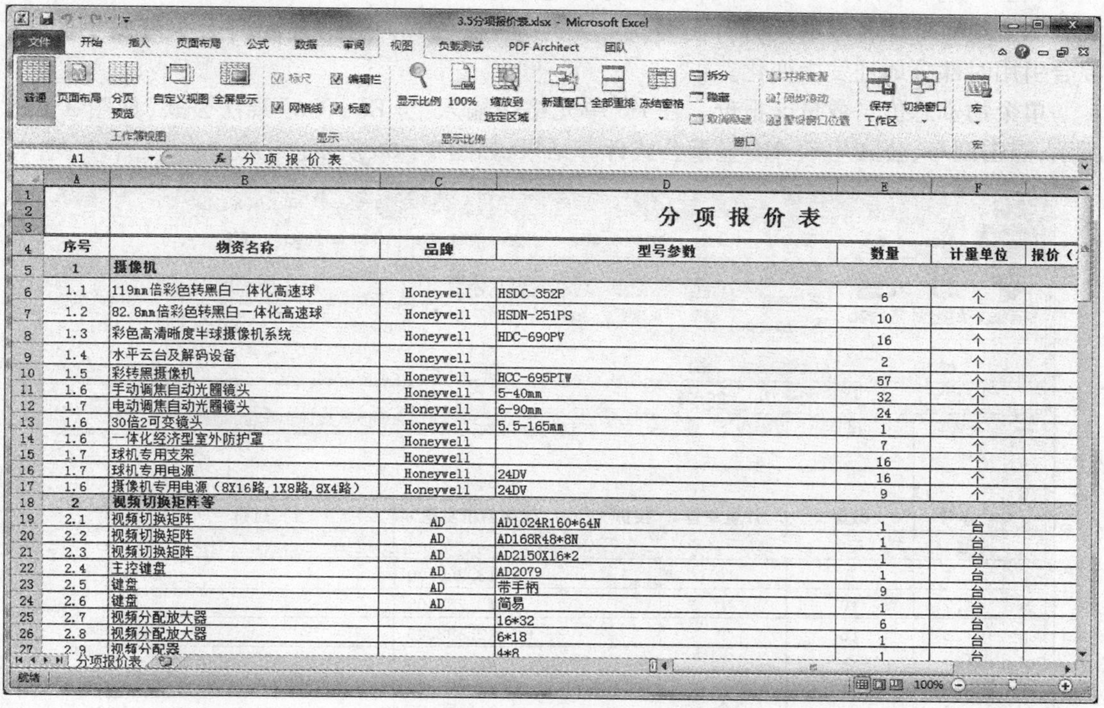
3.5分项报价表.xlsx - Microsoft Excel
文件 开始 插入 页面布局 公式 数据 审阅 视图 负载测试 PDF Architect 团队
普通 页面布局 分页预览 自定义视图 全屏显示
标尺 编辑栏 网格线 标题
显示比例 100% 缩放到选定区域
新建窗口 全部重排 冻结窗格 拆分 隐藏 取消隐藏
保存工作区 切换窗口 宏
工作簿视图 显示 显示比例 窗口 宏
A1 分 项 报 价 表
分 项 报 价 表
序号 物资名称 品牌 型号参数 数量 计量单位 报价(
1 摄像机
1.1 119mm倍彩色转黑白一体化高速球 Honeywell HSDC-352P 6 个
1.2 82.8mm倍彩色转黑白一体化高速球 Honeywell HSDN-251PS 10 个
1.3 彩色高清晰度半球摄像机系统 Honeywell HDC-690PV 16 个
1.4 水平云台及解码设备 Honeywell 2 个
1.5 彩转黑摄像机 Honeywell HCC-695PTW 57 个
1.6 手动调焦自动光圈镜头 Honeywell 5-40mm 32 个
1.7 电动调焦自动光圈镜头 Honeywell 6-90mm 24 个
1.6 30倍2可变镜头 Honeywell 5.5-165mm 1 个
1.6 一体化经济型室外防护罩 Honeywell 7 个
1.7 球机专用支架 Honeywell 16 个
1.7 球机专用电源 Honeywell 24DV 16 个
1.6 摄像机专用电源(8X16路,1X8路,8X4路) Honeywell 24DV 9 个
2 视频切换矩阵等
2.1 视频切换矩阵 AD AD1024R160*64N 1 台
2.2 视频切换矩阵 AD AD168R48*8N 1 台
2.3 视频切换矩阵 AD AD2150X16*2 1 台
2.4 主控键盘 AD AD2079 1 台
2.5 键盘 AD 带手柄 9 台
2.6 键盘 AD 简易 1 台
2.7 视频分配放大器 16*32 6 台
2.8 视频分配放大器 6*18 1 台
2.9 视频分配器 4*8 1 台
分项报价表
就绪 100%

图 3-64 分项报价表

【任务分析】

此项工作任务所要使用的 Excel 技术有：

- 单元格引用；
- 公式和函数的使用；
- 窗格冻结；
- 工作表保护。

【任务关键步骤】

### 3.5.1 计算单个物资总价

首先创建分项报价表并填入数据。分项报价表效果如图 3－64 所示。

输入公式必须以等号“＝”起首，例如“＝ A1＋A2”，这样 Excel 才知道我们输入的是公式，而不是一般的文字数据。

公式中会运用到的地址有相对引用地址与绝对参照地址两种类型。相对引用地址的表示法如 B1、C4；而绝对参照地址的表示法，则需在单元格地址前面加上“＄”符号，例如＄B＄1、＄C＄4。

加上了绝对引用符“＄”的列标和行号为绝对地址，在公式向旁边复制时不会发生变化，没有加上绝对地址符号的列标和行号为相对地址，在公式向旁边复制时会跟着发生变化。混合引用时部分地址发生变化。

单个物资总价＝数量×报价。在 H6 单元格中输入“＝E6＊G6”乘法公式，如图 3－65 所示；点击回车，公式生效，H6 显示公式计算结果，如图 3－66 所示。

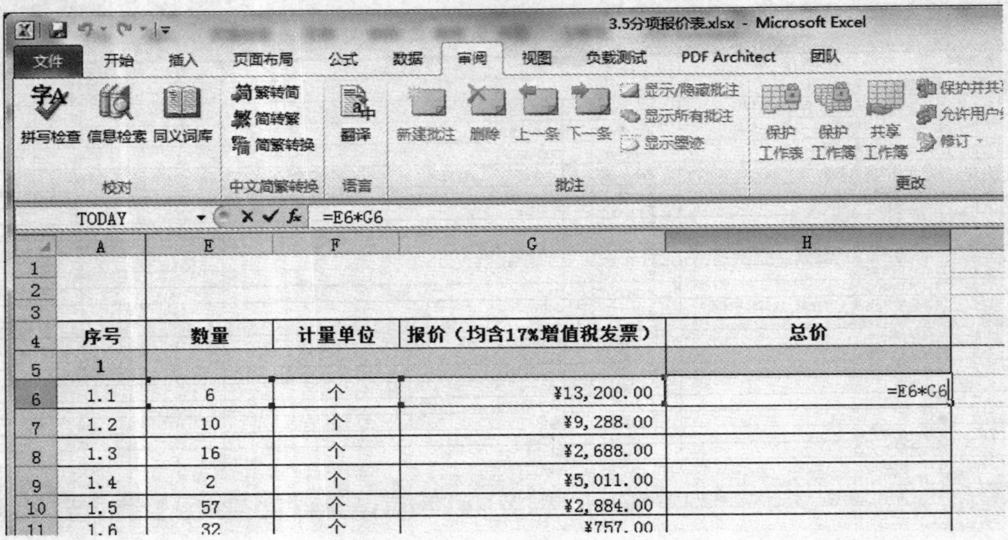

TODAY =E6*G6

| | A | E | F | G | H |
|---|---|---|---|---|---|
| 1 | | | | | |
| 2 | | | | | |
| 3 | | | | | |
| 4 | 序号 | 数量 | 计量单位 | 报价（均含17%增值税发票） | 总价 |
| 5 | 1 | | | | |
| 6 | 1.1 | 6 | 个 | ¥13,200.00 | =E6*G6 |
| 7 | 1.2 | 10 | 个 | ¥9,288.00 | |
| 8 | 1.3 | 16 | 个 | ¥2,688.00 | |
| 9 | 1.4 | 2 | 个 | ¥5,011.00 | |
| 10 | 1.5 | 57 | 个 | ¥2,884.00 | |
| 11 | 1.6 | 32 | 个 | ¥757.00 | |

图 3－65 计算单个物资总价 1

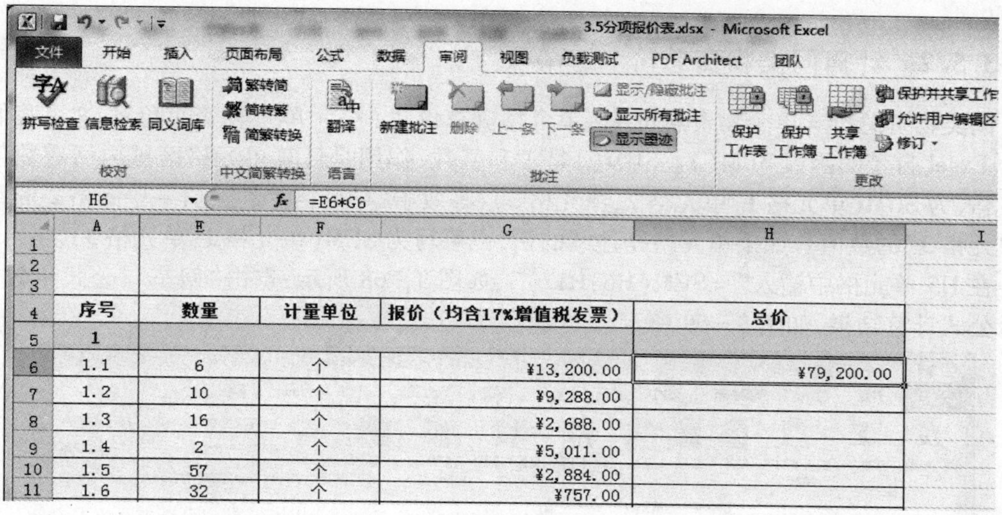

图3-66 计算单个物资总价2

用鼠标选中"H6"单元格,当鼠标变成黑色的十字的时候,左键按住不动往下拖,从 H7 到 H17,都已经复制了"H6"中的公式。通用公式为 Hn = En * Gn,n 指代 7 到 17 的数字,如图3-67所示。

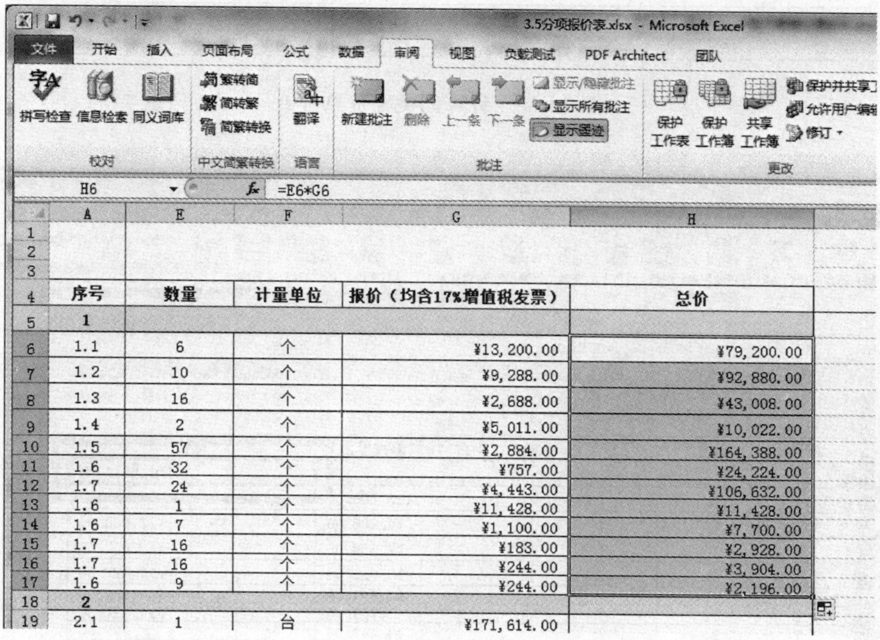

图3-67 计算单个物资总价3

### 3.5.2 计算同类物资总价

同类物资总价＝单个物资总价1＋单个物资总价2＋…＋单个物资总价n，这里我们用一个Excel自带的函数SUM()。SUM()是求和函数，作用是计算单元格区域内所有数值的和，格式为SUM(单元格1，单元格2，单元格3)，等效于“单元格1的数值＋单元格2的数值＋单元格3”的数值。如果单元格是连续的话，也可写为SUM(单元格1:单元格3)。

在H5单元格中输入“＝SUM(H6:H17)”，如图3－68所示；点击“回车”，公式生效，H5显示公式计算结果，如图3－69所示。

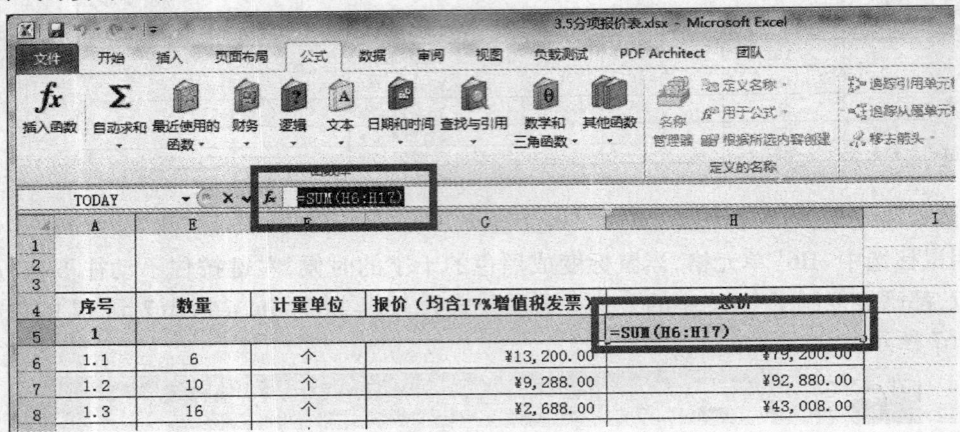


图3－68 计算同类物资总价1

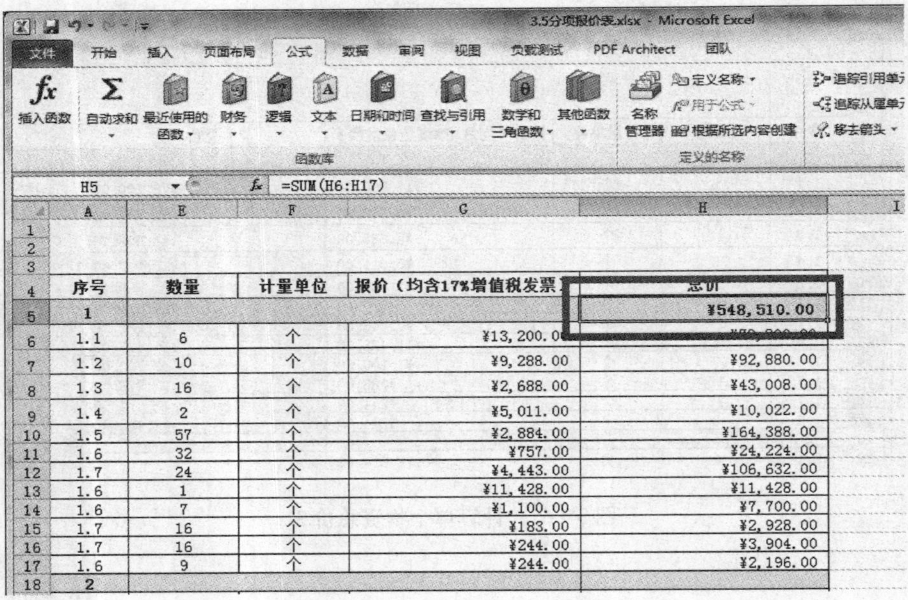

H5 =SUM(H6:H17)

| | A | E | F | G | H |
|---|---|---|---|---|---|
| 4 | 序号 | 数量 | 计量单位 | 报价（均含17%增值税发票） | 总价 |
| 5 | 1 | | | | ¥548,510.00 |
| 6 | 1.1 | 6 | 个 | ¥13,200.00 | ¥79,200.00 |
| 7 | 1.2 | 10 | 个 | ¥9,288.00 | ¥92,880.00 |
| 8 | 1.3 | 16 | 个 | ¥2,688.00 | ¥43,008.00 |
| 9 | 1.4 | 2 | 个 | ¥5,011.00 | ¥10,022.00 |
| 10 | 1.5 | 57 | 个 | ¥2,884.00 | ¥164,388.00 |
| 11 | 1.6 | 32 | 个 | ¥757.00 | ¥24,224.00 |
| 12 | 1.7 | 24 | 个 | ¥4,443.00 | ¥106,632.00 |
| 13 | 1.6 | 1 | 个 | ¥11,428.00 | ¥11,428.00 |
| 14 | 1.6 | 7 | 个 | ¥1,100.00 | ¥7,700.00 |
| 15 | 1.7 | 16 | 个 | ¥183.00 | ¥2,928.00 |
| 16 | 1.7 | 16 | 个 | ¥244.00 | ¥3,904.00 |
| 17 | 1.6 | 9 | 个 | ¥244.00 | ¥2,196.00 |
| 18 | 2 | | | | |

图3－69 计算同类物资总价2

依照上述方法计算所有单个物资的总价以及同类物资总价，如图 3－70 所示。

|  | A | D | E | F | G | H |
|---|---|---|---|---|---|---|
| 1–3 |  | 分 项 报 价 表 |  |  |  |  |
| 4 | 序号 | 型号参数 | 数量 | 计量单位 | 报价（均含17%增值税发票） | 总价 |
| 5 | 1 |  |  |  |  | ¥548, 510. 00 |
| 6 | 1.1 | HSDC-352P | 6 | 个 | ¥13, 200. 00 | ¥79, 200. 00 |
| 7 | 1.2 | HSDN-251PS | 10 | 个 | ¥9, 288. 00 | ¥92, 880. 00 |
| 8 | 1.3 | HDC-690PV | 16 | 个 | ¥2, 688. 00 | ¥43, 008. 00 |
| 9 | 1.4 |  | 2 | 个 | ¥5, 011. 00 | ¥10, 022. 00 |
| 10 | 1.5 | HCC-695PTW | 57 | 个 | ¥2, 884. 00 | ¥164, 388. 00 |
| 11 | 1.6 | 5-40mm | 32 | 个 | ¥757. 00 | ¥24, 224. 00 |
| 12 | 1.7 | 6-90mm | 24 | 个 | ¥4, 443. 00 | ¥106, 632. 00 |
| 13 | 1.6 | 5.5-165mm | 1 | 个 | ¥11, 428. 00 | ¥11, 428. 00 |
| 14 | 1.6 |  | 7 | 个 | ¥1, 100. 00 | ¥7, 700. 00 |
| 15 | 1.7 |  | 16 | 个 | ¥183. 00 | ¥2, 928. 00 |
| 16 | 1.7 | 24DV | 16 | 个 | ¥244. 00 | ¥3, 904. 00 |
| 17 | 1.6 | 24DV | 9 | 个 | ¥244. 00 | ¥2, 196. 00 |
| 18 | 2 |  |  |  |  | ¥358, 565. 00 |
| 19 | 2.1 | AD1024R160*64N | 1 | 台 | ¥171, 614. 00 | ¥171, 614. 00 |
| 20 | 2.2 | AD168R48*8N | 1 | 台 | ¥52, 153. 00 | ¥52, 153. 00 |
| 21 | 2.3 | AD2150X16*2 | 1 | 台 | ¥5, 888. 00 | ¥5, 888. 00 |
| 22 | 2.4 | AD2079 | 1 | 台 | ¥10, 627. 00 | ¥10, 627. 00 |
| 23 | 2.5 | 带手柄 | 9 | 台 | ¥10, 627. 00 | ¥95, 643. 00 |
| 24 | 2.6 | 简易 | 1 | 台 | ¥8, 188. 00 | ¥8, 188. 00 |
| 25 | 2.7 | 16*32 | 6 | 台 | ¥464. 00 | ¥2, 784. 00 |

图 3－70　计算同类物资总价 3

## 3.5.3　计算物资总价及转换为大写

通过前边的工作，分项报价表已经计算出了单个物资的总价及同类物资的总价。

物资总价 = SUM（同类物资总价 1 + 同类物资总价 2 + … + 同类物资总价 n）+ SUM（单个物资总价 1 + 单个物资总价 2 + … + 单个物资总价 n）。

现在同类物资总价分别在单元格 H5、H18、H30、H34、H40、H47、H63、H73、H74、H78、H86。

在 B99 单元格中输入“ = H5 + H18 + H30 + H34 + H40 + H47 + H63 + H73 + H74 + H78 + H86”，如图 3－71 所示；点击“回车”，公式生效，B99 显示公式计算结果，如图 3－72 所示。

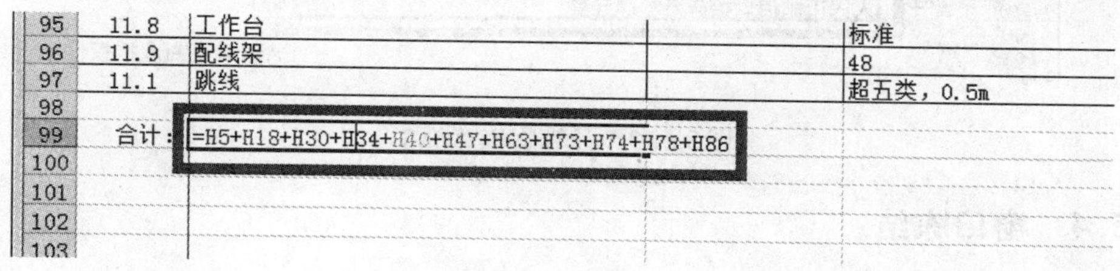


图 3－71　计算物资总价 1

| | 序号 | 物资名称 | 品牌 | |
|---|---|---|---|---|
| 2 | | | | |
| 3 | | | | |
| 4 | 序号 | 物资名称 | 品牌 | |
| 89 | 11.3 | 光配线板 | | |
| 90 | 11.4 | 光端机箱 | | 24U |
| 91 | 11.5 | 光端机箱 | | 12U，壁挂 |
| 92 | 11.6 | 8路解码器 | 海康 | |
| 93 | 11.7 | 开放式机架 | | 42U |
| 94 | 11.8 | 切换面板 | | 4路 |
| 95 | 11.8 | 工作台 | | 标准 |
| 96 | 11.9 | 配线架 | | 48 |
| 97 | 11.1 | 跳线 | | 超五类，0.5m |
| 98 | | | | |
| 99 | 合计： | ¥2,940,004.00 | 大写： | |
| 100 | | | | |
| 101 | | | | |
| 102 | | | | |

图 3－72　计算物资总价 2

Excel 中 IF 函数是根据指定的条件来判断其“真”(TRUE)、“假”(FALSE)，从而返回相应的内容。IF 函数的语法结构：IF(条件，结果 1，结果 2)。对满足条件的数据进行处理，条件满足则输出结果 1，不满足则输出结果 2。可以省略结果 1 或结果 2，但不能同时省略。例如判断成绩大于 60 分时为及格，否则为不及格。公式为：“＝IF(A1＞＝60，及格，不及格)”。若单元格 A1 的值大于等于 60，则执行第二个参数，即在单元格 B2 中显示“及格”字样；否则执行第三个参数，即在单元格 B2 中显示“不及格”字样。

“TRIM()”用于把单元格内容前后的空格去掉。

“ABS()”返回一个参数的绝对值。如“＝ABS(A1)”就是返回 A1 单元格的绝对值。

“&”在 Excel 公式中代表字符串连接符，用于将前后的内容拼接为一个完整的字符串。

在 D99 单元格输入公式：=IF(TRIM(B99)="","",IF(B99=0,"","人民币"&IF(B99<0,"负",)&IF(INT(B99),TEXT(INT(ABS(B99)),"[dbnum2]")&"元",)&IF(INT(ABS(B99)*10)-INT(ABS(B99))*10,TEXT(INT(ABS(B99)*10)-INT(ABS(B99))*10,"[dbnum2]")&"角",IF(INT(ABS(B99))=ABS(B99),,IF(ABS(B99)<0.1,,"零")))&IF(ROUND(ABS(B99)*100-INT(ABS(B99)*10)*10,),TEXT(ROUND(ABS(B99)*100-INT(ABS(B99)*10)*10,),"[dbnum2]")&"分","整")))。点击“回车”，公式生效，D99 显示公式计算结果，如图 3－73 所示。

| | | | | |
|---|---|---|---|---|
| 96 | 11.9 | 48 | 1 | |
| 97 | 11.1 | 超五类，0.5m | 32 | |
| 98 | | | | |
| 99 | 合计 | 人民币贰佰玖拾肆万零肆元整 | | |
| 100 | | | | |
| 101 | | | 被邀请谈判人授权代 | |

图 3－73　计算物资总价 3

### 3.5.4　窗口冻结

当表格太大，需要保持首行和首列一直可见时，需使用冻结窗格功能。选择 B5 单元格，点击视图→冻结窗格→冻结拆分表格，如图 3－74 所示。

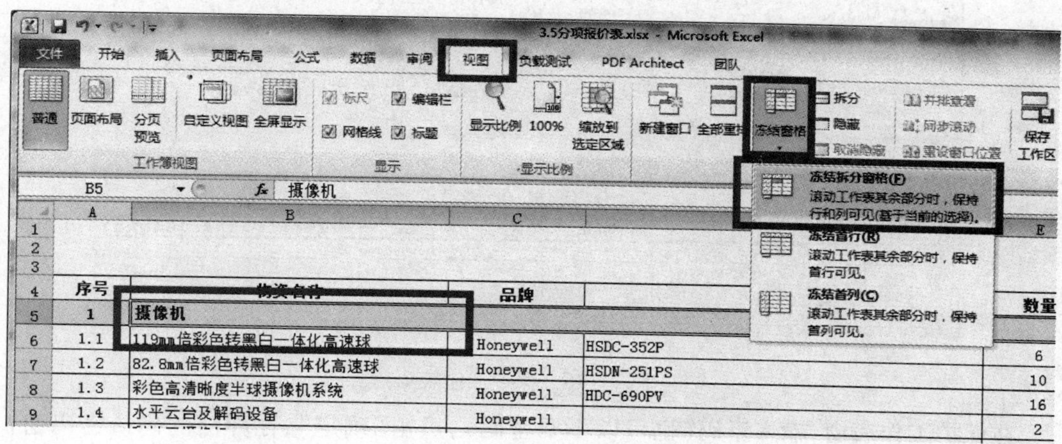


图3－74 窗口冻结

### 3.5.5 工作表保护

选择分项报价表中物资信息及报价部分单元格，点击右键，选择“设置单元格格式”，在单元格格式窗口选择“保护”，勾选“锁定”（正常默认为勾选），再点击“确定”，如图3－75所示；之后点击菜单中的“审阅”工具栏，选择“保护工作表”，如图3－76所示。

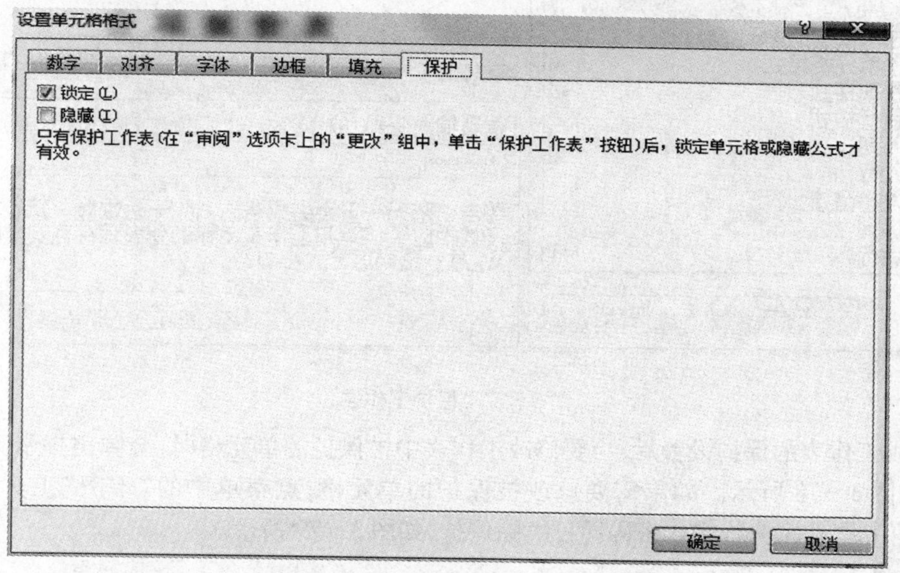


图3－75 保护工作表1

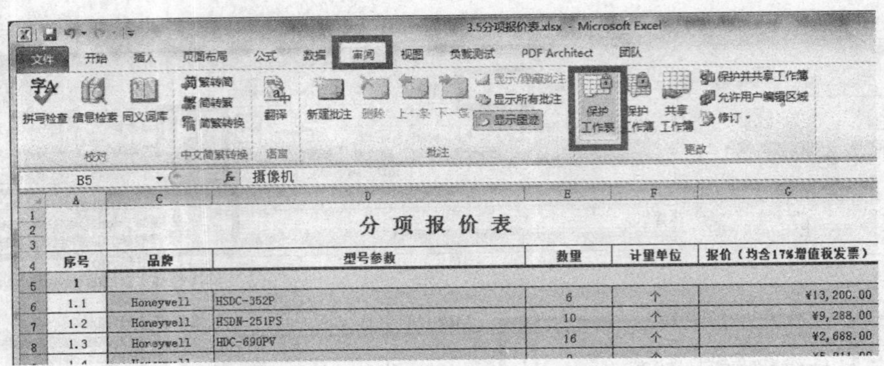



图 3－76 保护工作表 2

在保护工作表窗，输入密码（也可以不要密码），点击“确定”；在弹出的确认密码窗口，再次输入密码，点击“确定”，如图 3－77 所示。

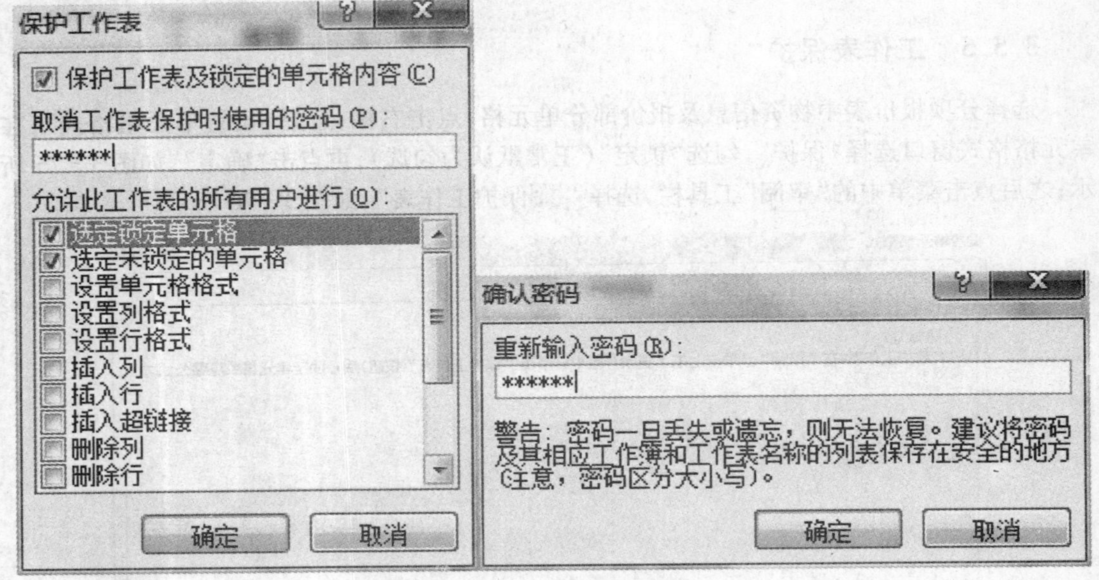



图 3－77 保护工作表 3

完成工作表的保护设置后，当要修改工作表中被保护的单元格时，会弹出提示无法进行修改，如图 3－78 所示。如果需要修改被保护的单元格，点菜单中的“审阅”工具栏，选择“撤销工作表保护”，输入密码即可解除保护，如图 3－79 所示。

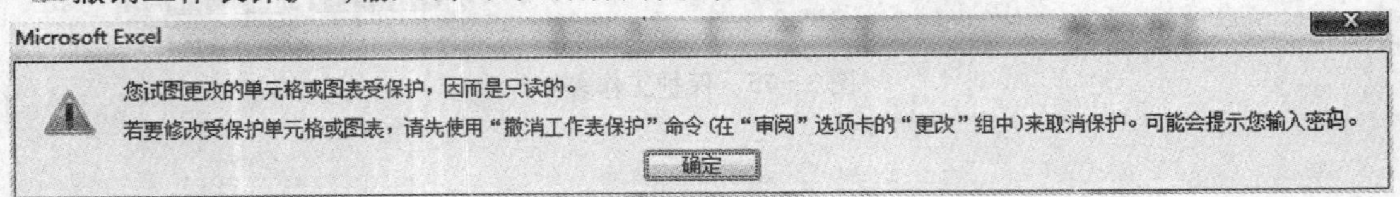



图 3－78 保护工作表 4

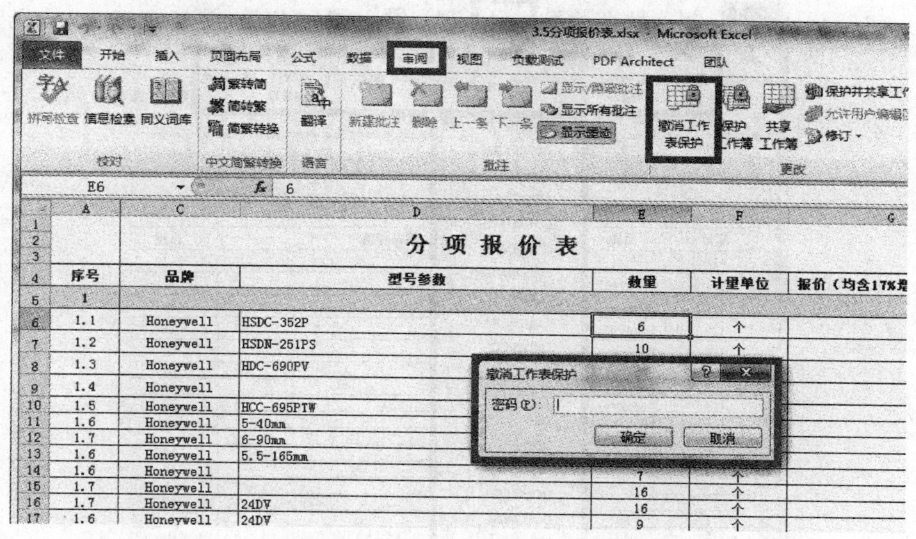


图 3-79 撤销工作表保护

## 【工作小结与扩展】

通过本项工作任务的训练，需要重点掌握的是公式和函数的使用方法等。以下介绍与本项工作任务相关的一些操作。

### 1. 插入函数的方式

（1）直接输入函数名和参数，如图 3-80 所示。

| 数量 | 计量单位 | 报价（均含17%增值税发票） | 总价 |
|---|---|---|---|
| | | | ¥548,510.00 |
| 6 | 个 | ¥13,200.00 | =E6*G6 |
| 10 | 个 | ¥9,288.00 | [illegible] |
| 16 | 个 | ¥2,688.00 | ¥43,008.00 |

图 3-80 插入函数 1

（2）在“公式”功能中直接选择函数，如图 3-81 所示。

图 3-81　插入函数 2

（3）在“公式”功能中点击“插入函数”，如图 3-82 所示。

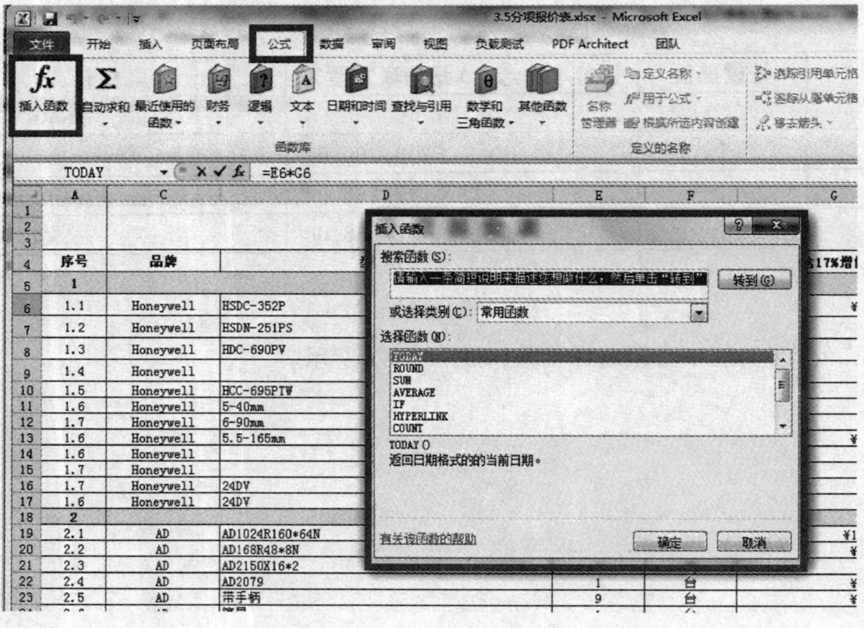

图 3-82　插入函数 3

2. 寻求有关函数的帮助

当我们插入一个函数，但是不知道该函数参数的含义时，我们可以寻求 Excel 的帮助，如图 3－83 所示。

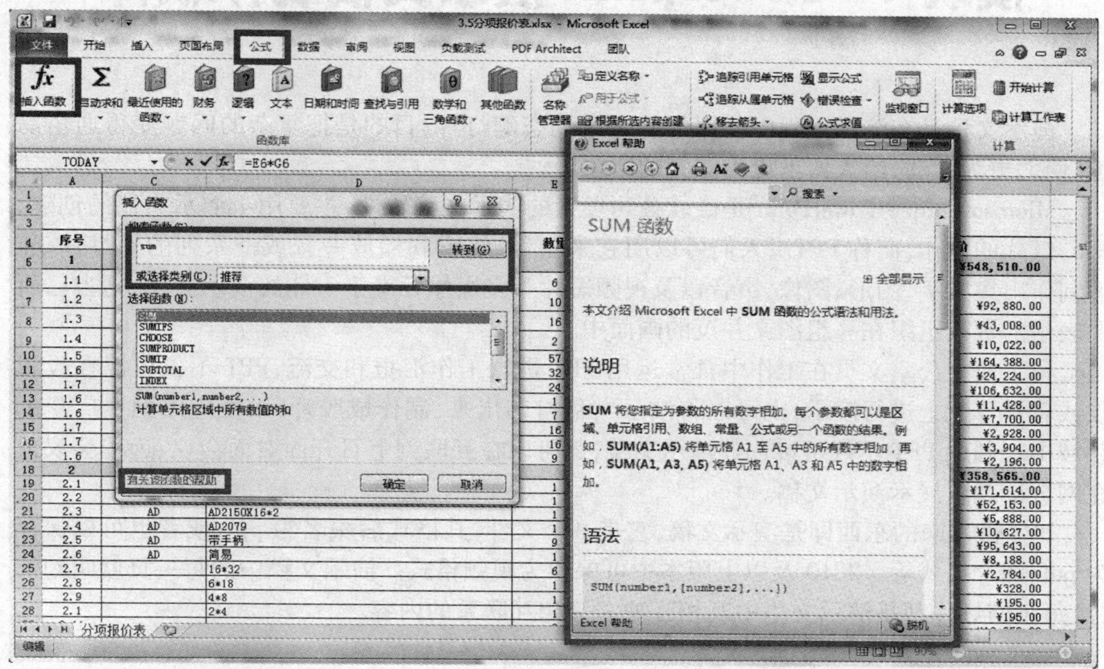


图 3－83　函数帮助

## 【课后练习】

输入下列表格的内容，具体要求如下：

1. 用函数求出每一课程的平均分；
2. 用函数求出每个人的总分，放在历史成绩后面。

| 班级 | 中文 | 哲学 | 历史 | 总分 |
|---|---|---|---|---|
| 学生 A | 73.8 | 71.1 | 82.8 | |
| 学生 B | 71.1 | 77.4 | 79.2 | |
| 学生 C | 78.3 | 76.5 | 83.7 | |
| 学生 D | 79.2 | 83.7 | 81.9 | |
| 学生 E | 70.2 | 68.4 | 80.1 | |
| 平均分 | | | | |

# 模块4 Powerpoint 演示文稿制作软件

演示文稿是在演示过程中使用的静态或动态幻灯片,目的是把复杂的问题变得通俗易懂,使之更为生动,给人留下更为深刻的印象。

Microsoft office PowerPoint 是微软公司设计的演示文稿软件,主要用于演示文稿的创建,即幻灯片的制作,简称 PPT。人们可以用它来制作、编辑和播放一张或一系列的幻灯片,能够制作出集文字、图形、图像、声音以及视频短片等多媒体元素于一体的演示文稿,把自己所要表达的资讯组织在一组图文并茂的画面中。

秘书及办公室文员在工作中常常运用 PPT 进行工作汇报和交流,PPT 不仅可以在投影仪或者计算机上进行演示,也可以将演示文稿打印出来,制作成胶片,以便应用到更广泛的领域中。利用 PPT 不仅可以创建演示文稿,还可以在互联网上召开面对面会议、远程会议或在网上给观众展示演示文稿。

PPT 做出来的东西即是演示文稿,它是一个文件,其格式后缀名为 ppt,或者也可以保存为 pdf、图片格式等。2010 及以上版本中可保存为视频格式。演示文稿中的每一页就叫幻灯片,每张幻灯片都是演示文稿中既相互独立又相互联系的内容。

## 4.1 工作任务:制作电子贺卡

【学习目标】

通过本项工作任务的训练,了解 PowerPoint 2010 的基本操作,掌握幻灯片中内容的添加及背景的设置,包括添加文本、插入图片、添加声音、为幻灯片添加背景等内容。

【工作情境】

中秋快到了,公司准备给全体员工发送电子贺卡,人事部新来的秘书小胡接到任务,要制作一张中秋贺卡,具体式样如图 4-1 所示。

图4－1　要制作的中秋贺卡示例

【任务分析】

这是一个以包括文本、图片、声音的简单演示文稿，涉及要运用的PPT技术有：

- PowerPoint 2010 的基本操作；
- 为幻灯片添加背景；
- 添加文本；
- 插入图片；
- 添加声音。

【任务关键步骤】

### 4.1.1　创建幻灯片

首先在桌面单击鼠标右键，新建一个PPT演示文稿，给该演示文稿命名为“电子贺卡”，打开该文件之后，即可创建新的幻灯片。

创建幻灯片有多种途径，常用的有3种：

一是快捷键法。按“Ctrl + M”组合键，即可快速添加1张空白幻灯片。

二是回车键法。在“普通视图”下，将鼠标定在左侧的窗格中，然后按下回车键，同样可以快速插入一张新的空白幻灯片。

三是命令法。执行“插入”→“新幻灯片”命令，也可以新增一张空白幻灯片。

新建的幻灯片界面如图4－2所示，可以分为四个区，分别是功能区、大纲视区、幻灯片视图区、备注区。

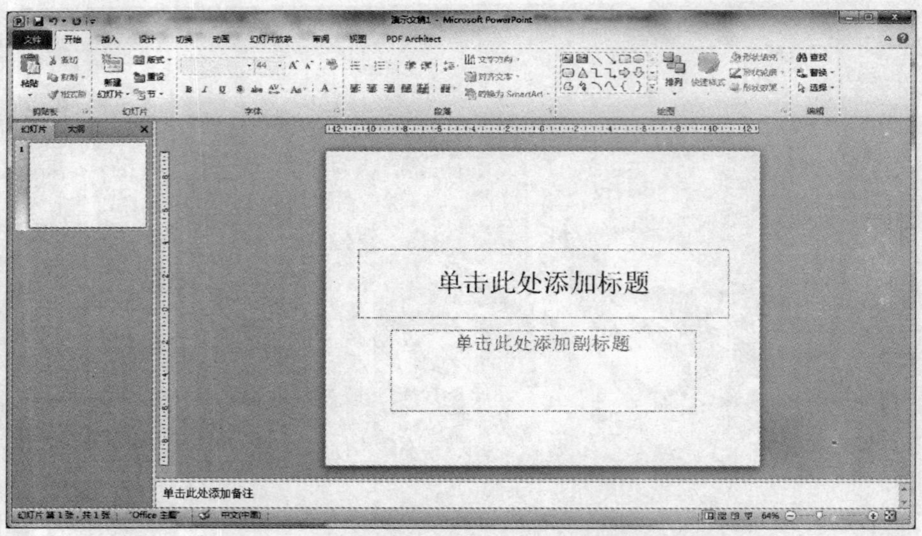


图 4－2　PowerPoint2010 功能区

在演示文稿中可以插入包括表格、图片、形状、文字、音频、视频等多种内容的对象。使用人员可以将需要的信息以多种对象的形式插入演示文稿，达到一个好的演示效果。具体对象如图 4－3 所示。

图 4－3　PowerPoint2010 对象

### 4.1.2　添加背景

在创建幻灯片之后，接下来是为幻灯片添加背景。具体操作：在幻灯片的空白处按一下右键→“设置背景格式”，如图 4－4 所示；点击“填充”→“图片或纹理填充”→“文件”，然后选择自己喜欢的图片作为背景，本处选择文件“4.1 电子贺卡－背景.jpg”，点击“打开”，如图 4－5 所示。

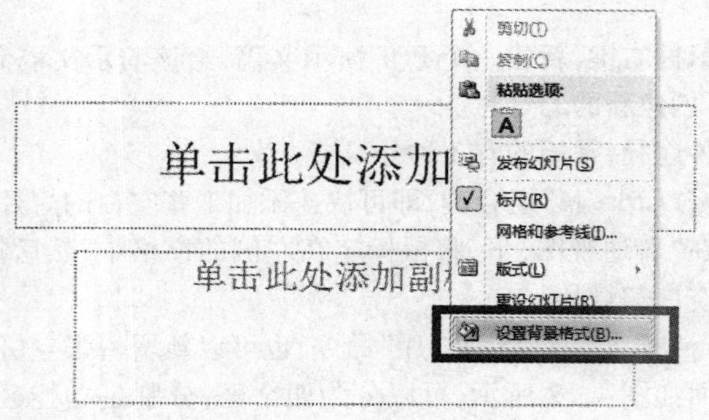


图 4－4　设置背景 1

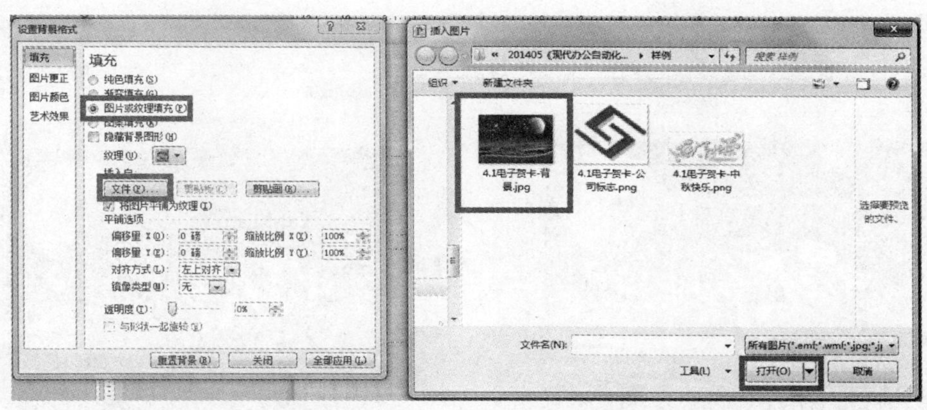


图 4-5　设置背景 2

### 4.1.3　插入图片

为了增强文稿的可视性，向演示文稿中添加图片是一项基本的操作。现在插入公司 LOGO 及祝福图片。

点击菜单“插入”→“图片”按钮，打开“插入图片”对话框；定位到需要插入图片所在的资料夹，选中“4.1 电子贺卡 - 中秋快乐. png”，如图 4-6 所示；然后点击“打开”按钮，将图片插入到幻灯片中，如图 4-7 所示；用拖拉的方法调整好图片的大小，并将其定位在幻灯片的合适位置。用同样方法插入公司的 LOGO 图标，并调整好位置及大小，如图 4-8 所示。

图 4-6　插入图片 1

图 4-7　插入图片 2

图 4-8　插入图片 3

### 4.1.4　添加文本

向演示文稿中添加文字是一项基本的操作。点击菜单“插入→文本框→横排文本框”命令，插入文本框，如图 4-9 所示；在文本框中输入要显示的文字，调整文字对齐方式及大小、颜色，如图 4-10 所示。

图 4-9　插入文本 1

图 4-10　插入文本 2

### 4.1.5　添加背景声音

接下来为电子贺卡添加背景声音。选择菜单项的“插入”栏，找到“媒体”菜单组中的“音频”，在弹出的菜单中选择“文件中的音频”，如图 4-11 所示；弹出“插入音频”的窗口，选择音乐文件“4.1 电子贺卡－背景音乐.mp3”，选择后单击“插入”，如图 4-12 所示。

图 4－11　插入背景音乐 1

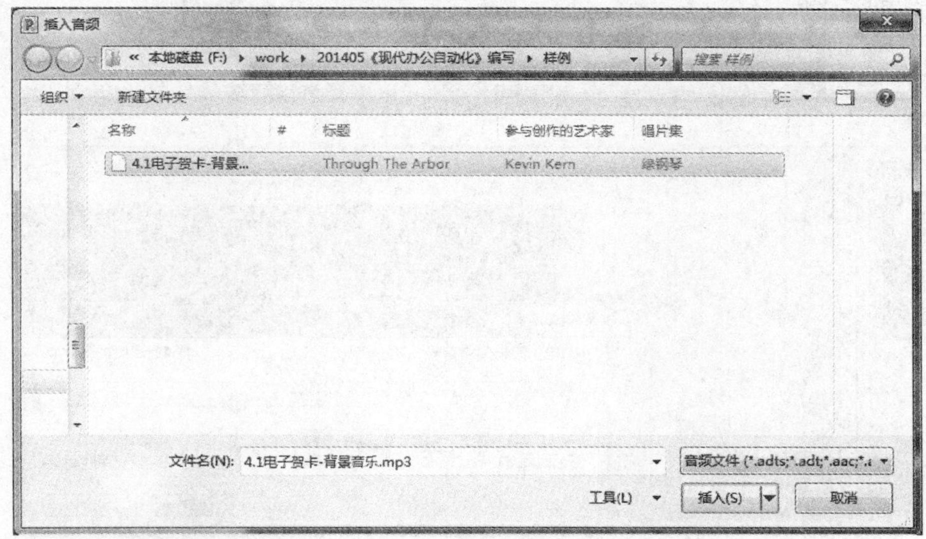


图 4－12　插入背景音乐 2

在插入音频之后，在幻灯片的界面中间出现一个灰色的“喇叭”，这就是我们插入的音乐文件，在“喇叭”的下面携带着试听播放器，可以点击播放以及控制音量，如图 4－13 所示。

图 4－13　插入背景音乐 3

PowerPoint2010 上面的“音频工具”菜单栏中多了一个“播放”功能，点击“播放”菜单选项卡，可以看到“剪裁音频”等功能，可以剪辑加入 PPT 的音乐，如图 4－14 所示。在“播放”菜单选项卡里面，设置“音频选项”的开始为“自动”，在演示幻灯片时音乐会自动播放，如图 4－15 所示。

图 4－14　插入背景音乐 4

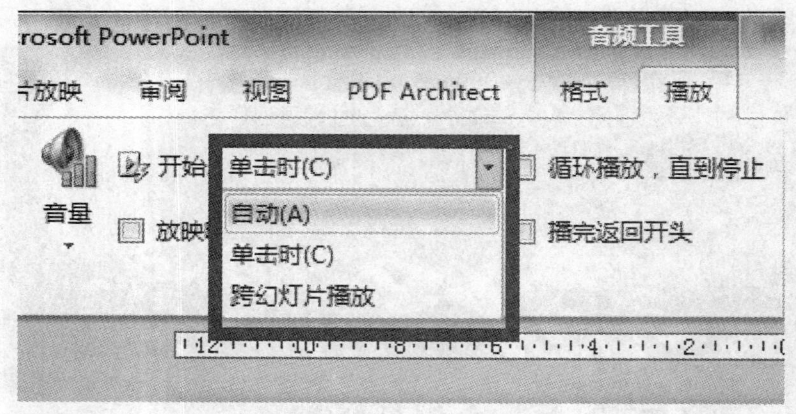


图 4－15　插入背景音乐 5

选择设置“音频选项”中的“播放循环，直到停止”，让 PPT 背景音乐一直循环，同时选择“放映时隐藏”，让喇叭图标隐身，如图 4－16 所示。

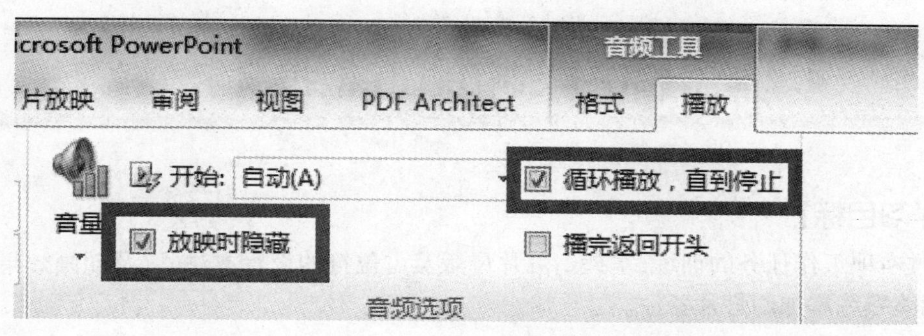


图 4－16　插入背景音乐 6

需注意的是演示文稿支持 mp3、wma、wav、mid 等音频格式。

全部设定完毕后，点击菜单中“幻灯片放映”栏，或放映按钮“ ”查看效果，效果应如图 4－1 所示。

## 【工作小结与扩展】

通过本项工作任务的训练，需要重点掌握的是幻灯片中内容的添加及背景的设置操作。

除了在演示文稿中添加图片、音频之外，还可以将视频添加到演示文稿中，来增加演示文稿的播放效果。例如，可以在电子贺卡中添加公司领导的祝福视频等，具体操作如下：

(1) 执行“插入→ 视频→文件中的视频”命令，如图 4－17 所示，找到需插入的视频文件，然后打开，点击“插入”。注意演示文稿支持 avi、wmv、mpg 等视频格式。

图 4－17　插入背景视频

(2) 调整视频播放视窗的大小，将其定位在幻灯片的合适位置上即可。

## 【课后练习】

1. 练习启动和退出 PowerPoint。描述下列术语含义：幻灯片、发言者备注、通报、母版、模版、演示文件、幻灯片视窗、概要视窗、幻灯片排序视窗、备注页视窗、幻灯片演示视窗。

2. 制作一张幻灯片，请插入圆、矩形和圆柱体几个自选图形，并在图形中添加如下文本：“添加文本练习”。幻灯片的背景设置成蓝色。

3. 利用 PowerPoint 分别制作圣诞节电子贺卡和春节电子贺卡，要求选取适合的图片、音频和视频添加在电子贺卡中，并配有节日祝福的文字。

## 4.2 工作任务:制作工作汇报演示文稿

【学习目标】

通过本项工作任务的训练,掌握幻灯片母版及占位符的设置方法,以及动画效果的设置方法,能够熟练添加幻灯片备注。

【工作情境】

某公司人事部新领导上任,要求所有人员对自己的工作做一个简单的汇报。助理小张主要负责人员的培训工作,要汇报工作的主要内容以及存在的问题等。PPT 具体式样如图 4-18所示。

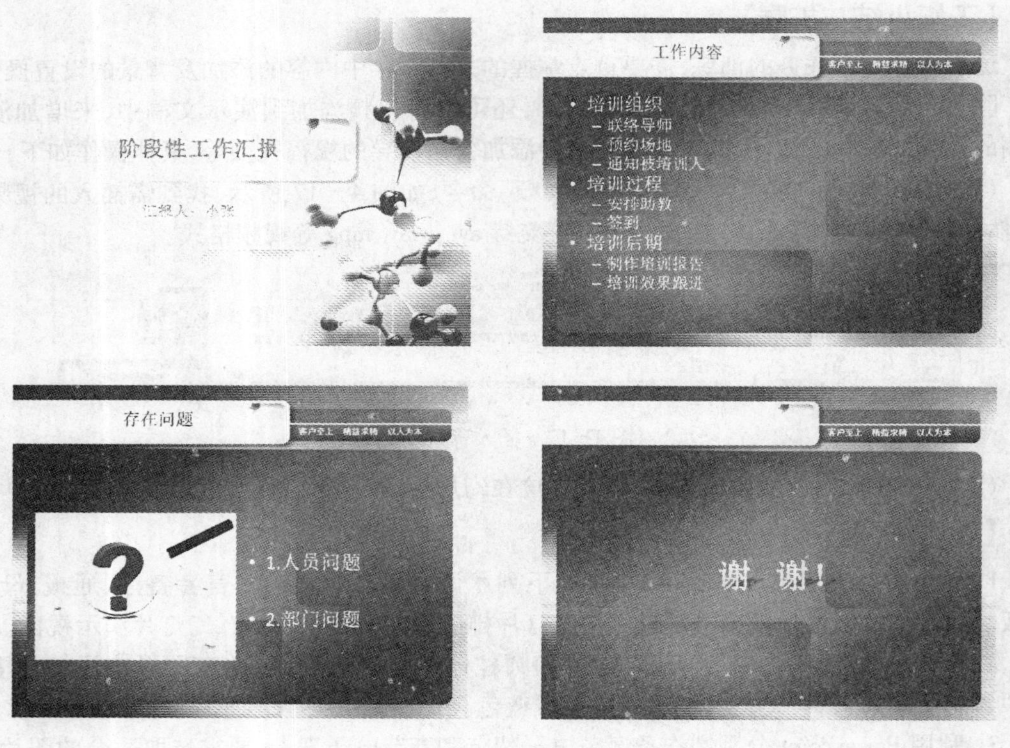


图 4-18 要制作的工作汇报 PPT 示例

【任务分析】

这是一个工作中常用的演示文稿,涉及要运用的 PowerPoint 技术有:

- 幻灯片母版;
- 幻灯片中占位符的设置;
- 艺术字效果;
- 动画效果的设置;
- 更改幻灯片版式;
- 幻灯片备注。

【任务关键步骤】

### 4.2.1 设置幻灯片母版

制作工作汇报 PPT 需要运用统一的母版,使每一页幻灯片的风格保持一致。所谓“母版”就是一种特殊的幻灯片,它包含了幻灯片文本和页脚(如日期、时间和幻灯片编号)等占位符,这些占位符控制了幻灯片的字体、字号、颜色(包括背景色)、阴影和项目符号样式等版式要素。母版通常包括幻灯片母版、标题母版、讲义母版、备注母版四种形式。

设置工作汇报 PPT 的母版,首先要启动 PowerPoint2010,新建一个演示文稿,可命名为“工作汇报”。点击菜单中的“视图”栏,选择“幻灯片母版”按钮,进入“幻灯片母版视图”状态,此时“幻灯片母版视图”工具条也随之被展开,如图 4-19 和 4-20 所示。

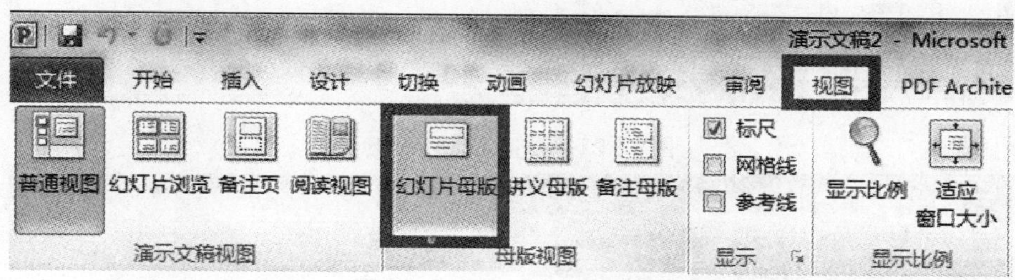


图 4-19 设置幻灯片母版 1

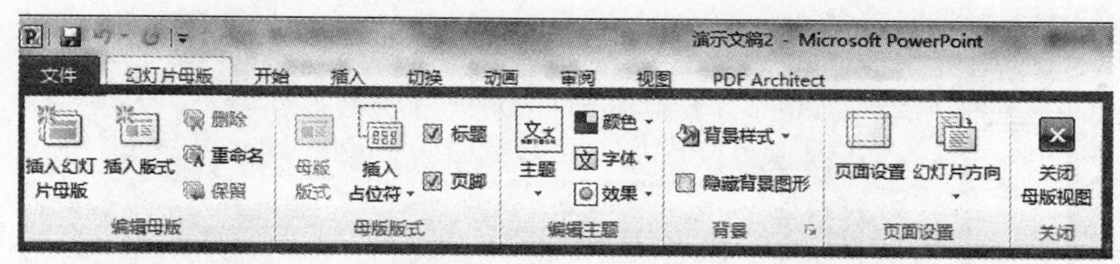


图 4-20 设置幻灯片母版 2

首先在母版上点击右键,选择“设置背景格式”,如图 4-21 所示;在弹出的对话框中选择“填充→图片或纹理填充→文件”,选择要使用的图片文件作为母版,如图 4-22 所示,最终效果如图 4-23 所示。

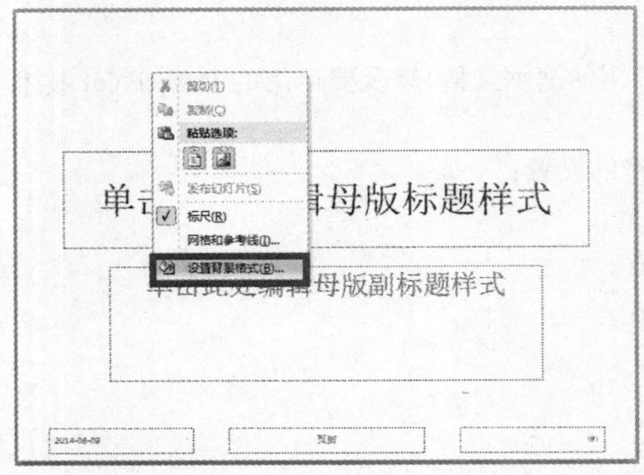



图 4 - 21　设置幻灯片母版 3

图 4 - 22　设置幻灯片母版 4

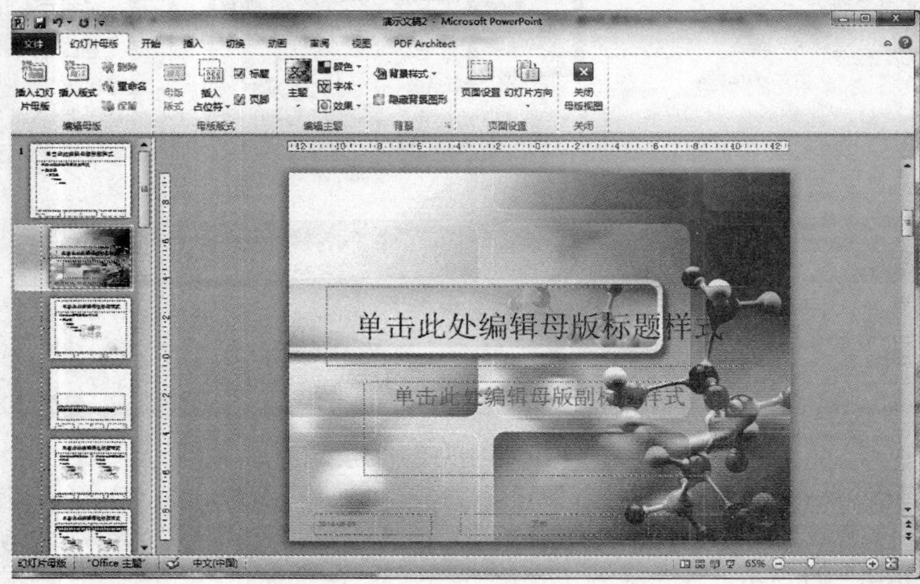



图 4 - 23　设置幻灯片母版 5

### 4.2.2　设置占位符

创建母版时，占位符非常重要，它能起到规划幻灯片结构的作用。占位符就是先占住一个固定的位置，等着添加内容的符号。占位符在幻灯片上，表现为一个虚框，虚框内部往往有“单击此处添加标题”之类的提示语，一旦鼠标点击之后，提示语会自动消失。

拖拽调整母版标题占位符与副标题占位符的位置，并调整占位符样式以适应背景，如图4－24所示。使用相同方式添加其他幻灯片背景，并调整标题占位符位置及样式以适应背景。

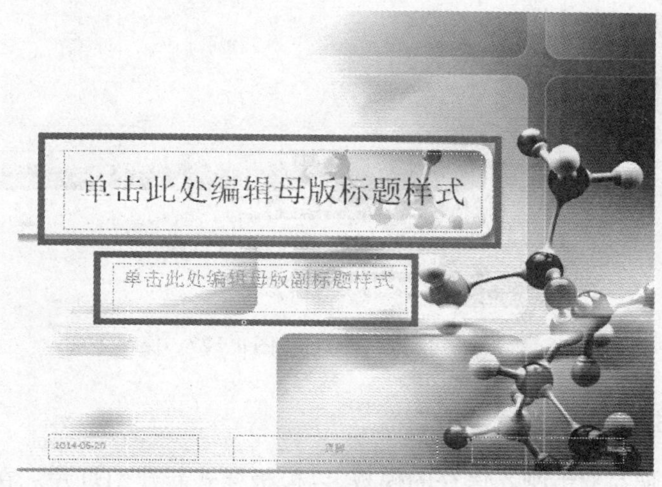


图4－24　设置占位符1

选择占位符，出现“绘图工具→格式”工具栏，选择艺术字样式中的艺术字，设置占位符默认显示艺术字效果，如图4－25所示。

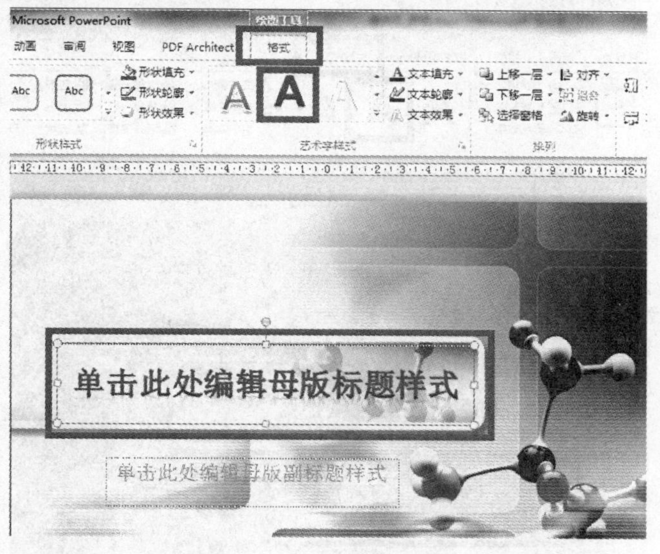


图4－25　设置占位符3

现在已经制作好了所需要的模板文档，接下来就是保存母版了。点击菜单中“文件→另存为”，打开“另存为”对话框，如图4－26所示；选择文档保存的位置，在“保存类型”中选择PowerPoint模板(＊.potx)或者PowerPoint 97－2003模板(＊.pot)，点击“保存”按钮，如图4－27所示。

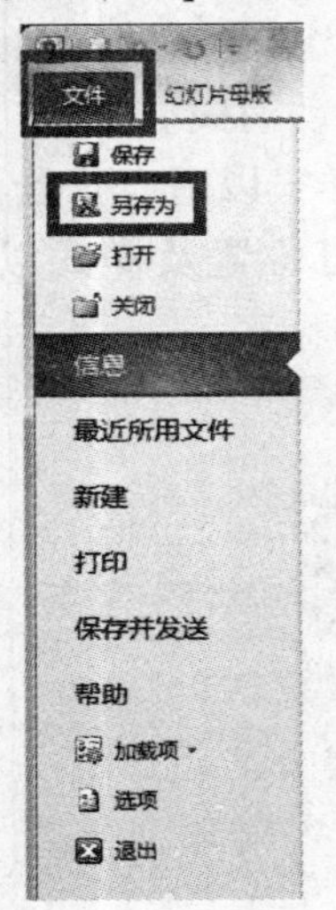


图4－26　保存1

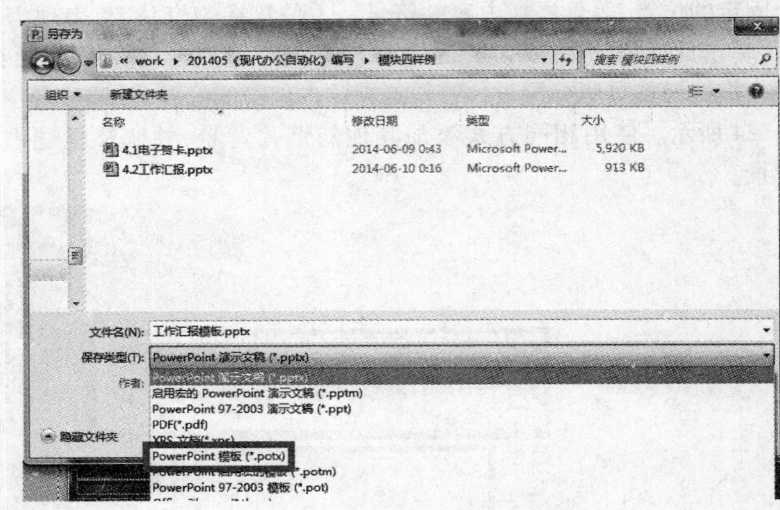


图4－27　保存2

### 4.2.3　使用艺术字

直接在资源管理器双击刚才保存的模板，以模板样式新建幻灯片。在幻灯片的标题处输入标题及副标题。因为母版占位符设置的原因，标题自动使用艺术字效果；为副标题设置艺术字效果，需要先选中副标题，点击菜单中“绘图工具→格式”栏，选择其中的某种艺术字样式即可，如图4－28所示。

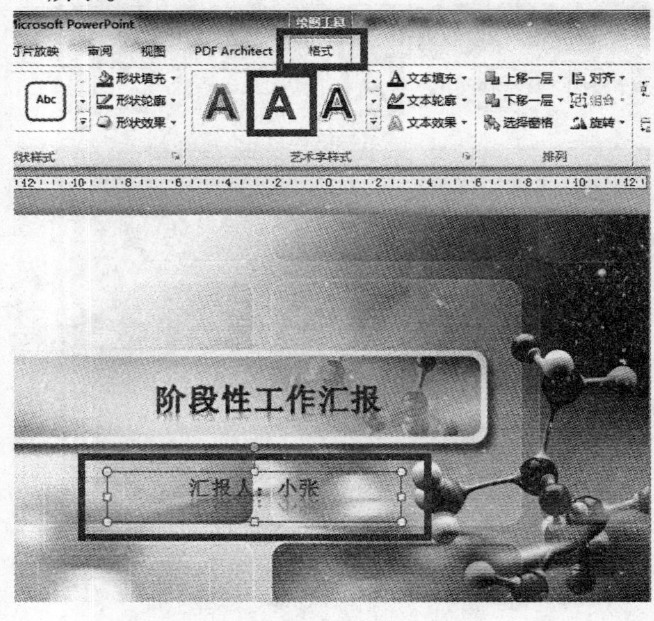


图4－28　使用艺术字

### 4.2.4　添加动画

在封面之后，新增幻灯片（方法详见 4.1.1）并添加汇报内容。之后，点击菜单中“动画”工具栏，选中要添加动画的内容，再选择动画效果，如图 4－29 所示。点击“动画窗格”，可以看到本页的全部动画效果，也可以在幻灯片上看到动画执行的顺序（用数字表示，数字越小，执行顺序越靠前），如图 4－30 所示。动画效果设定完毕后，可点击放映按钮“ ”查看效果。

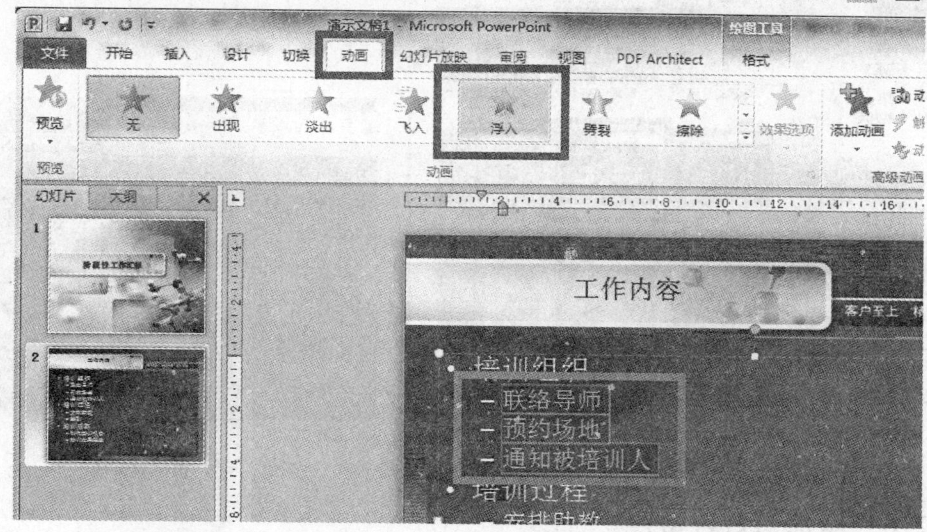


图 4－29　添加动画 1

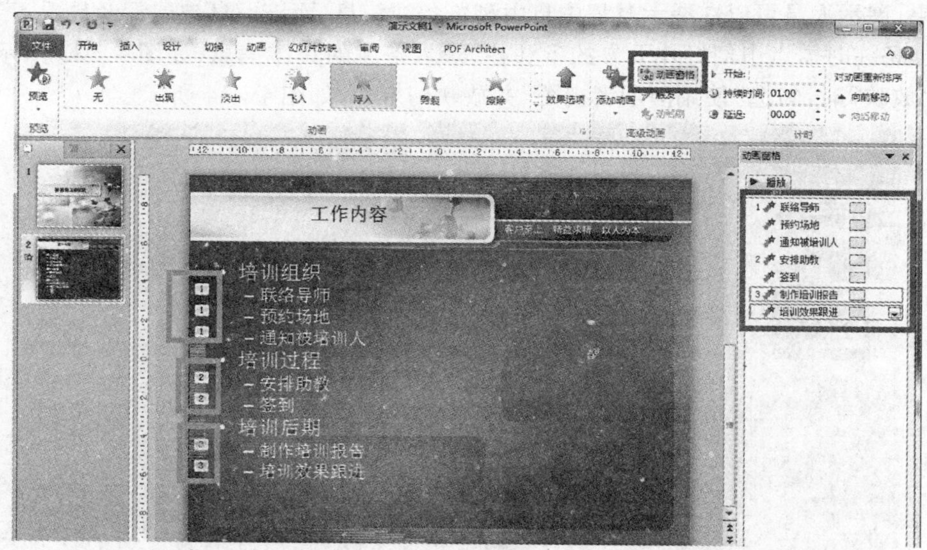


图 4－30　添加动画 2

### 4.2.5 更改幻灯片版式

编辑幻灯片时，可随时对幻灯片版式进行修改，以追求演示文稿达到最佳效果。具体操作是新建幻灯片之后，在大纲中该幻灯片缩略图上点击右键，在出现的菜单栏中点击“版式”中的“比较版式”选项，如图 4－31 所示，更改版式效果如图 4－32 所示。

图 4－31　更改幻灯片版式 1

图 4－32　更改幻灯片版式 2

### 4.2.6 添加幻灯片备注

备注，是幻灯片展示的重要功能，当有两个或两个以上屏幕用于展示幻灯片时，备注会产生效果，展示人员可以在展示过程中自由浏览备注信息，而该信息被展示者是看不到的。

添加备注时需点击幻灯片下方的备注栏，录入备注的具体信息，如图 4－33 所示；点击“幻灯片放映”时，勾选“使用演示者视图”并放映幻灯片，如图 4－34 所示。

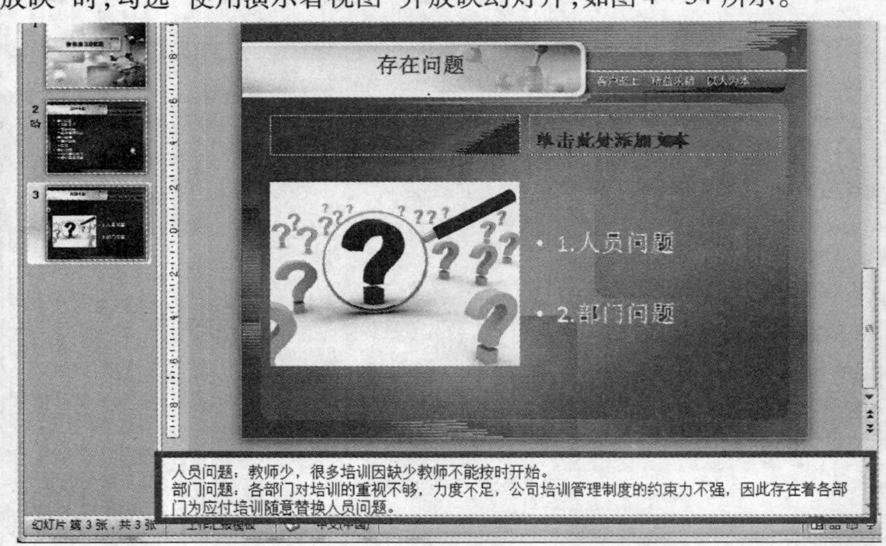


图 4－33　幻灯片备注 1

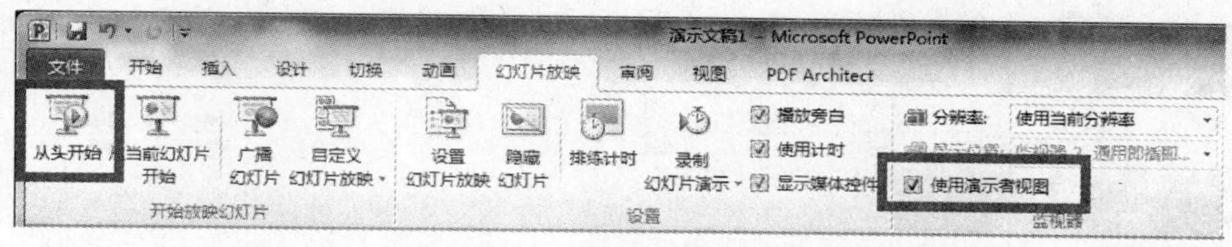


图 4－34 幻灯片备注 2

展示者可以在幻灯片展示及讲解时查看备注信息，如图 4－38 所示；而观众仅能看到该幻灯片内容，看不到备注信息。

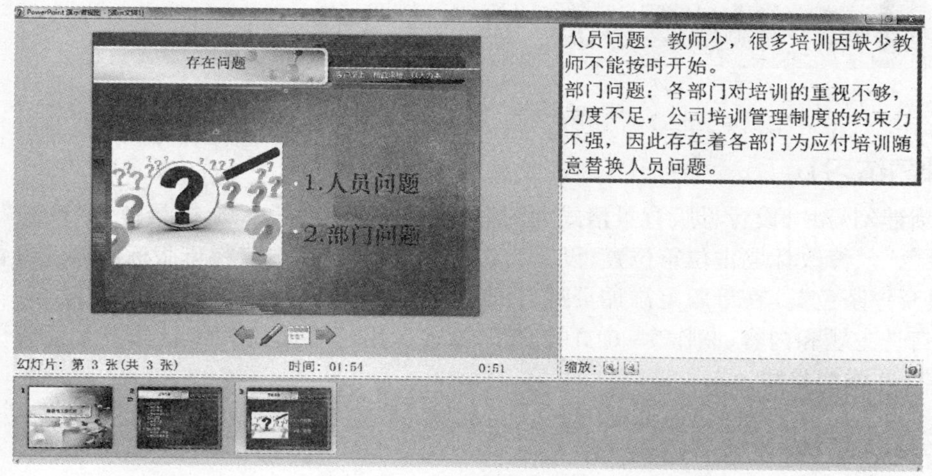


图 4－35 幻灯片备注 3

## 【工作小结与扩展】

通过本项工作任务的训练，需要重点掌握的是幻灯片母版、占位符及动画效果的设置操作方法等。

（1）在制作 PPT 的过程中，可以运用幻灯片母版对 PPT 进行全局更改，并使该更改应用到演示文稿中的所有幻灯片，以节约时间，提高 PPT 的制作效率。通常可以使用幻灯片母版进行下列操作：

① 更改字体或项目符号。

② 插入要显示在多个幻灯片上的艺术图片（如徽标）。

③ 更改占位符的位置、大小和格式。

（2）设置演示文稿展示的动画效果，还可以利用“切换”工具栏对切换幻灯片的效果进行设置，如图 4－36 所示。

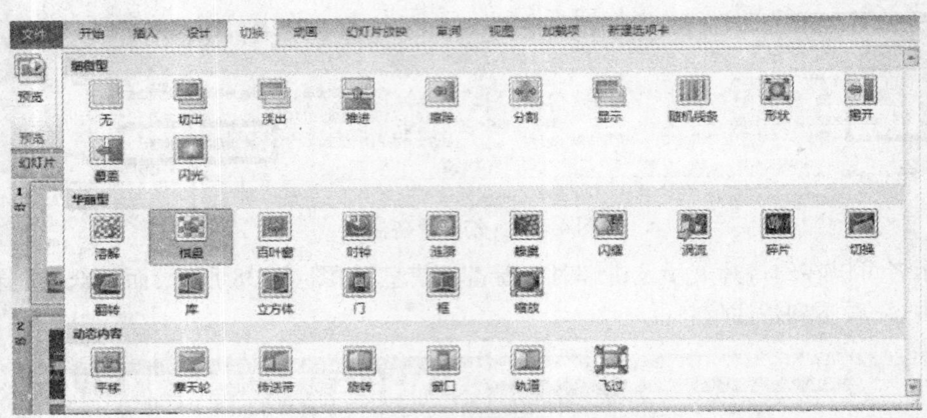


图 4－36　幻灯片切换

【课后练习】

1. 新建幻灯片，设置母版背景格式为图案“浅色下对角线”填充，前景色为“浅绿”，背景色为“橙色”。修改标题占位符位置，设置为在幻灯片顶端，靠右。将母版标题样式设置为艺术字“填充→茶色”。在母版上添加页脚、日期、页码。

2. 自选主题和内容，制作 5 ~6 页的 PPT，要求运用已掌握的 PPT 制作技术设置母版及动画效果，并添加备注。

## 4.3　工作任务：制作产品策划演示文稿

【学习目标】

通过本项工作任务的训练，掌握幻灯片中超链接的添加以及图表的插入方法，掌握幻灯片的放映命令及幻灯片文档的打包输出功能，熟悉幻灯片文档的打印设置操作。

【工作情境】

市场部助理小刘负责起草公司新产品的产品营销策划演示文稿，内容主要包括产品简介、销售目标、市场现状、目标市场、营销计划、优惠方针、行动方案、营销预算、控制九个部分。具体式样如图 4－37 所示。

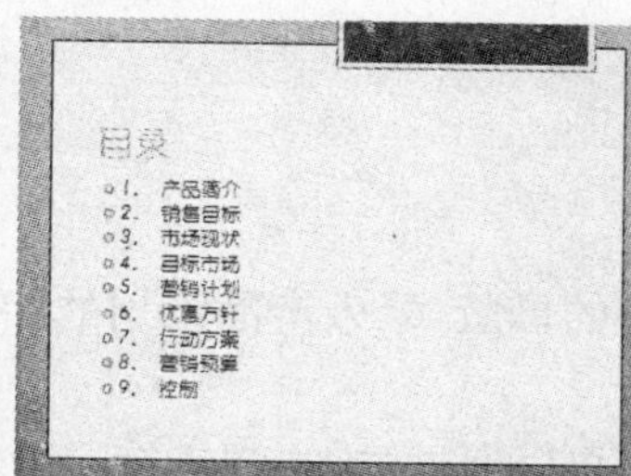


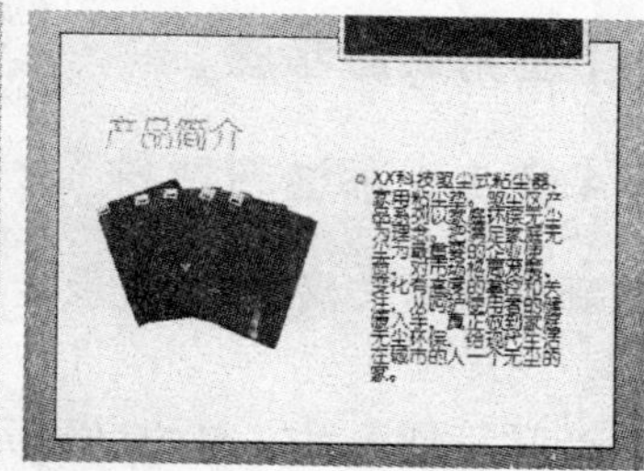


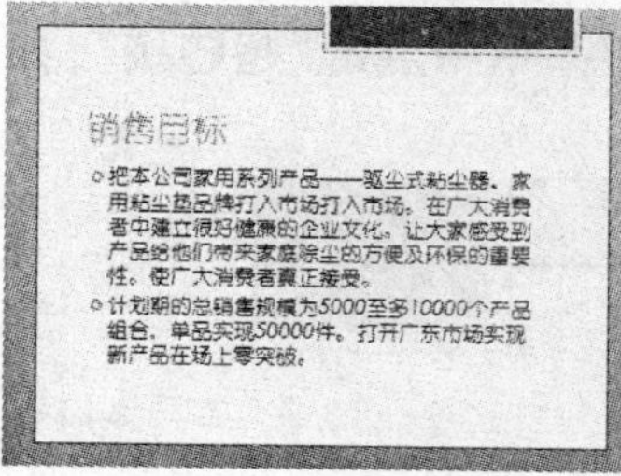


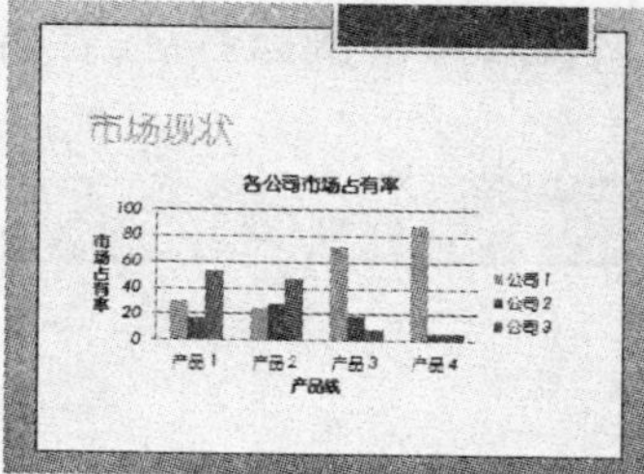


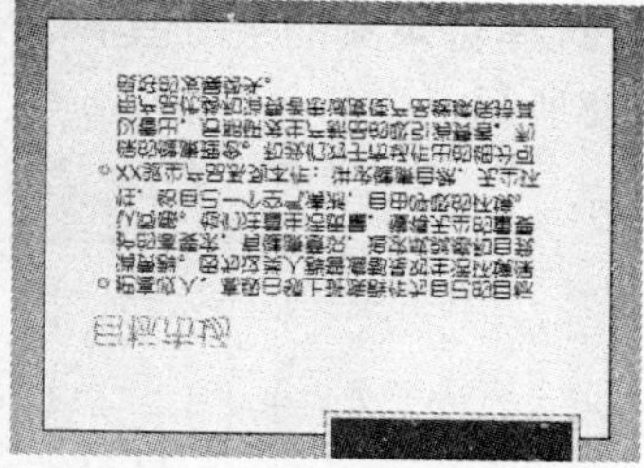



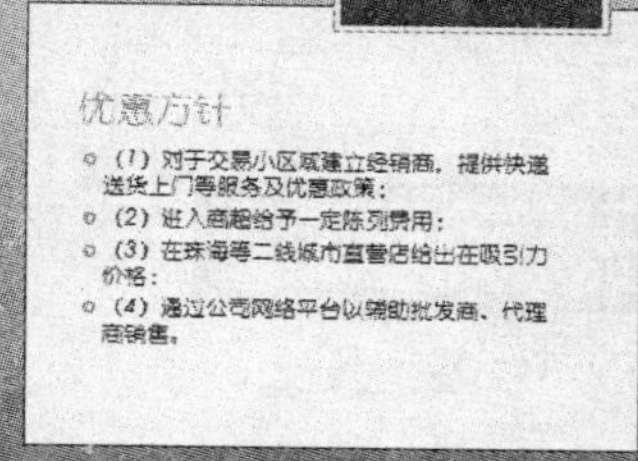


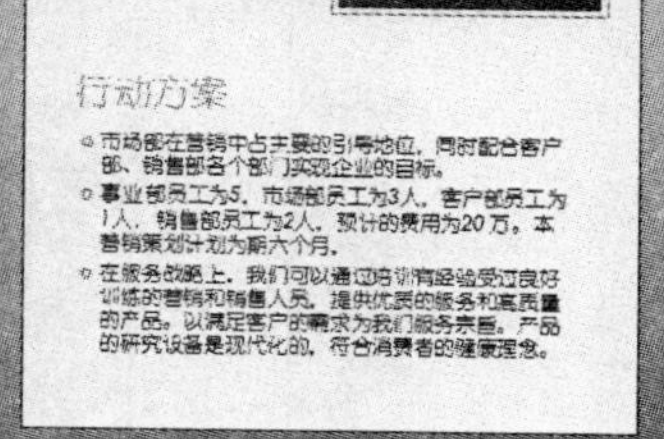


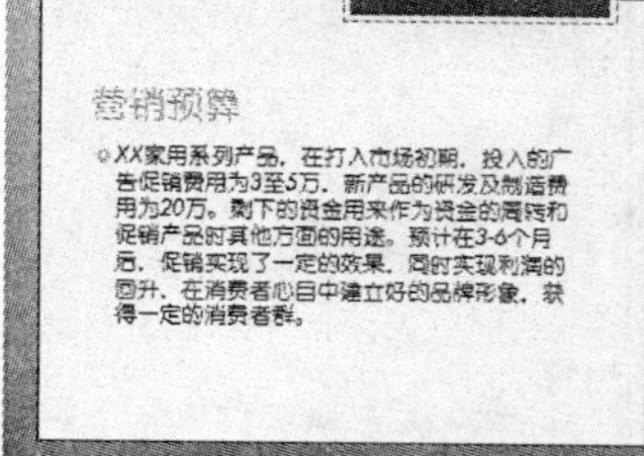


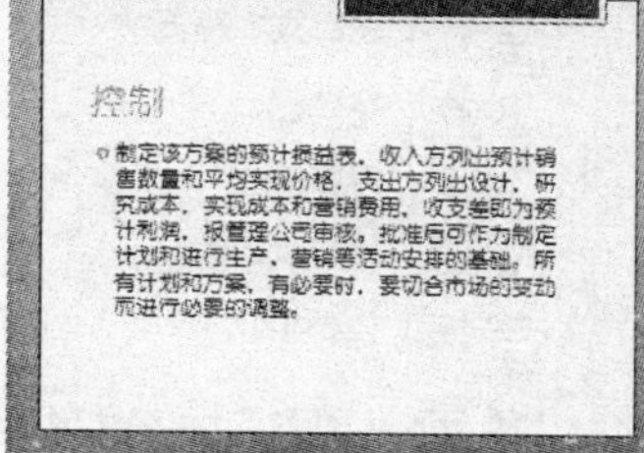

图 4－37　产品策划演示文稿示例图

## 【任务分析】

此项工作任务涉及要运用的 PowerPoint 技术有：

- 幻灯片中图表的插入；
- 幻灯片的放映命令；
- 幻灯片文档的打包输出；
- 幻灯片文档的打印设置。

【任务关键步骤】

### 4.3.1 添加超链接

新建演示文稿、设计演示文稿的母版、录入产品策划的相关内容、插入图片等操作不再详述。

产品策划演示文稿的目录页,可以通过添加“超链接”,使目录中的每个标题与之后相应内容的幻灯片链接起来。在播放演示文稿时,可以快捷地打开任意标题的相应内容。

选择目录页的某一具体章节名称,点击鼠标右键,在右键菜单中点击“超链接”,如图4-38所示。

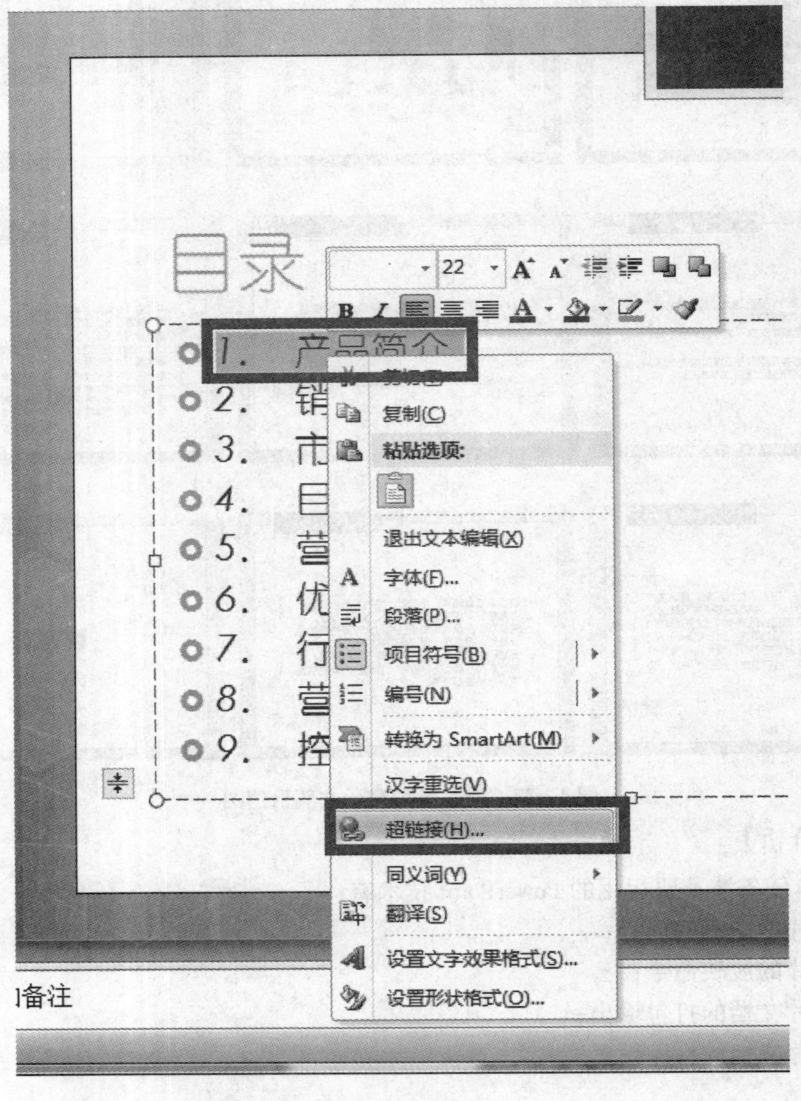


图4-38 超链接1

因为是本文档“产品简介”章节的目录，选择“本文档中的位置”、“产品简介”，点击“确定”，如图 4－39 所示。目录“产品简介”变为超链接状态，如图 4－40 所示。

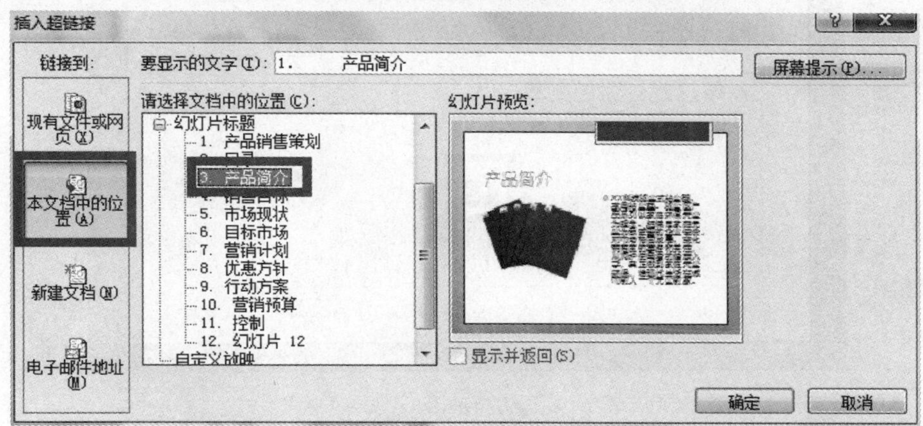


图 4－39　超链接 2

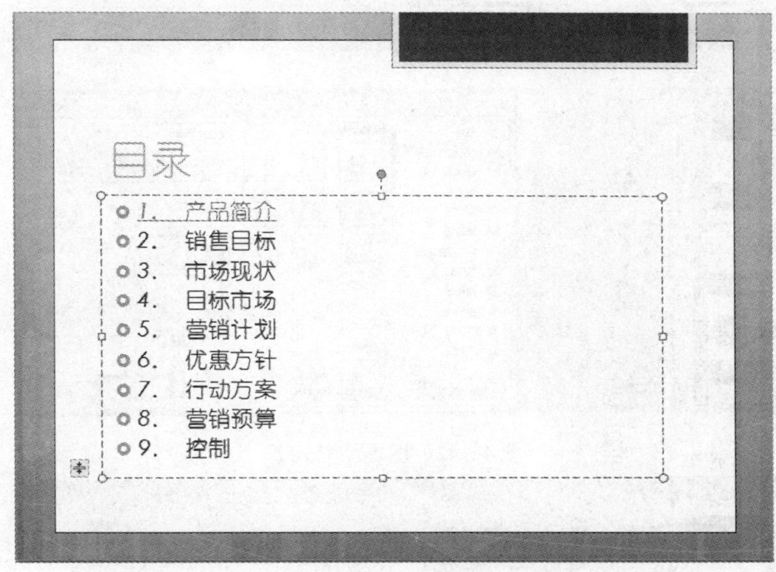


图 4－40　超链接 3

## 4.3.2　插入图表

在产品策划演示文稿中，需要运用图表来展示市场状况，PowerPoint2010 软件具有很强大的图表功能。

要在幻灯片中插入图表，可以点击占位符中的插入图表按钮“ ”，打开“插入图表”对话框，如图 4－41 所示；也可选择菜单中“插入”工具栏中的“ 图表”按钮来打开“插入图表”对话框，选择柱形图，点击“确定”按钮，如图 4－42 所示；然后在弹出图表数据编辑的 Excel 表格中，填写图表内容及数值，如图 4－43 所示。

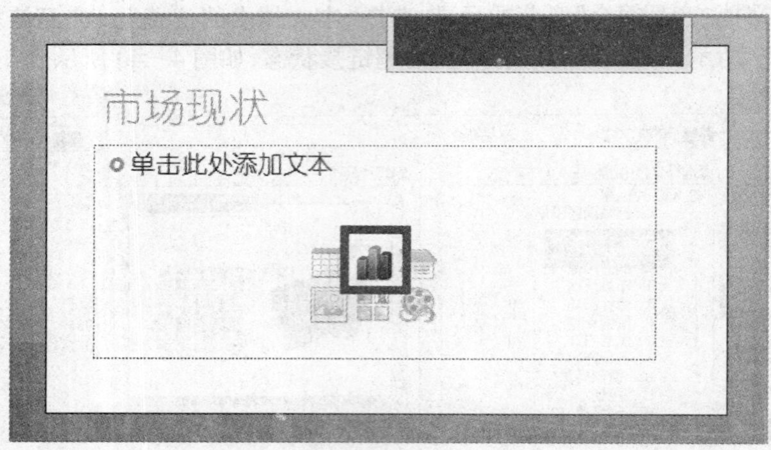


图 4－41　图表的插入 1

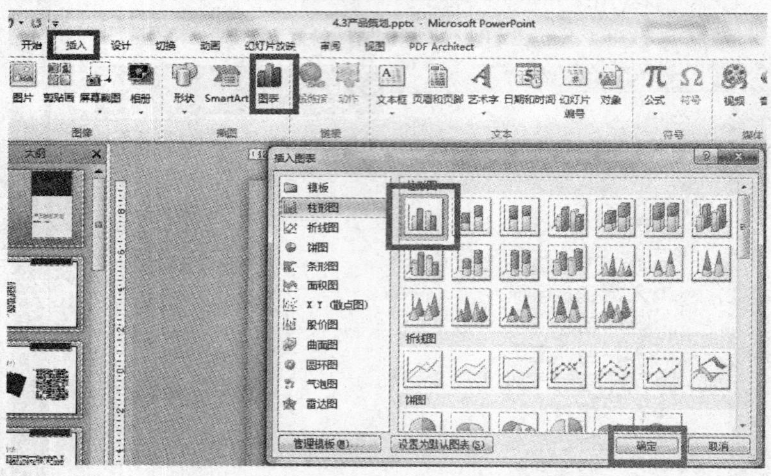


图 4－42　图表的插入 2

A9

| | A | B | C | D | E | F | G |
|---|---|---|---|---|---|---|---|
| 1 | | 公司 1 | 公司 2 | 公司 3 | | | |
| 2 | 产品 1 | 30 | 17 | 53 | | | |
| 3 | 产品 2 | 25 | 28 | 47 | | | |
| 4 | 产品 3 | 72 | 19 | 9 | | | |
| 5 | 产品 4 | 88 | 5.9 | 6.1 | | | |
| 6 | | | | | | | |
| 7 | | | | | | | |
| 8 | | 若要调整图表数据区域的大小，请拖拽区域的右下角。 | | | | | |
| 9 | | | | | | | |
| 10 | | | | | | | |
| 11 | | | | | | | |

图 4－43　图表的插入 3

选择“图表工具”栏，点击“设计”，可以修改图表布局及样式，如图4－44所示；填写图表标题及横纵坐标轴标题并修改样式，如图4－45所示。

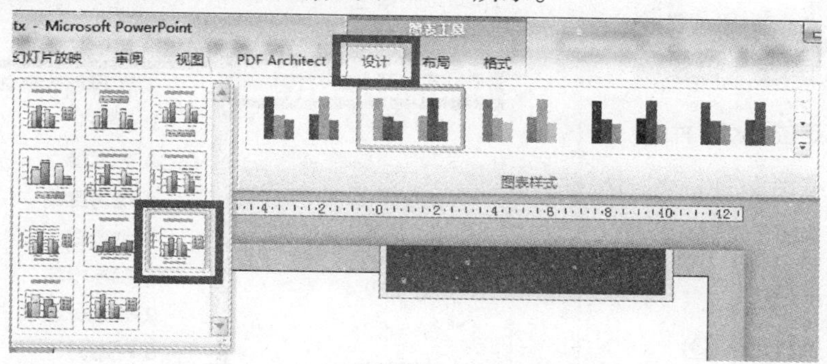


图4－44　图表的插入4

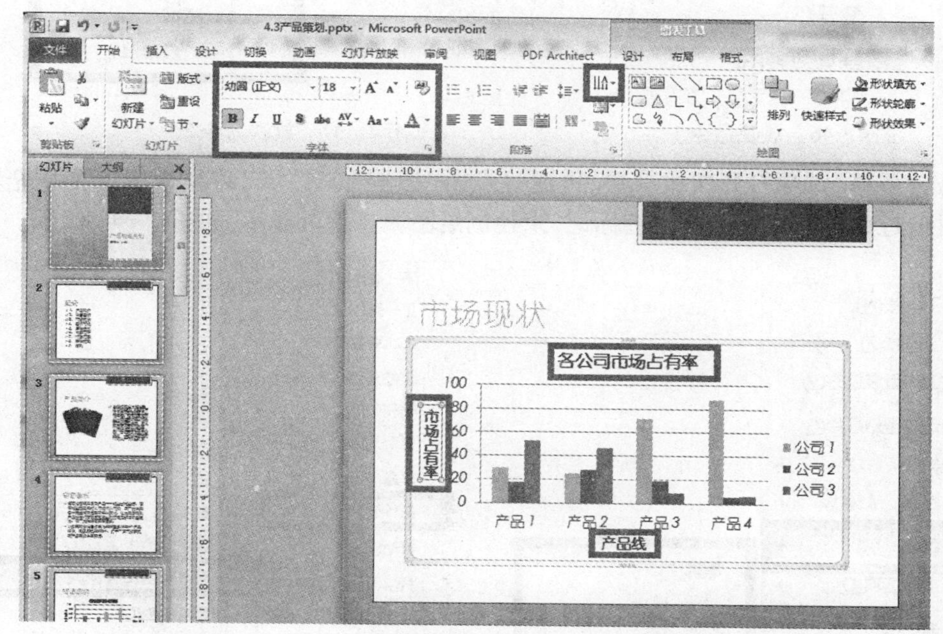


图4－45　图表的插入5

### 4.3.3　放映幻灯片

前面已经简单介绍了如何放映幻灯片，这里将详细介绍幻灯片放映的其他相关功能。

在放映幻灯片时，用户可以随意地控制放映的流程。在屏幕上任意处单击鼠标右键，打开一个快捷菜单，如图4－46所示，用户使用它就可以控制放映的过程。

例如“下一张”：选择该命令，可以继续放映下一张幻灯片；“上一张”：选择该命令，可以返回到上一张幻灯片中。当点击“定位至幻灯片(G)”选项时，将打开次级菜单，如图4－47所示，可以定位播放任一页幻灯片。

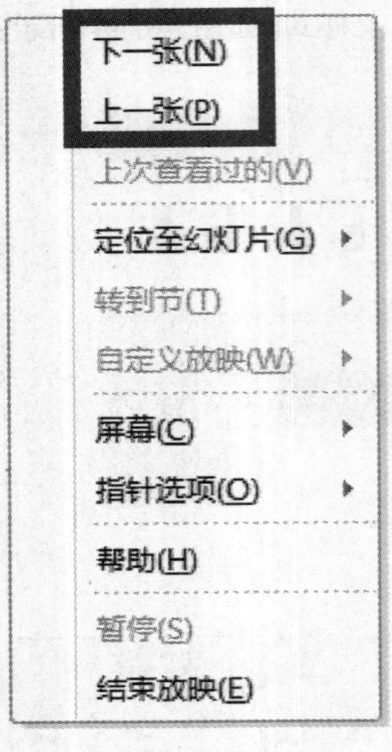


图 4－46　放映命令 1

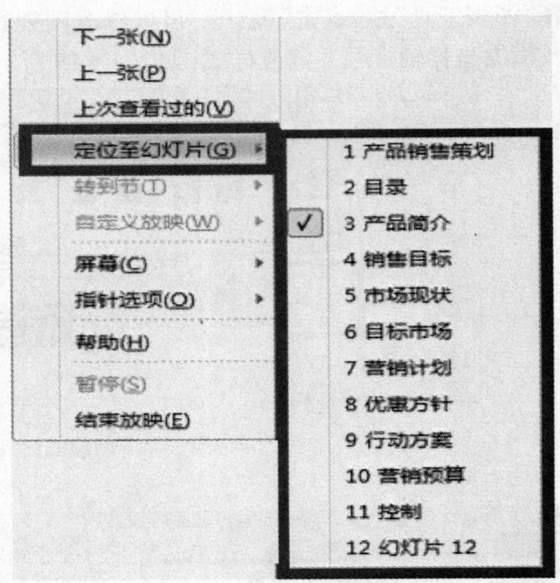


图 4－47　放映命令 2

点击“屏幕”选项打开次级菜单，可通过点击“黑屏”、“白屏”将整个屏幕变成全黑、全白，并可通过点击“显示/隐藏墨迹标记”来控制绘图墨迹是否显示，如图 4－48 所示。

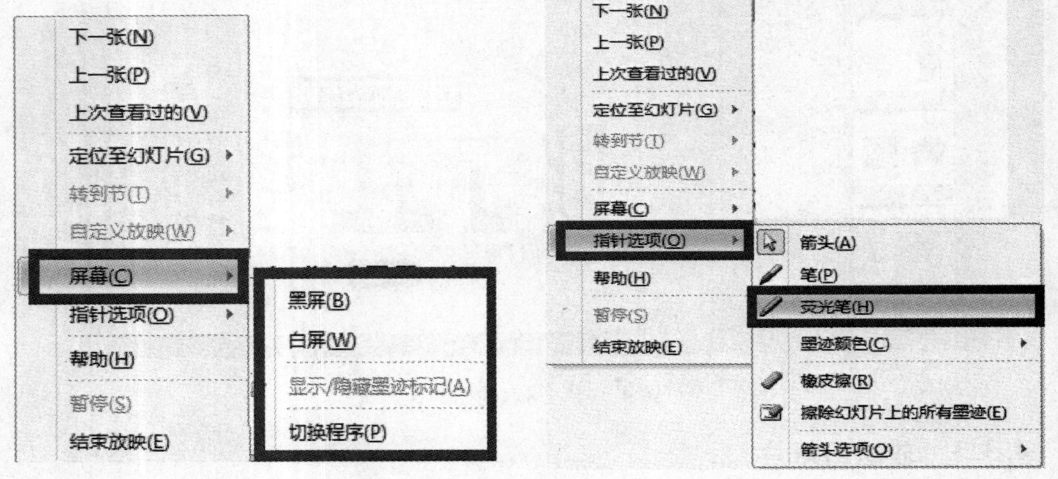


图 4－48　放映命令 3　　图 4－49　放映命令 4

点击“指针选项”选项，打开次级菜单，如图 4－49 所示，可以选择“笔”及“荧光笔”在幻灯片放映窗口中绘图，效果如图 4－50 所示，“墨迹颜色”可选择绘图笔颜色。“橡皮擦”及“擦除幻灯片上的所有墨迹”可清除绘图痕迹。

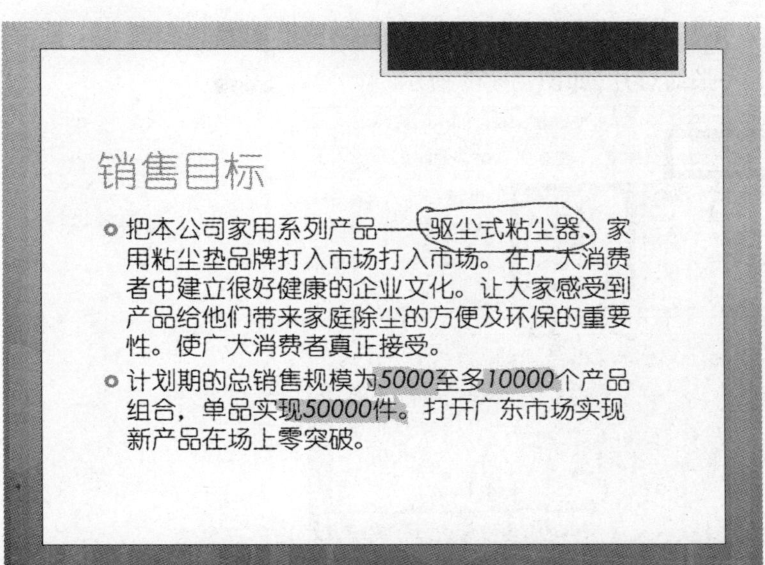


图 4－50　放映命令 5

单击“帮助”选项，将打开“幻灯片放映帮助”对话框，如图 4－51 所示；单击“结束放映”可以结束幻灯片播放。

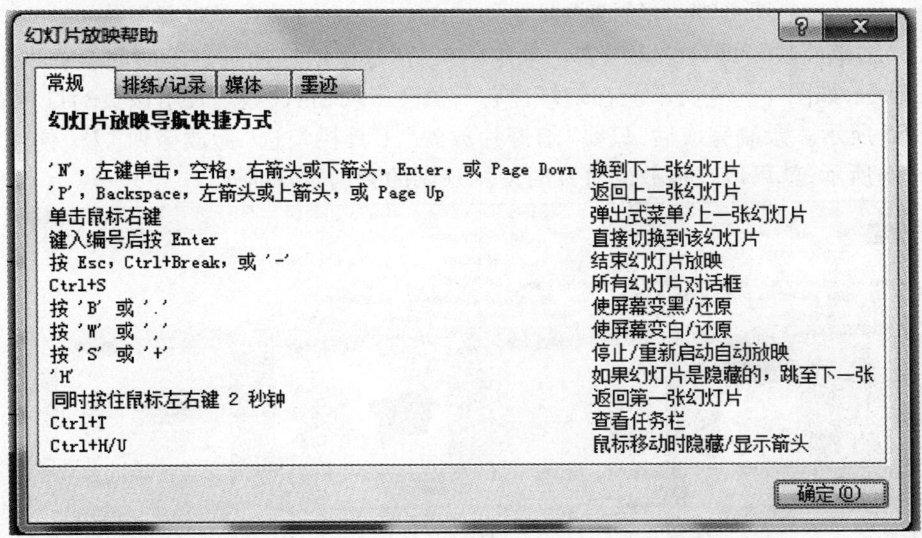


图 4－51　放映命令 6

## 4.3.4　录制放映旁白

录音功能只能为一张幻灯片做一次录音，若要为整份演示文稿制作完整的语音旁白，可使用“录制旁白”功能，如此不必为所有幻灯片逐一录音，从而解决声音文件与幻灯片无法同步播放的难题。

选择菜单中“幻灯片放映”工具栏，选择“录制幻灯片演示”按钮，弹出“录制幻灯片演示"对话框，点击"开始录制"，如图 4－52 所示，可录制音频旁白及绘图；可点击"➡下一项"按钮进入下一张幻灯片，如图 4－53 所示。

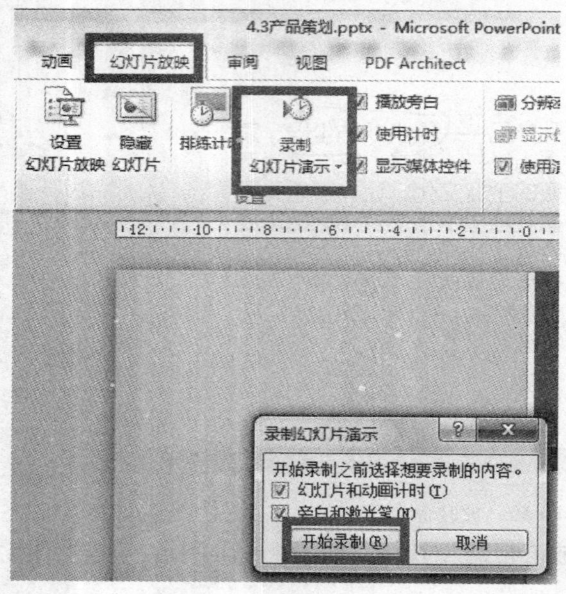


图 4－52　录制旁白 1

图 4－53　录制旁白 2

点击"结束放映"，即可结束录音。录制结束后，每张幻灯片录制的时间会在"幻灯片浏览"视图显示，如图 4－54 所示。在幻灯片右下角会出现喇叭标志，表示该页幻灯片有旁白，如图 4－55 所示。录制完成后，只要"幻灯片放映"工具栏勾选"播放旁白"及"使用计时"，如图 4－56 所示，就可以在播放幻灯片时使用录制的旁白及计时了。

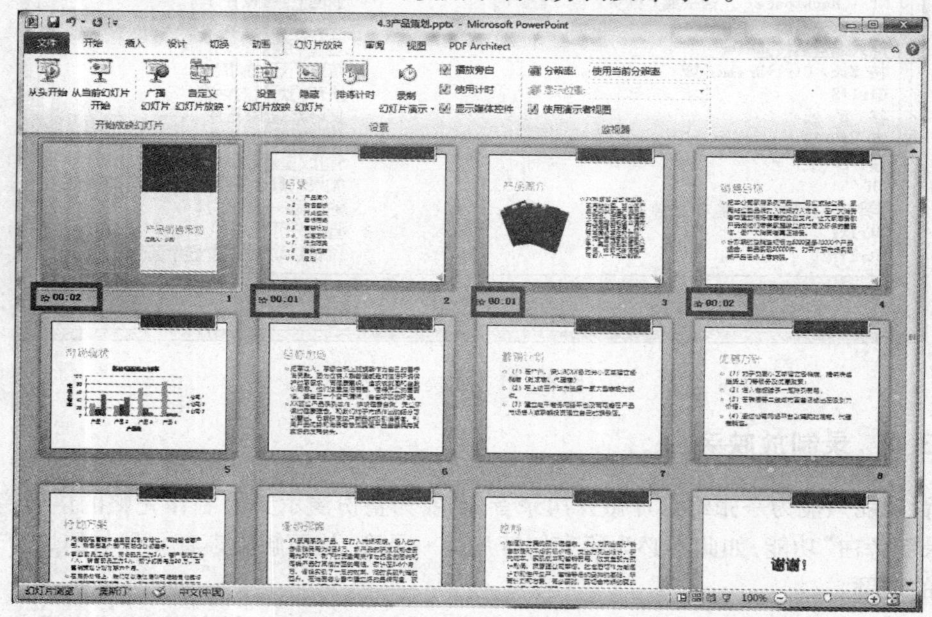


图 4－54　录制旁白 3

图 4－55 录制旁白 4

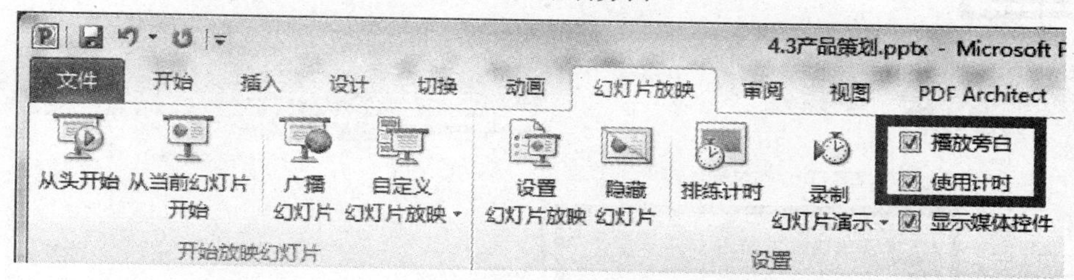


图 4－56 录制旁白 5

完成后，可通过执行“幻灯片放映→录制幻灯片演示→清除”命令操作，来清除录制的幻灯片旁白，如图 4－57 所示。

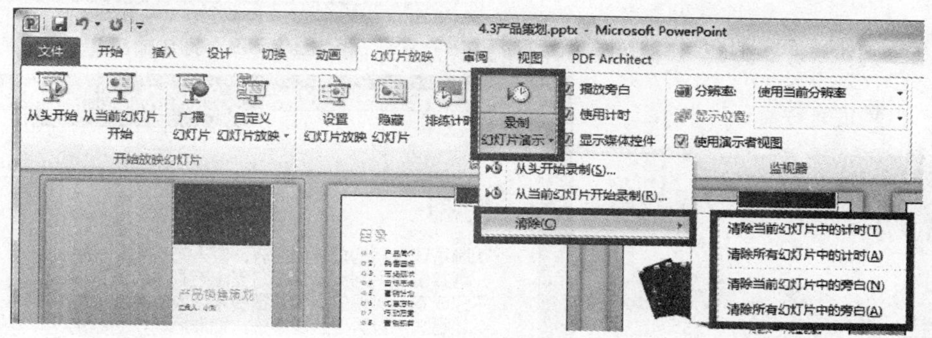


图 4－57 录制旁白 6

### 4.3.4 演示文稿打包输出

所谓打包，指的就是将独立的已整合起来共同使用的单个或多个文件，集成在一起，生成一种独立于运行环境的文件。将 PPT 打包能解决运行环境的限制和文件损坏或无法调用的不可预料的问题。比如，打包文件能在没有安装 PowerPoint、Flash 等环境下运行，在目前主流的各种操作系统下运行。

具体操作是点击菜单中“文件”工具栏，选择“保存并发送”中的“创建视频”选项，如

图 4－58 所示；在弹出的对话框中填写文件名，保存视频文件，如图 4－59 所示。生成的视频文件，如图 4－60 所示，可点击直接播放，播放效果如图 4－61 所示。

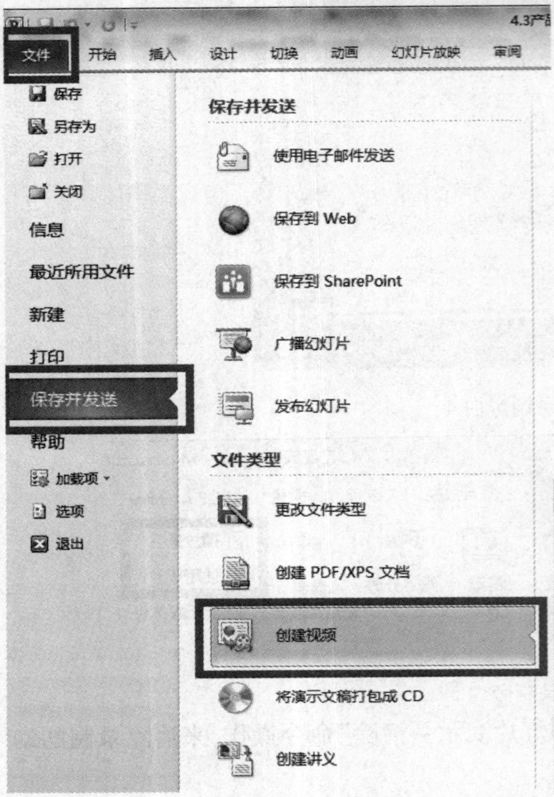

图 4－58　打包输出 1

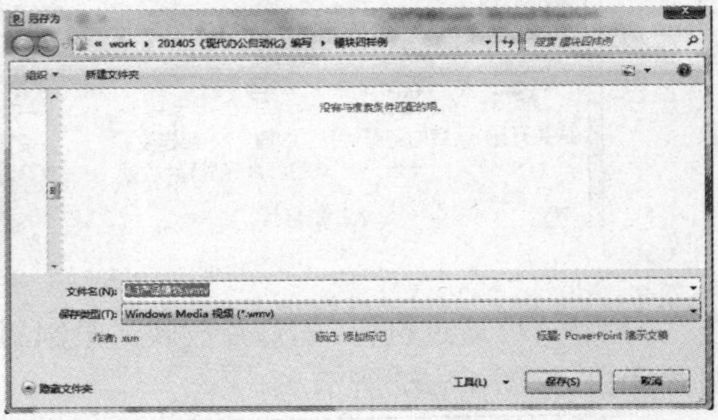

图 4－59　打包输出 2

图 4－60　打包输出 3

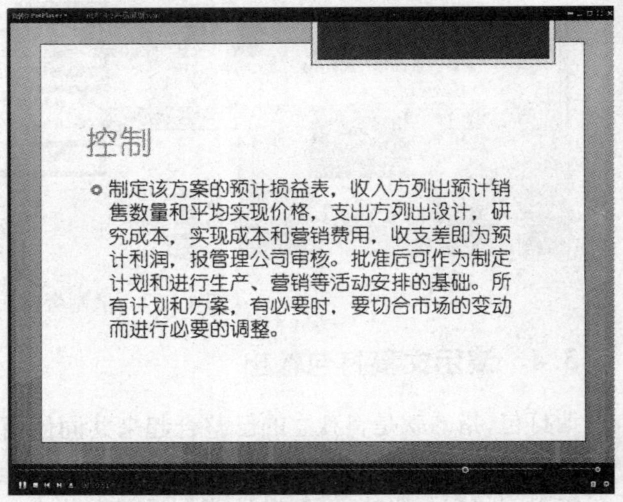


图 4－61　打包输出 3

### 4.3.5 演示文稿打印

演示文稿除了可以在屏幕上演示以外，还可以被打印出来。操作方法是点击菜单中"文件"工具栏，选择"打印"选项，即可设置幻灯片打印效果，如图4-62所示。点击"设置"选项，可设定打印演示文稿的范围；点击"整页幻灯片"选项，可以设置每一页纸打印的幻灯片张数，如图4-63所示；点击"颜色"按钮，可以设置幻灯片打印的颜色效果，如图4-64所示；点击"编辑页眉和页脚"选项，可以设置打印演示文稿的页眉和页脚的文字和效果；设置完成后点击"打印"按钮，即可打印幻灯片文档，如图4-65所示。

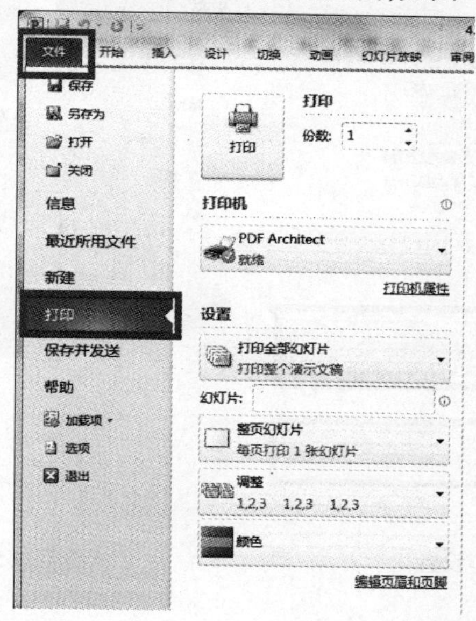


图4-62 打印设置1

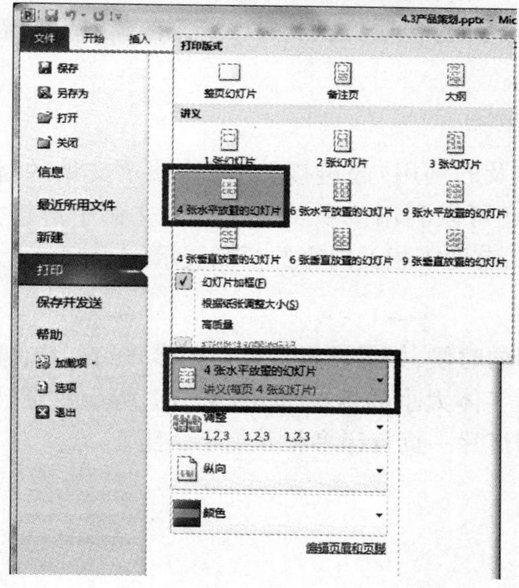


图4-63 打印设置2

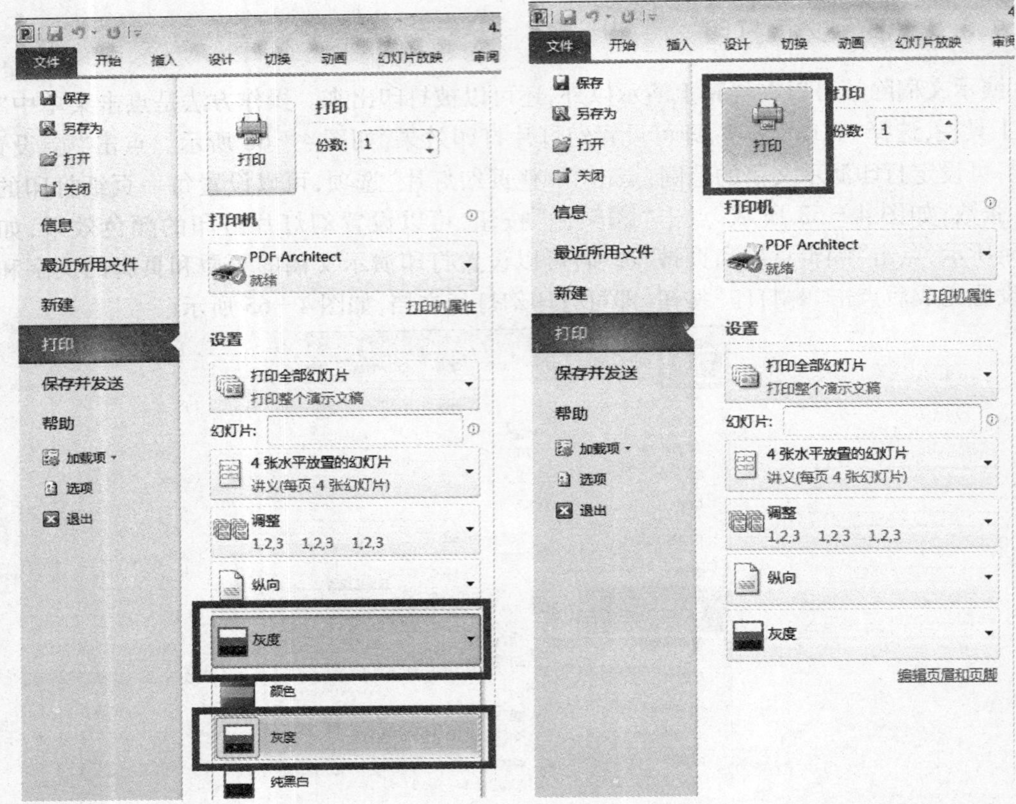


图 4－64　打印设置 3　　　　图 4－65　打印设置 4

## 【工作小结与扩展】

通过本项工作任务的训练，需要重点掌握幻灯片中超链接、图表的插入方法，掌握幻灯片的放映命令、打包输出以及打印等操作。以下介绍与本项工作任务相关的一些操作。

1. 超链接

除了本工作任务中涉及的利用“超链接”功能将演示文稿的目录与相关内容页进行链接以外，还可以利用该项功能在演示文稿中链接文档、网页、邮件，如图 4－66 所示，有助于相关内容的便利展示。

2. 多页打印

在演示文稿多页打印的时候，如果设置一页打印多张幻灯片，常常出现幻灯片太小、页边距太大、字体太小的情况，如图 4－67 所示效果。可以通过其他一些技巧来实现幻灯片一页打印多张并缩小边距。

图 4－66　超链接

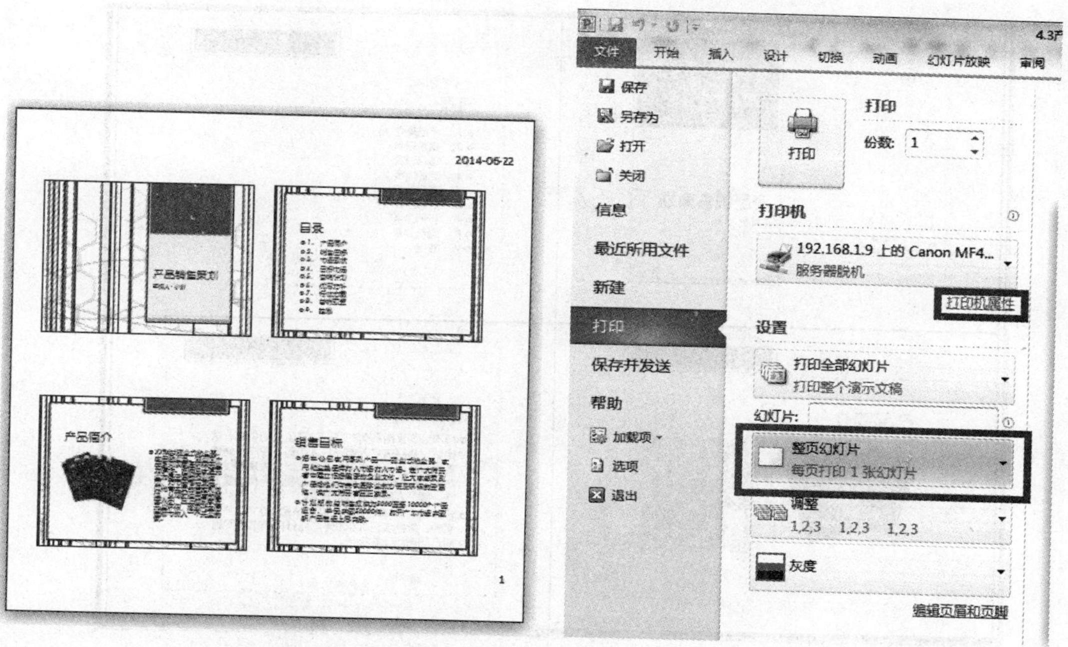


图 4 - 67　打印多页 1　　　图 4 - 68　打印多页 2

在打印时选择“整页幻灯片”选项，并点击“打印机属性”，如图 4 - 68 所示，设置页面布局为“4 合 1”（根据需要选择），如图 4 - 69 所示。打印效果如图 4 - 70 所示。

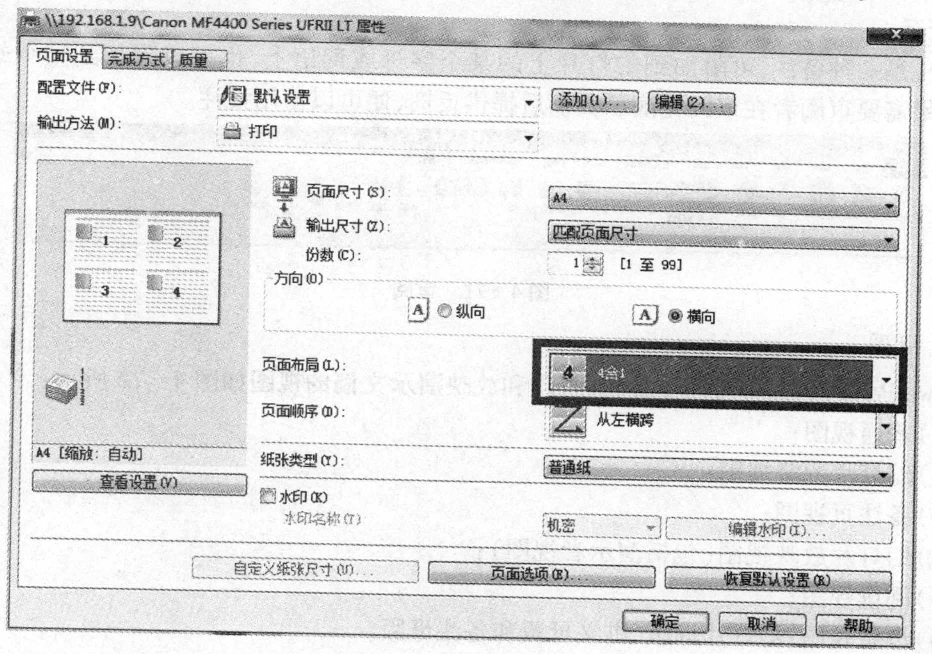


图 4 - 69　打印多页 3

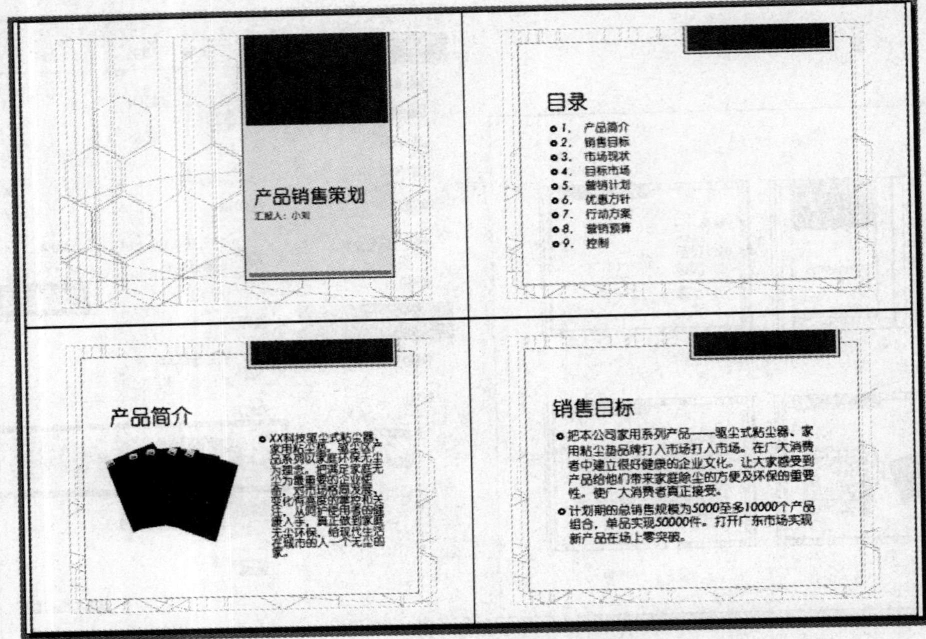


图 4－70　打印多页 4

3. 审阅

PowerPoint 2010 的审阅功能可用于校对文本、翻译以及显示标记和添加批注，如图 4－71所示。

批注是一种备注，可附加到幻灯片上的某个字母或词语上，也可以附加到整个幻灯片上。如果需要审阅者在审阅完演示文稿后提供反馈，便可以使用批注。

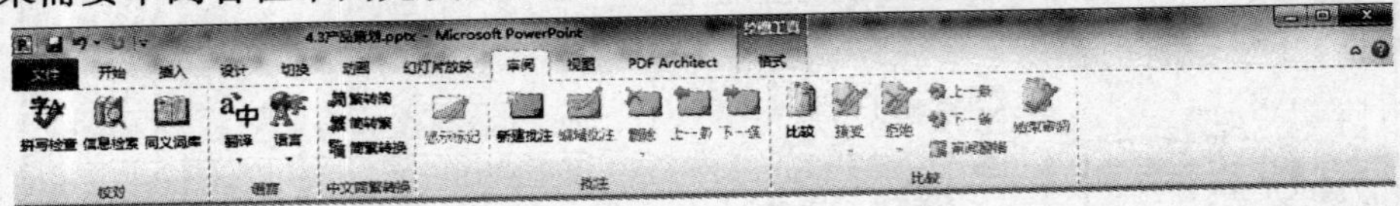


图 4－71　审阅

4. 视图

PowerPoint 2010 中可用于编辑、打印和放映演示文稿的视图如图 4－72 所示：

(1)普通视图；

(2)幻灯片浏览视图；

(3)备注页视图；

(4)幻灯片放映视图(包括演示者视图)；

(5)阅读视图；

(6)母版视图：幻灯片母版、讲义母版和备注母版。

可在两个位置找到 PPT 视图：“视图”选项卡上的“演示文稿视图”组和“母版视图”组中。

图 4－72 视图

在 PPT 窗口底部有一个易用的栏，其中提供了各个主要视图（普通视图、幻灯片浏览视图、阅读视图和幻灯片放映视图），如图 4－73 所示。

图 4－73 视图 2

## 【课后练习】

1. 新建幻灯片并插入如下图表：

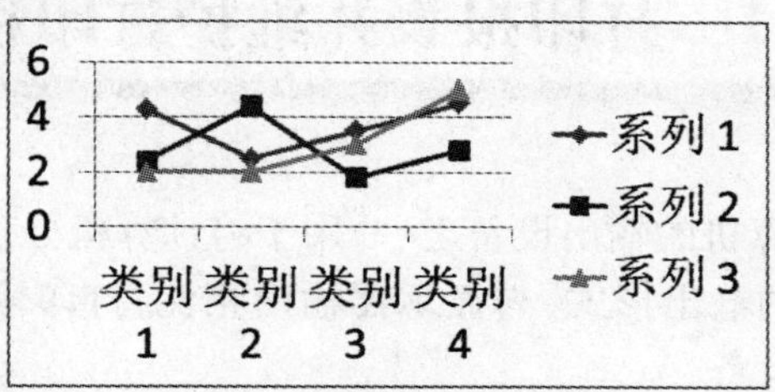


2. 放映幻灯片并用“笔”及“荧光笔”标出以下形状。

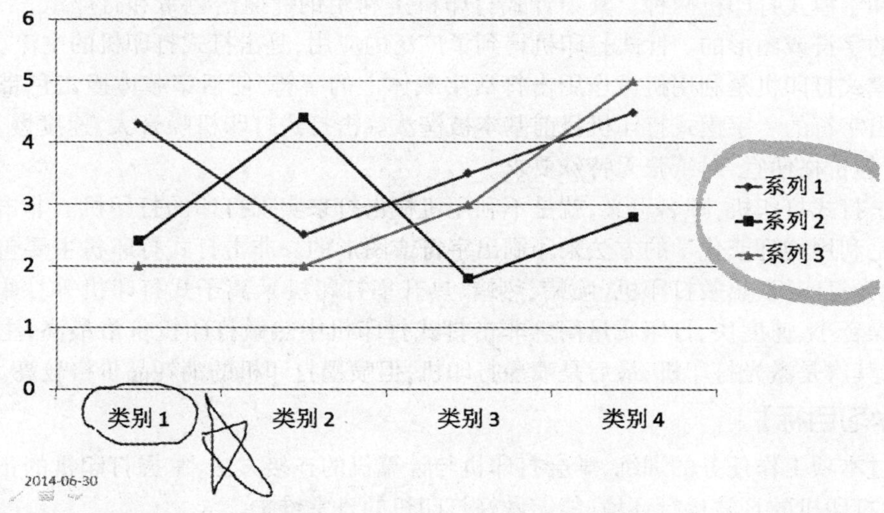


3. 录制该幻灯片放映旁白，每页放映 5 秒钟，并录制语音讲解。
4. 将该幻灯片打包为视频格式并放映。

# 模块5 现代办公设备的操作与日常维护

随着科技的发展,办公设备日益现代化。打印机、复印机、传真机、扫描仪、数码相机、数码摄像机、刻录机等已成为当今办公室中必备的办公设备。秘书或办公室人员必须掌握这些现代化办公设备的使用和日常维护方法,才能顺利开展日常的办公室工作。

## 5.1 打印报表并维护打印机

打印机(Printer)是计算机的输出设备之一,用于将计算机处理结果打印在相关介质上。打印输出是计算机最基本的输出形式,与显示器输出相比,打印输出可产生永久性记录,因此打印设备又称为硬拷贝设备。

击打式打印机主要是利用机械击打的作用来实现打印的。击打式打印机一般分为针式打印机和字模式打印机两种。其中针式打印机是利用钢针撞击色带和打印纸,来打印出点阵组成的字符或图形的。针式打印机得到了广泛的应用,是击打式打印机的主流。

字模式打印机是利用机械作用击打活字载体上的字符,使活字载体撞击色带和打印纸来打印出字符的。字模式打印机目前基本被淘汰。击打式打印机噪音大、速度慢、打出字的质量差,但价格便宜,对纸张无特殊要求。

非击打式打印机,顾名思义,就是不利用机械击打来实现打印的打印机。非击打式打印机一般是利用物理或化学的方法来印刷出字符或图形的。非击打式打印机主要包括喷墨打印机、激光打印机、热敏打印机(喷蜡、热蜡、热升华打印机)、离子式打印机等。非击打式打印机的噪音小、速度快、打印质量高。非击打式打印机中热敏打印机价格最高,主要用于专业领域,其次是激光打印机,最后是喷墨打印机,但喷墨打印机的消耗品价格较高。

**【学习目标】**

通过本项工作任务的训练,学会打印机与计算机的连接方法,掌握打印机的正确操作方法,熟悉打印机的日常运行环境,能够做好打印机的日常维护。

**【工作情境】**

办公室购置了新的打印机。打印机到货之后,秘书小王选择了一个适宜的环境将打印机放置、安装好,并把打印机日常操作与维护的注意事项打印出来,贴在办公室内供大家阅读使用。

**【任务分析】**

此项工作任务所涉及的技能有:

- 打印机与电脑的连接；
- 安装打印机驱动程序；
- 打印的正确操作方式；
- 维护打印机的运行环境；
- 打印机的日常维护。

【任务关键步骤】

## 5.1.1　打印机的使用与操作

1. 连接电脑

打印机(如图5-1所示)和电脑连接有两种形式:一种是通过USB数据线连接,另一种是通过并口连接。另外,单机连和多机共享打印机的连接方式有所不同。单机连接的操作方式详见1.3.2安装和卸载打印机的相关内容,这里不再详述。下面介绍多机共享打印机的连接方式。

图5-1　打印机

首先要弄清打印机的共享名,并查看其IP地址。比如我们看到这台打印机的IP地址为183.167.1.38。

2. 找到这台共享的打印机

(1)方法之一:打开“开始”菜单,单击“运行”按钮,在输入框内输入共享这台打印机的IP地址:\\183.167.1.38,如图5-2所示。

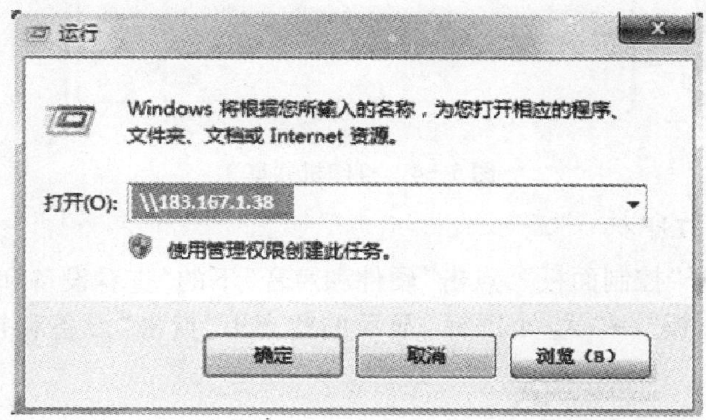


图5-2　打印机共享1

(2)方法之二：打开“网络”，在网络的计算机列表中找到共享这台打印机的计算机名，双击选择，如图 5－3 所示。

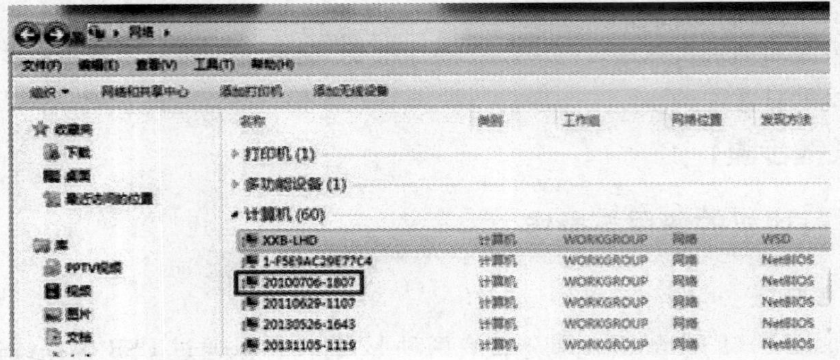


图 5－3　打印机共享 2

## 3. 安装驱动程序

打开这台计算机的共享文件夹，找到这台打印机，右键单击打印机，点击“连接”，会自动提示从共享打印机的这台电脑获取并安装驱动程序，点击“安装驱动程序”按钮，如图 5－4 所示。

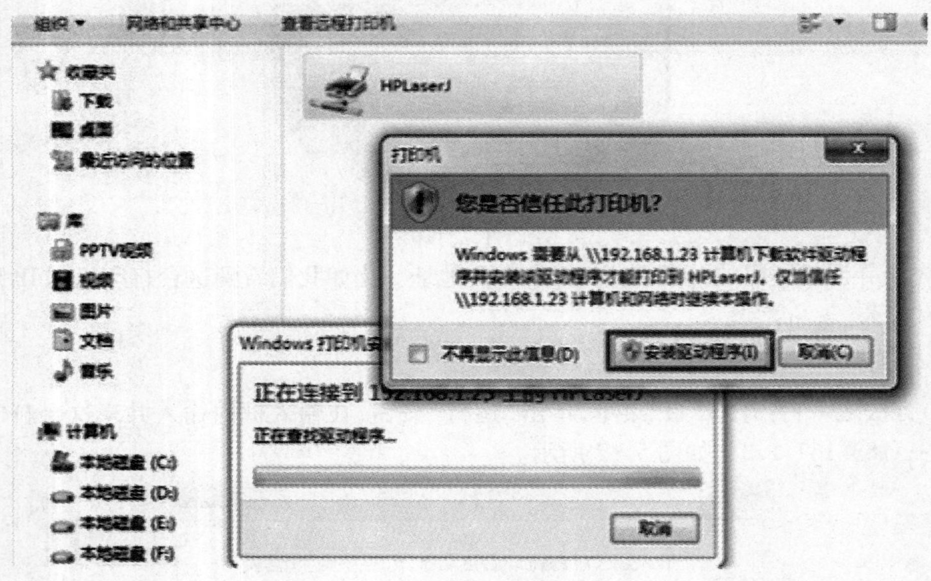


图 5－4　打印机共享 3

## 4. 查看设备和打印机

安装完成后，打开“控制面板”，点击“硬件和声音”下的“查看设备和打印机”，如图5－5 所示；或者在“控制面板”→“大/小图标”显示的状态下，点击“设备和打印机”，如图 5－6 所示。

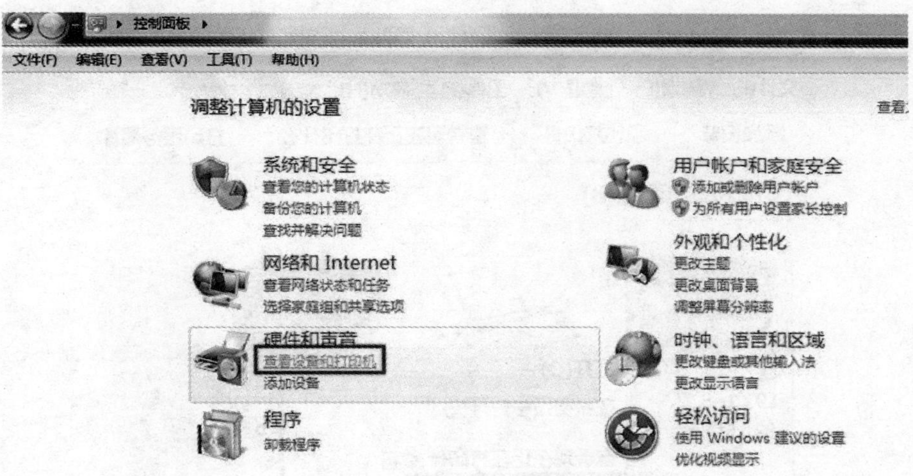


图5－5　打印机共享4

图5－6　打印机共享5

### 5. 设置为默认打印机

在打开的“设备和打印机”界面，选中这台打印机并单击右键，点击“设置为默认打印机”，如图5－7所示，即可正常使用。

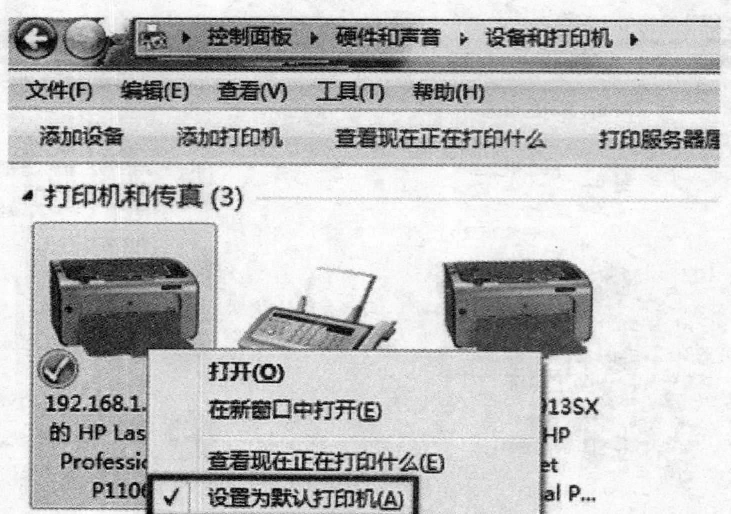


图 5-7 打印机共享 6

## 5.1.2 打印机的日常维护

1. 打印机的运行环境维护

打印机所处的周围环境主要涉及温度、湿度、清洁、供电、电磁干扰等方面。随着硬件技术的不断发展，打印机零部件抗环境影响的能力也越来越强。目前打印机对环境的要求也很低，但为了能够更好地维护打印机，还是要注意一下打印机的使用环境。在打印机的大部分故障中，因环境因素所造成的故障还是占不小比例的。

(1)环境温度

打印机运行时的适宜环境温度是 10～35℃，这一温度常称作常温或室温。温度过高或过低，都不能保证打印机正常运行。温度过低，会使打印机中的一些机械部件变脆，使其抗震、拉、扭的能力减退。如在低温下，电缆会变硬，在弯折时就易断裂，会使打印机主板中的电子元器件或集成电路的性能发生变化。过高的温度对打印机的运行也是非常不利的。由于打印机中的各个部件上的元器件在加电后是要发热的，如果环境温度过高，超过它们所允许的温度范围后，元器件就会被烧毁，造成打印机故障。一般打印机在环境温度过高时，都会暂停工作，待环境温度降低后才继续工作，以保护打印机免在高温下损坏。

(2)环境湿度

打印机正常运行时的适宜环境湿度是 20%～80% 的相对湿度，超出此范围，就不能保证打印机正常运行。如果环境过于干燥，容易产生静电，易对打印机电路板中的电子元器件造成损坏；而过于潮湿，会使积累在打印机部件上的灰尘引起打印机运行困难或造成电路板上的元器件短路，引发打印机故障。

(3)清洁

打印机应该在一个相对干净的环境中运行，否则会因灰尘侵入打印机内部影响打印机的正常工作。例如，一台使用了较长时间的打印机，一直工作较好，突然有一天开机时，打印机发出“咔咔”的响声，打开打印机检查发现导轨上积了厚厚的灰尘，阻挡了字车的运行。

(4)电磁干扰

电磁干扰可能会使打印机的控制电路、电源电路和步进电机等受到干扰无法正常工作。电磁干扰主要来自周围的环境,如音响设备、电机、大功率电器、静电、小区中的变压器等。因此在使用打印机时,应尽量使打印机远离这些干扰源。

(5)供电系统

要想使打印机正常运行,一个良好的供电系统是非常必要的。因为没有电源打印机就无法运行,更谈不上正常运行。如果供电系统所提供的电压超出打印机电源变换器所允许的电压范围,轻者可使打印机进入保护状态停止工作,重者可能会烧毁打印机电源板,甚至给主板、步进电机等造成损失。如果所提供的电源经常性地瞬间断电,就有可能影响打印机控制系统正常工作,严重时还会由于重新加电时所产生的浪涌电压或尖峰脉冲而损坏打印机部件或器件。

(6)安全

打印机在工作时的安全问题,从环境因素考虑,主要是用电的安全,以及摆放打印机的工作台的安全。另外,有害气体及有害物质,如酸、碱物质等都对打印机有严重的损害,因此在使用打印机时应严格注意。

2. 打印机的正确使用方式

(1)不要频繁开关打印机,在关机以后,一般等半分钟以上才能再次开机,通电5~10秒后方可送打印纸。因为打印机通电后,有启动和初始化的过程,需要一段时间。

(2)注意打印机的清洁,随时清除打印机内的纸屑。打印机外壳弄脏后,用棉布蘸上中性洗涤剂进行擦洗。擦洗时应避免滴入机器内,绝不能用酒精、汽油等溶剂。

3. 打印机保养的注意事项

(1)打印机应放置平稳。

(2)打印机停机不用时,要关掉打印机电源。

(3)如有雷雨大风时,要关掉打印机电源,以防外界电冲击损毁。

(4)打印机上不要放置其他物品,以免异物掉入打印机内。

## 【工作小结与扩展】

打印机是秘书及办公室人员在日常办公中经常会使用到的办公设备之一,通过本项工作任务的训练,需要重点掌握的技能是:打印机与电脑的连接、打印机的正确操作方式以及打印机的日常维护。

秘书及办公室人员还应了解打印机的性能指标特征,以便在选购打印机时作为参考。衡量打印机好坏的指标有三项:打印分辨率、打印速度和色彩饱和度。

分辨率对输出质量有至关重要的影响,同时也是判别同类型打印机档次的主要依据,其单位是dpi(Dot Per Inch)。dpi是指打印机输出时,在每英寸介质上能打印的点数。喷墨、激光、热转换这三类产品,输出分辨率已达到300~720dpi,高档喷墨打印机可达到1440dpi以上。

打印速度。不同类型打印机的输出速度相去甚远,一般来讲激光打印机速度最快,热转换打印机速度次之,喷墨式打印机最慢。

色彩饱和度是指打印输出一个点内色彩的饱满程度，其直接影响到打印机输出时的色彩质量。对喷墨打印机来说，它使用的是液体墨水，所以当打印介质质量不佳时，就会出现渗透、扩散等现象，从而影响输出效果。对于激光打印机，由于它是将极为精细的墨粉热熔于打印纸上，因而能实现较好的色彩饱和度。

【课后练习】

1. 简述打印机的安装与使用的操作步骤。
2. 简述使用打印机的注意事项。
3. 简述打印机的工作环境要求。

## 5.2 复印会议文件并维护复印机

复印机是一种可将文件及影像快捷及廉宜地复印到纸上的仪器。根据其工作原理的不同，主要分为模拟复印机和数码复印机两种。

模拟复印机是最早出现的复印机，只具有单纯的复印功能。通过复印机中的扫描组件将原稿的光图像直接反射到显影组件鼓表面的感光中，再经过显影、定影等处理后，最终输出复印文稿。模拟复印机是由文稿扫描部分和静电复印部分构成的，主要特点是直接将扫描文稿的光图像照射到感光鼓表面，然后进行显影、转印和定影输出。

数码复印机由文稿扫描仪和激光打印机两部分构成。从细节上说，它主要是由扫描组件、激光组件、显影组件、定影组件、输纸机构、电路系统等构成。数码复印机采用扫描组件进行扫描工作，经过原稿曝光，通过反射镜由镜头将文稿图像照射到 CCD 图像传感器的感光面上，CCD 图像传感器将光图像转换成电信号，再经过图像信号处理电路处理后，输出图文数据信号，然后送到激光调制器中。调制后的激光束对被充电的感光鼓进行扫描，在感光鼓上产生静电潜像，然后再经过显影、转印、定影等一系列步骤，最终完成复印的过程。

【学习目标】

通过本项工作任务的训练，掌握复印机的复印机预热、属性设置等复印机的正确操作方法，熟悉复印机的日常运行环境，能够做好复印机的日常维护。

【工作情境】

公司要召开一次大型的展销会，新来的小张负责复印、准备会议文件，可不知怎么复印机出故障了，小张急得不知如何是好。秘书小王看到忙上前帮忙，原来是小张操作失误导致复印机出了问题。小王一边复印会议文件，一边向小张讲解复印机操作及维护的注意事项。

【任务分析】

此项工作任务所运用的技能有：

(1)复印机预热；

(2)复印属性设置；

(3)复印操作;

(4)维护复印机运行环境;

(5)复印机的日常维护。

【任务关键步骤】

## 5.2.1　复印机的使用与操作

不同类型的复印机除了其操作控制面板、电路结构和外形不同外,通常它们的操作步骤也不一样,所以各种复印机的使用,均应按其使用说明书进行。以下介绍复印机的一些基本操作。

1. 预热

目前,复印机一般都有睡眠功能,所以在复印前,应该让复印机有个预热过程。按下电源开关,开始预热,如果是专业复印机,一般会设有"预热"键(如图5-8所示),按下此键即开始预热。在预热时,复印机面板上应有指示灯显示,并出现等待信号。当预热时间达到,机器即可开始复印,这时会出现可以复印信号或以音频信号告知,如图5-9所示。

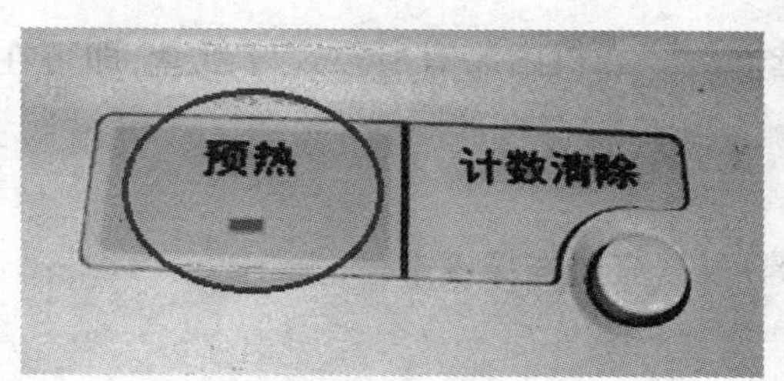


图5-8　定影组件预热1

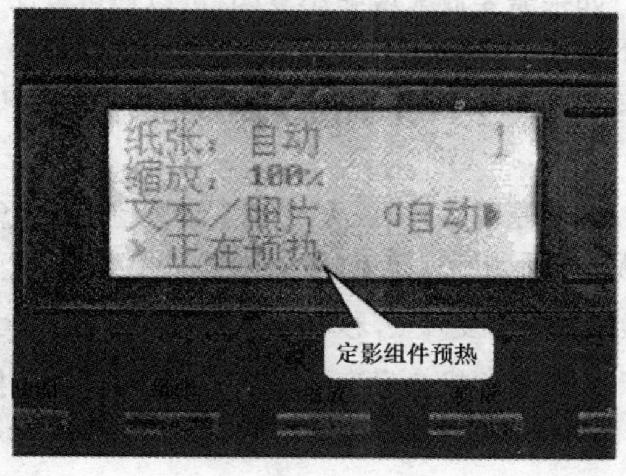


图5-9　定影组件预热2

2. 检查原稿

拿到需要复印的原稿后,应大致翻阅一下,需要注意以下几个方面:原稿的纸张尺寸、质地、颜色,原稿上的字迹色调,原稿装订方式,原稿张数以及有无图片需要改变曝光量等。这些因素都与复印过程有关,必须做到心中有数。对原稿上不清晰的字迹、线条应在复印前描写清楚,以免复印后返工。可以拆开的原稿应拆开,以免复印时不平整出现阴影。

3. 检查机器显示

机器预热完毕后,应看一下操作面板上的各项显示是否正常。主要包括以下几项:可以复印信号显示、纸盒位置显示、复印数量显示为"1"、复印浓度调节显示、纸张尺寸显示,一切显示正常才可进行复印。

4. 放置原稿

复印机稿台玻璃板上有指示标识或刻度板指示(如图5-10所示),参考这些指示将稿

件倒序放好。需要注意的是，复印有顺序的原稿时，应从最后一页开始，这样复印出来的复印品顺序就是正确的，否则，还需重颠倒一遍。

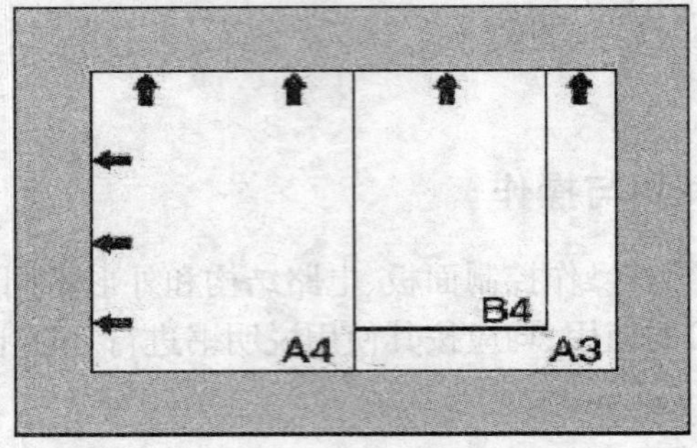


图 5－10　复印机稿台玻璃板上的指示标识

5. 设定复印份数

按下数字键设定复印份数。若设定有误可按“C”键，然后重新设定。

6. 设定复印倍率

如果需要放大或缩小复印，可以通过复印倍率按钮调整。一般复印机的放大仅有一档，按下放大键即可，缩小倍率多以 A3-A4，B4-B5 或百分比等表示。了解了复印纸尺寸，即可很容易地选定缩小倍率。如果无须放大、缩小，可不按任何键。

7. 选择复印纸尺寸

根据原稿尺寸、放大或缩小倍率，按下纸盒选取健。如机内装有所需尺寸纸盒，即可在面板上显示出来；如无显示，则需更换纸盒。

8. 设置复印色彩

一般复印机会设有“黑白”按键和“彩色”按键，根据需要选择设定。

9. 调节复印浓度

根据原稿纸张、字迹的色调深浅，适当调节复印浓度。原稿纸张颜色较深的，如报纸，应将复印浓度调淡些；字迹线条细、不十分清晰的，如复印品原稿是铅笔原稿等，则应将浓度调深些。复印图片时一般应将浓度调淡（如图 5－11 所示）。

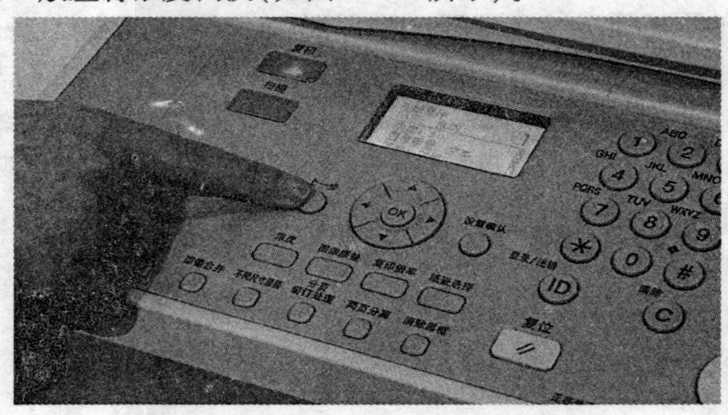


图 5－11　调节复印浓度

10. 检查纸盒

根据复印材料的大小检查相应纸盒是否有纸,否则缺纸不能继续复印,如图5-12所示。

图5-12　复印机纸盒

11. 开始复印

最后按一下启动键(有的显示集成为"扫描"键)即可开始复印,如图5-13所示。

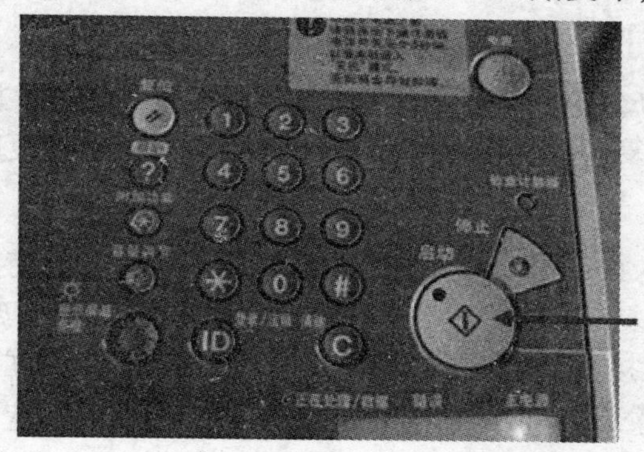

图5-13　启动复印机

## 5.2.2　复印机的日常维护

1. 复印机的运行环境维护

复印机的工作环境主要受环境温度、环境湿度、供电、清洁等方面的影响。但为保证复印机的正常使用,需要注意对复印机使用环境的维护。

(1)电源要求

复印机运行时电压为220V,波动在±10%。如果环境过于干燥,容易产生静电,易对打印机电路板中的电子元器件造成损坏,因此,要接地良好。

(2)环境温度

复印机正常运行时的最适宜环境温度为10~35℃。过高不利于散热,过低部件性能会受到影响,预热时间加长。

(3)环境湿度

复印机正常运行时的最适宜环境湿度为20%~80%。环境过于潮湿,纸张容易吸湿,使输纸装置卡纸，机内高压部分容易漏电，复印件出现全白和漏印现象。

(4)其他条件

复印机的放置要避免太阳直射，否则光材料和电子元件易老化而失去效果。室内无挥发性液体，以免损坏光电导体、镜头、反射镜及其他精密器件。周围必须整洁，无粉尘，地面保持干燥，否则会使光学系统受污染，使复印件不清晰。

2. 复印机日常维护的注意事项

(1)外部环境：摆放复印机时，将机器放于干燥、通风处。如条件许可，最好用复印机罩布盖住，以防尘土入内。

(2)复印机要用标准70g静电复印纸，如不知该用什么纸，可以让维修人员给予推荐。

(3)复印机对粉的要求特别高，尤其是双组份复印机。使用不符合要求的代用粉，容易造成排粉管道堵塞，影响其他的机械部件，扰乱复印机的自动检测，严重时可损坏电路板。复印机的墨粉要用原厂家推荐的原装粉，虽然价格要高一些，但要与因用廉价的代用粉引起的机器故障所花费的维修费相比要划算得多。

(4)定期的清洁、加油、调整是非常必要的。

## 【工作小结与扩展】

复印机是目前日常办公中经常会使用到的办公设备之一。通过本项工作任务的训练，需要重点掌握的技能是：复印属性设置、复印的正确操作方式以及复印机的日常维护。

1. 复印机的分类

作为秘书或办公室人员还需要对办公室常用的复印机种类和特点有所了解。按工作原理，复印机可分为光化学复印、热敏复印、静电复印和数码激光复印四类。

(1)光化学复印有直接影印、蓝图复印、重氮复印、染料转印和扩散转印等方法。直接影印法用高反差相纸代替感光胶片对原稿进行摄影，可增幅或缩幅；蓝图法是复印纸表面涂有铁盐，原稿为单张半透明材料，两者叠在一起接受曝光，显影后形成蓝底白字图像；重氮法与蓝图法相似，复印纸表面涂有重氮化合物，曝光后在液体或气体氨中显影，产生深色调的图像；染料转印法是原稿正面与表面涂有光敏乳剂的半透明负片合在一起，曝光后经液体显影再转印到纸张上；扩散转印法与染料转印法相似，曝光后将负片与表面涂有药膜的复印纸贴在一起，经液体显影后负片上的银盐即扩散到复印纸上形成黑色图像。

(2)热敏复印是将表面涂有热敏材料的复印纸，与单张原稿贴在一起接受红外线或热源照射。图像部分吸收的热量传送到复印纸表面，使热敏材料色调变深即形成复印品。这种复印方法主要用于传真机接收传真。

(3)静电复印是利用物质的光电导现象与静电现象相结合的原理进行复印。常用的感光体有硒鼓、氧化锌纸、硫化镉鼓和有机光导体带。复印方式有间接式和直接式之分。

(4)数码复合机是以复印功能为基础，标配或可选打印、扫描、传真功能，采用数码原理，以激光打印的方式进行文件输出，可以根据需要对图像、文字进行编辑操作，拥有较大容量纸盘，高内存、大硬盘、强大的网络支持和多任务并行处理能力，能够满足用户的大任务量作业需要，并可以将大量数据保存下来，担当企业信息文档管理中心角色的商用办公设备。

2. 复印机的选购

数码复印机的技术指标很多,下面这几个技术指标是我们在选购时要考虑的重中之重。

(1)输出分辨率

输出分辨率是数码复印机的一项重要的技术指标。目前的数码复印机的输出分辨率都达到600dpi以上,主流数码复印机已经达到了1200dpi,甚至2400dpi。其实,600dpi已经可以满足普通文本的复印输出了,而1200dpi的分辨率对于日常办公来说已经绰绰有余了。

(2)扫描分辨率

扫描分辨率的意义在于保证输出原稿的清晰度。由于黑白数码复印机主要用于文稿和图表的复印,因此,对于黑白数码复印机来说,600dpi的扫描精度已经足够了。事实上,绝大部分彩色复印机的扫描精度也是600dpi。

(3)复印机的运行速度

复印机的运行速度取决于三个方面:输出速度、预热时间、首页输出时间。输出速度是影响复印机运行速度的最主要因素,同时也在很大程度上影响到了产品的档次和价格。目前2万~3万元的中端数码复印机的输出速度一般在25ppm~35ppm,而万元级产品的输出速度一般在15ppm上下。预热时间是指复印机从开机状态到能够进行正常复印工作这一段间隔的时间,在这段时间中复印机需要对感光材料进行充电,利用电晕放电使感光材料的表面带上一定数量的静电电荷,从而可以开始复印工作。预热时间当然是越短越好,目前中端产品的预热时间一般在30秒左右,而低端产品的预热时间则在30~60秒之间。不过,预热时间主要是与产品电子部件的多少和电路的复杂性有关,一些高档产品的预热时间反而更长,有的甚至要达到360秒。首页输出时间是指在复印机完成了预热和用户做好一切准备工作后,从按下复印按钮到复印机输出第一张复印稿所花费的时间。首页输出时间对多页小批量复印时的速度影响比较大。目前市场上低端数码复印机的首页输出时间多在5秒以上,而中高端数码复印机的首页输出时间则大多在5秒之内。

(4)存储器

一般来说,数码复印机都会配置较大容量的内存,以便有能力实现连续复印,并且在作为网络输出设备时能够容纳尽可能多的等待队列。另外,有的产品还会配有GB级的硬盘作为外存,这样,用户便可以将一些经常需要扫描的文件信息存储在硬盘中,以后需要使用时便无须原稿复印,直接调用即可,在操作应用上更加方便快捷。一般来说,数码复印机都带有内存,内存越大,档次越高。高端产品则大多带有外部存储器,而大多数的低端数码复印机,由于成本的原因通常是不带外部存储器的。

除了以上几个参数之外,数码复印机产品的体积、功耗、供纸盒的容量等指标,也是我们在选购时需要考虑的。

**【课后练习】**

1. 如何复印文件?
2. 简述复印机的工作环境是什么。
3. 如何对复印机进行日常维护?

## 5.3 发一份传真并维护传真机

传真机是应用扫描和光电变换技术，把文件、图表、照片等静止图像转换成电信号，传送到接收端，以记录形式进行复制的通信设备。

先扫描，即将需要发送的文件转化为一系列黑白点信息，该信息再转化为声频信号并通过传统电话线进行传送。接收方的传真机“听到”信号后，会将相应的点信息打印出来，这样，接收方就会收到一份原发送文件的复印件。

**【学习目标】**

通过本项工作任务的训练，掌握收发传真的正确操作方法，熟悉传真机的日常运行环境，能够做好传真机的日常维护。

**【工作情境】**

某日，秘书小王需要把相关产品资料发送传真给几个客户，并按照与客户约定，接收客户发来的传真。在收发传真之后，小王又对传真机做了定期的清洁和维护。

**【任务分析】**

此项工作任务所运用的技能有：

- 发送传真；
- 接收传真；
- 查询方式收发传真；
- 维护传真机运行环境；
- 传真机的日常维护。

**【任务关键步骤】**

### 5.3.1 传真机的使用与操作

不同类型的传真机的具体操作步骤可能会有差异，这里将传真机的基本操作使用方法概括如下。

1. 发送传真

(1)打开传真机的电源开关，传真机和电话机使用的是同一条电话线路，当开展传真业务时，必须将传真机后板上的“传真/电话”(FAX/TEL)开关拨向“传真”(FAX)的位置；然后打开传真机传真入口上面的盖子，有的没有盖子，可以直接放入需要传真的文件，如图5-14所示。

图 5－14　传真机

(2)检查需要传真的文件，即原稿是否别有大头针、曲别针或订书钉等硬物，如有需取下，否则会损坏传真机；检查原稿是否符合传真机技术规格规定的最大或最小幅面要求，不符合要求的可能就无法发送传真；还要检查原稿是否有严重皱折、卷曲、破损或残缺，如果有折损会影响传真效果。

(3)放置需要传真的文件。一般传真机上都标有文件放置的要求，如图 5－15 所示。很多的传真机的设置都需要将文件的正面，即有文字、图片的一面朝下放置(如图 5－16 所示)，一般最多放置 10 张。当然不同的传真机还需具体根据说明书的要求操作。

图 5－15　原稿放置要求

图 5－16　放置原稿

(4)拨通对方的传真号码。传真又分为自动应答和人工应答两种。如果对方是自动接收，就可以按传真机上面的启动键(START)即可，如图 5－17 所示；如果是需要人工接通，还要等待对方回应后，再按传真机上面的启动键。这时听到“嘀”的一声后，发送指示灯亮或液晶显示“TRANSMIT”，表明传真机开始发送文件。

若中途想停止发送时，可按“停止”(STOP)键，这时卡在传真机中的原稿，不能用手强行抽出，只能掀开盖板取出。如果再次按“停止”(STOP)键，可排出原件。

图 5－17　按启动键发送传真

(5)挂上话机,发送完的原件会自动从传真机内滑出。等待发送结束并收取对方记录报告。根据报告上的差错情况,再进行重发,直至全部无误为止。

2. 接收传真

(1)自动接收

具有自动接收功能的传真机可以设置自动接收传真。在接收传真前需要检查传真机内是否有记录纸,各显示灯或液晶显示是否正常,是否处于“准备”(READY)状态。

自动接收时,无须人员操作:电话振铃一次,机器自动启动,液晶显示“RECEIVE”接收状态或接收指示灯亮,表示开始接收;接收结束时,机器自动输出传真副本,液晶显示“RECEIVE”消失或接收指示灯熄灭,传真机自动回到“准备”状态。

(2)人工接收

首先使传真机处于“准备”(READY)状态;当电话铃响起后,拿起话机手柄与对方通话,按照对方要求,按“启动键”(START),开始接收传真,之后挂上话机。若接收出差错或质量不好时,可与发方联络,要求重发,直至得到满意的传真副本。

3. 查询方式收发传真

此方式是指在发传真方已经放置好文件原稿及按下“查询”键的情况下,由收传真方控制发方自动发送文件的过程。具体操作如下:

(1)发方需设置查询发送的密码;放置好发送原稿;选择扫描线密度和对比度等;按“查询”键,指示灯亮。

(2)收方需预先设置好与发方一致的查询密码;之后拨打发方的电话号码,听到发方机器的应答信号后,按“查询”键,接收指示灯亮,接收开始。

### 5.3.2 传真机的日常维护

1. 传真机的运行环境维护

传真机的工作环境与打印机和复印机的基本相同,也不宜放置在阳光直射、高温、潮湿、强磁、强腐蚀性气体的环境中使用。高温、潮湿、强腐蚀性气体不但会影响传真机记录纸的印字质量,而且会对电子线路造成不良影响或毁坏。强磁场不仅会干扰通话,还会使传送的图像失真。

2. 传真机日常维护的注意事项

(1)不要频繁地开机。这是因为每次开关机都会使机内的电子元器件发生冷热变化,而频繁的冷热变化容易导致机内元器件提前老化,每次开机的冲击电流也会缩短传真机的使用寿命。经常通电其实是传真机最好的保养方法。

(2)不要使用非标准的传真纸。劣质的传真纸光洁度不够,使用时会对感热记录头和输纸轮造成磨损。记录纸上的化学染料配方不合理,会造成印字质量不佳,保存时间变短。

(3)在传真机使用过程中要定期检查传真机底部背面的通风口,保持正常通风散热。定期检查传真机出入口有无杂物,如图 5-18 所示,以免发热和堵塞引起传真机的损坏。

图5-18　传真机出纸口

(4)在发送传真过程中,不可强抽原稿,否则会损坏机器和原稿;当出现原稿阻塞时,要先按"停止"(STOP)键,然后掀开盖板,小心取出原稿。若原稿出现破损,一定要将残片取出,否则将影响机器的正常工作。

(5)不要随意更换电源线。传真机原机所带电源线的插头都是3针式插头,中间1针起保护接地作用,若将其拔掉或改用两针插头,则对安全不利。

(6) 雷雨天气注意防止雷击。近年来,雷击已成为电器损坏的一大元凶,尤其是网络上的电器,比如并入有线网的电视机、上网的电脑及传真机等。传真机最好的预防雷击方法是:雷雨天气如不使用传真机,除关掉电源外,还应将电话线插头拔掉。这是因为雷击主要是从电话线进来的。

(7)不要把传真机当作复印机来使用,重要资料要用静电复印机复印后保存。有人用传真机的复印功能来复印资料。传真机完成复印功能的主要部件是感热记录头,它是传真机最重要的部件之一,靠自身发热工作,因此应尽量减少其工作时间,以延长传真机的使用寿命。另外传真纸记录的文件不宜长期保存。这是因为传真纸上的化学染料不稳定,时间长了或受阳光照射后,传真纸上的字会逐渐褪色。因此,对于重要的、需要长期保存的文件,一定要用静电复印机复印一份长期保存。

## 【工作小结与扩展】

收发传真是秘书及办公室人员在日常办公中经常遇到的工作。通过本项工作任务的训练,需要重点掌握的是收发传真的正确操作方法以及日常维护的注意事项。目前办公室使用的传真机的类型有很多,秘书应对传真机的类型及性能有所了解,以便于选购。

### 1. 传真机的分类及特点

传真机的种类比较多,分类方法也各不相同。按照它的用途,一般可分为以下几种:

(1)相片传真机,是一种用于传送包括黑和白在内全部光密度范围的连续色调图像,并用照相记录法复制出符合一定色调密度要求的副本的传真机。相片传真机主要适合于新闻、部队、医疗等部门使用。

(2)文件传真机,是一种以黑和白两种光密度级复制原稿的传真机。主要适用于远距离复制手写、打字或印刷的文件、图表,以及复制色调范围在黑和白两种界限之间具有有限层次的半色调图像,它广泛应用于办公、事务处理等领域。按照文件传真机利用电信网、信号

加工处理技术和传送标准幅面原稿时间的不同,又可分为在公用电话网上使用的一类传真机、二类传真机、三类传真机以及在公用数据网上使用的四类传真机等。

(3)报纸传真机,是一种用扫描方式发送整版报纸清样,接收端利用照相记录方法复制出供制版印刷用的胶片的传真机。还有一种报纸传真机,称作用户报纸传真机,它装设在家庭或办公室内,通常用来接收广播电台或电视台广播的传真节目(整版报纸信息或气象预报等),直接在纸上记录显示。

(4)气象传真机,是一种传送气象云图和其他气象图表用的传真机,又称天气图传真机,用于气象、军事、航空、航海等部门传送和复制气象图等。传送的幅面比一版报纸还要大,但对分辨率的要求不像对报纸传真机那样高。气象传真有两种传输方式:利用短波(3~30兆赫)的气象无线传真广播和利用有线或无线电路的点对点气象传输广播。气象传真广播为单向传输方式,大多数的气象传真机只用于接收。

2. 传真机的选购

在选购传真机时,需考虑以下性能指标:

(1)适用性:G1、G2、G3、G4表示不同的组别,数字越高越好,高组别的可兼容低组别的传真机,现在一般均为G3。

(2)分辨率:dpi即每平方英寸的点数,如360×360dpi,720×720dpi。

(3)扫描方式:主要有CCD及CIS。CCD为光电耦合传感器,属模拟式,CIS为接触式图像传感器,属数字式。所以,CIS比CCD的扫描要清晰,速度也更快。

(4)图像处理:如UHQ为一种中间色过渡方式,可保证图片传输效果更好。

(5)扫描速度:即单位时间内对图像扫描的次数或距离,分为主、副两种扫描速度。通常表现为记录纸走纸的速度。

(6)有效扫描/记录宽度:即传真用纸的幅面,分为A4、B4、A3等几种。

(7)发送时间:即发送1页国际标准样张所需要的时间。这个时间越短越好,通常在6~45秒之间,9秒以下的即属于高档传真机。

(8)ECM:是一种纠错方式协议,可保证所传文件准确无误。

(9)输出/输入电平:在适当范围中,传真机才能正常工作,保证传输质量。

【课后练习】

1. 如何发传真?
2. 如何在查询方式下收传真?
3. 简述传真机适宜的工作环境是什么。
4. 如何对传真机进行日常维护?

# 5.4　扫描图片并维护扫描仪

扫描仪是利用光电技术和数字处理技术，以扫描方式将图形或图像信息转换为数字信号的装置。其显著特点是扫描的图像不会产生变形，并且扫描仪可以获得极高的分辨率，这是数码相机、高拍仪等需要借助光学镜头的设备所不能比拟的优势。

扫描仪可以扫描文字稿件或是图片。扫描仪运转时，安装在内部的可移动的长条形光源沿 y 方向扫过整个原稿；照射到原稿上的光线经反射后穿过一个很窄的缝隙，形成沿 x 方向的光带，又经过一组反光镜，由光学透镜聚焦并进入分光镜，经过棱镜和红绿蓝三色滤色镜得到的 RGB 三条彩色光带，分别照到各自的 CCD 上；CCD 将 RGB 光带转变为模拟电子信号，此信号又被 A/D 变换器转变为数字电子信号；反映原稿图像的光信号转变为计算机能够接受的二进制数字电子信号；最后通过串行或者并行等接口送至计算机。扫描仪每扫一行就得到原稿 x 方向一行的图像信息，随着沿 y 方向的移动，在计算机内部逐步形成原稿的全图。

【学习目标】

通过本项工作任务的训练，掌握扫描仪的安装连接，以及扫描文件或图片的正确操作方法，熟悉扫描仪的日常运行环境，做好扫描仪的日常维护。

【工作情境】

公司有一些创建初期的老照片，时间长了不便于保存。档案管理员小刘需要把这些老照片扫描转成电子文档。在扫描之前，小刘首先对扫描仪进行了定期清洁，之后按照操作程序把照片一一进行了扫描。

【任务分析】

此项工作任务所运用的技能有：

- 安装扫描仪；
- 扫描操作；
- 维护扫描仪运行环境；
- 扫描仪的日常维护。

【任务关键步骤】

## 5.4.1　扫描仪的使用与操作

扫描仪既有独立的机型，如图 5－19 所示就是一台平板式扫描仪的独立机型；也有集成打印、复印、扫描、传真等功能的一体机型，如图 5－20 所示。

图 5－19　平板式扫描仪

图 5－20　打印、复印、扫描、传真一体机

1. 安装扫描仪

(1)独立机型的扫描仪需通过数据线与电脑连接。打开扫描仪电源，使用自带的驱动光盘安装扫描仪驱动或在线下载、安装对应型号的驱动程序。当驱动程序安装完毕后，任务栏右下角会弹出“硬件安装已完成，并且可以使用了”的提示。

(2)打印、复印、扫描、传真一体机不需与电脑连接，因为一体机自带以太网接口，可以通过网线接入网络供局域网用户共享。用户使用的时候需要在自己的主机上安装一体机驱动，安装过程中会自动搜索一体机的 IP 地址，找到一体机后就可以使用了。一体机用以太网接入网络有一个好处，就是不必像传统的连接方式一样必须接在一台主机上，而且主机必须时刻开机才能让其他用户共享。一体机可以作为一台独立的网络设备在局域网内共享。

2. 扫描文件

(1)放置文件。将纸面朝下，对准参考点，平放于玻璃镜面上，盖好扫描仪上盖，如图 5－21 和图 5－22 所示。

在扫描时要选用好的原稿，因为原稿对于扫描结果的质量是十分重要的。即使扫描仪软件和图像编辑程式有改善图像质量的能力，但对于那些焦距不准、画面模糊、污损或者光敏很差的图像，不管花费多大精力处理都是无济于事的。

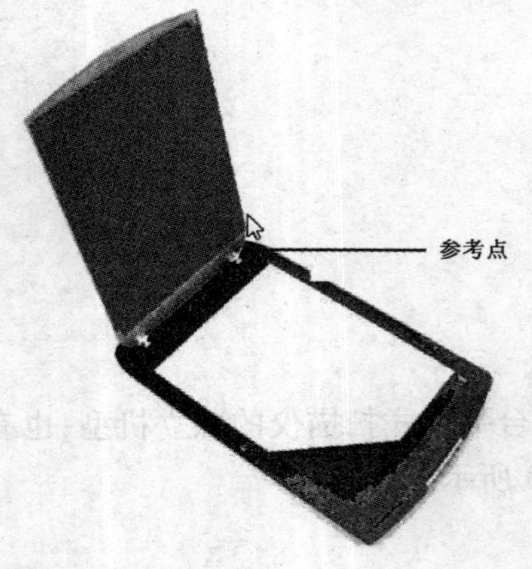


图 5－21　放置扫描原件(平板式)

图 5－22　放置扫描原件(多功能一体机式)

(2)扫描。点击电脑的“开始”菜单打开“控制面板”，选择“打印机和其他硬件”，打开“扫描仪和照相机”，双击扫描仪名称，如图5－23所示；在弹出的“扫描仪和照相机向导”中点击“确定”，如图5－24所示；根据实际扫描的文件类型选择“图片类型”，如“黑白照片或文字”，如图5－25所示，这样做会使扫描出来的信息更加清晰可辨。

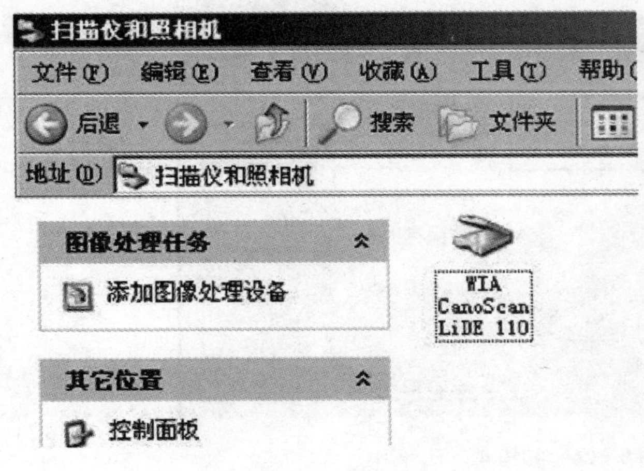


图5－23　扫描1



图5－24　扫描2

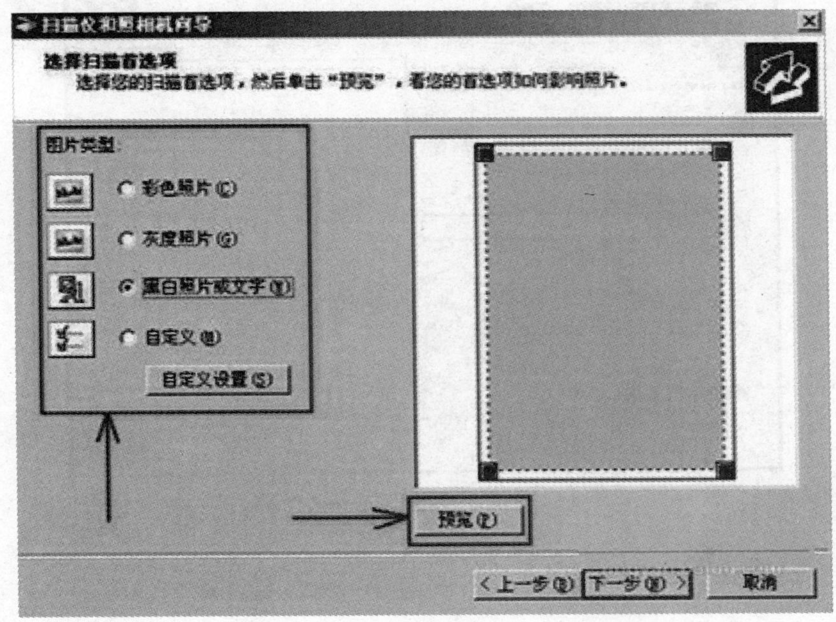


图5－25　扫描3

再点击“预览”(等待扫描预览)；点击“下一步”，输入“照片名称”，保存图片的格式(通常为JPG)，并选择保存该扫描图片的存放位置，如图5－26所示；再次点击“下一步”，等待扫描结束生成图片，如图5－27所示；最后，选择“什么都不做，我已处理完这些照片”，点击下一步，扫描完成。扫描完成后，可以打开该扫描图片，查看是否扫描完整。

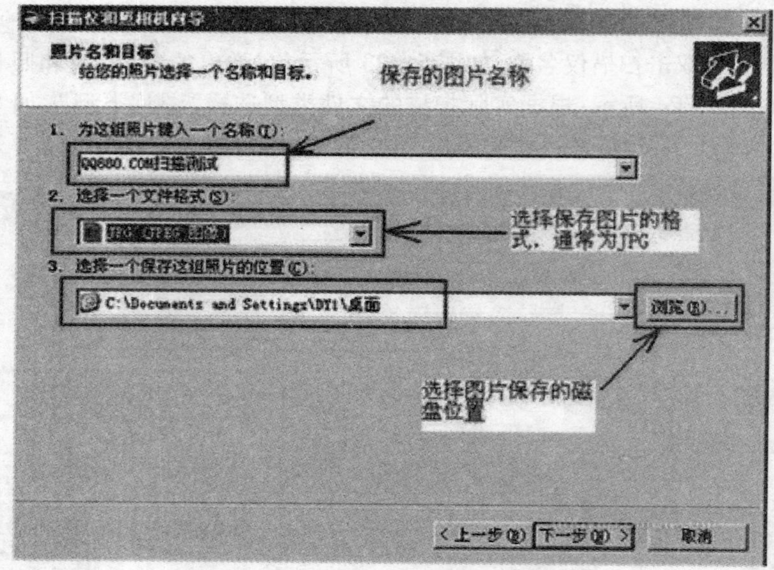


图 5－26　扫描 4

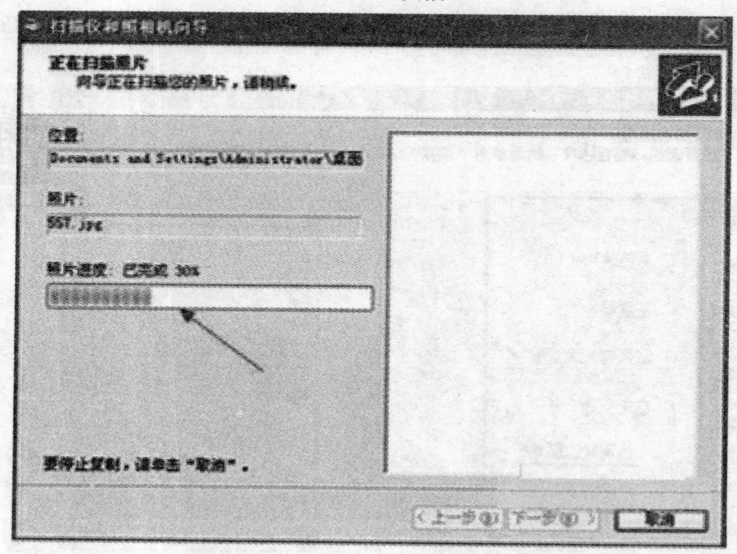


图 5－27　扫描 5

## 5.4.2　扫描仪的日常维护

### 1. 扫描仪的运行环境维护

(1)扫描仪应放置在清洁的环境中,因为扫描仪中的玻璃平板以及反光镜片、镜头都是对灰尘、杂质比较敏感的部件,如果落上灰尘或其他一些杂质,会使扫描仪的反射光线变弱,从而影响图片的扫描质量。因此,扫描仪要在无尘或者灰尘较少的环境下使用。

(2)扫描仪应摆放在平整、震动较少的地方,这样扫描仪在工作时就不会有额外的负荷,可以保证达到理想的扫描效果。

2. 扫描仪日常维护的注意事项

(1)要保护好光学部件。扫描仪在扫描图像的过程中,是通过一个叫光电转换器的部件把模拟信号转换成数字信号,然后再送到计算机中的。这个光电转换设置非常精致,光学镜头或者反射镜头的位置对扫描的质量有很大的影响。因此在工作的过程中,不要随便地改动这些光学装置的位置,同时要尽量避免对扫描仪的震动或者倾斜。遇到扫描仪出现故障时,不要擅自拆修,一定要送到厂家或者指定的维修站去。另外在运送扫描仪时,一定要把扫描仪背面的安全锁锁上,以避免改变光学配件的位置。

(2)做好定期的清洁工作。扫描仪可以说是一种比较精致的设备,平时一定要认真做好保洁工作。扫描仪中的玻璃平板以及反光镜片、镜头,如果落上灰尘或者其他一些杂质,会使扫描仪的反射光线变弱,从而影响图片的扫描质量。为此,一定要在无尘或者灰尘尽量少的环境下使用扫描仪,用完以后,一定要用防尘罩把扫描仪遮盖起来,以防止更多的灰尘侵袭。当长时间不使用时,还要定期地对其进行清洁,清洁时,可以先用柔软的细布擦去外壳的灰尘,然后再用清洁剂和水对其认真地进行清洁,接着再对玻璃平板进行清洗。由于该面板的干净与否直接关系到图像的扫描质量,因此在清洗该面板时,先用玻璃清洁剂来擦拭一遍,接着再用软干布将其擦干擦净。

【工作小结与扩展】

通过本项工作任务的训练,需要重点掌握扫描仪的正确操作及日常维护方法。以下介绍与本项工作任务相关的一些内容。

1. 扫描仪的分类

(1)平板式。平板式扫描仪使用的是光电耦合器件CCD(Charged - Coupled Device),故其扫描的密度范围较小。CCD(光电耦合器件)是一长条状有感光元器件,在扫描过程中用来将图像反射过来的光波转化为数字信号。平面扫描仪使用的CCD大都是具有日光灯线性陈列的彩色图像感光器。

(2)滚筒式(如图5-28所示)。滚筒式扫描仪一般使用光电倍增管PMT(Photo Multiplier Tube),因此它的密度范围较大,而且能够分辨出图像更细微的层次变化。

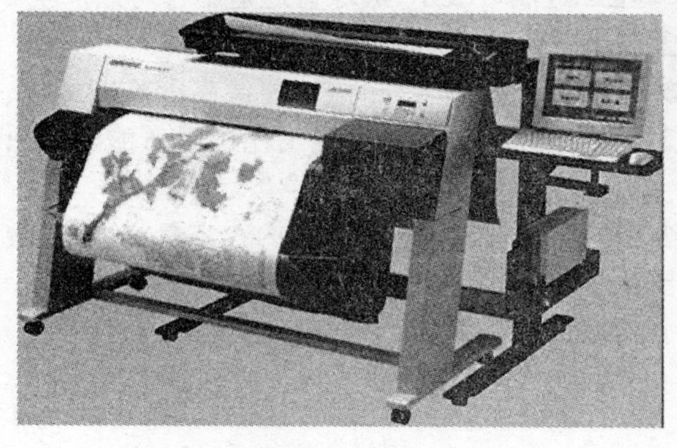

图5-28　滚筒式扫描仪

图5-29　笔式扫描仪

(3)笔式(如图5-29所示)。笔式扫描仪出现于2000年左右,才开始的扫描宽度大约只与四号汉字相同。使用时,贴在纸上一行一行地扫描,主要用于文字识别。

(4)便携式(如图5－30所示)。便携式扫描仪小巧、快速。在2010年,市面上出现了多款全新概念的扫描仪,因其扫描效果突出,扫描速度仅需1秒,价格也适中,体积非常小巧而受到广大企事业办公人群的喜爱。

图5－30　便携式扫描仪

2. 扫描仪的选购

在选购扫描仪时,需要综合考虑以下几种性能:

(1)分辨率。分辨率是扫描仪最主要的技术指标,它表示扫描仪对图像细节上的表现能力,即决定了扫描仪所记录图像的细致度,其单位为PPI(Pixels Per Inch)。通常用每英寸长度上扫描图像所含有像素点的个数来表示。大多数扫描仪的分辨率在300～2400PPI之间。PPI数值越大,扫描的分辨率越高,扫描图像的品质越高,但这是有限度的。当分辨率大于某一特定值时,只会使图像文件增大而不易处理,并不能对图像质量产生显著的改善。对于丝网印刷应用而言,扫描到600PPI就已经足够了。

(2)色彩数。色彩数表示彩色扫描仪所能产生颜色的范围。通常用表示每个像素点颜色的数据即比特位(bit)表示。所谓bit即是计算机最小的存贮单位,以0或1来表示比特位的值,越多的比特位数可以表现越复杂的图像信息。例如常说的真彩色图像指的是每个像素点由三个8比特位的彩色通道所组成,即24位二进制数表示,红绿蓝通道结合可以产生2^24＝16.67M(兆)种颜色的组合。色彩数越多扫描图像越鲜艳真实。

(3)灰度级。灰度级表示图像的亮度层次范围。级数越多,扫描仪图像亮度范围越大、层次越丰富。多数扫描仪的灰度为256级。256级灰阶可以真实呈现出比肉眼所能辨识出来的层次还多的灰阶层次。

(4)扫描速度。扫描速度有多种表示方法,因为扫描速度与分辨率、内存容量、软盘存取速度以及显示时间、图像大小有关。通常用指定的分辨率和图像尺寸下的扫描时间来表示。

(5)扫描幅面。表示扫描图稿尺寸的大小,常见的有A4、A3、B5幅面等。

## 【课后练习】

1. 如何操作和使用扫描仪?
2. 简述扫描仪应放置在什么样的环境中适合。
3. 如何对扫描仪进行日常维护?

# 5.5　播放投影并维护投影仪

投影仪又称投影机，是一种可以将图像或视频投射到幕布上的设备，可以通过不同的接口同计算机、VCD、DVD、BD、游戏机、DV 等相连接，播放相应的视频信号。

从投影机产品的构成来看，它包括了核心投影成像部件、光学引擎、电气控制和接口三大主要部分。其中的核心投影成像部件是投影机产品的核心，在整个投影机产品的成本构成中占有非常重要的地位，颇似计算机中的处理器。

【学习目标】

通过本项工作任务的训练，掌握投影仪的安装连接，以及投影的正确操作方法，熟悉投影仪的运行环境，能够做好投影仪的日常维护。

【工作情境】

下午的会议需要使用投影，小王小心翼翼地把投影仪搬放到会议室，把投影仪连接在电脑上，并调试好图像的清晰度，做好会前准备。在会议召开的过程中，小张在会议服务时，随手把一叠厚厚的文件放在投影仪上面，小王看到后立刻把会议文件拿开了……小王使用和维护投影仪的操作是否正确呢？

【任务分析】

此项工作任务所运用的技能有：

- 投影仪与电脑连接；
- 投影操作；
- 维护投影仪运行环境；
- 投影仪的日常维护。

【任务关键步骤】

## 5.5.1　投影仪的使用与操作

(1)将投影仪与电脑连接，通过 VGA 连接线(也就是两头都是梯形口 15 针的线)连接到投影仪的 VGA 接口上，再把连接线上两个小螺钉旋紧，如图 5－31 所示。

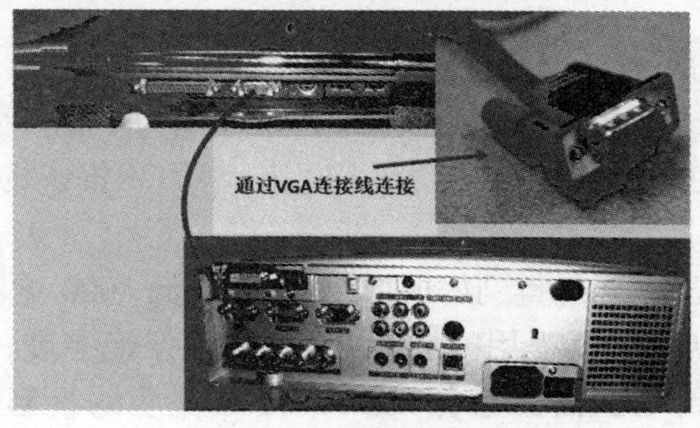


图 5－31　连接投影仪与电脑

(2)投影仪接上电源,打开投影仪的电源开关,如图 5-32 所示。电源指示灯变为绿色时,投影仪开始启动,同时打开电脑。

也会遇到投影仪无法连接电脑的情况,那是因为没有把屏幕内容切换过去。这时候,键盘上按下 Fn + 显示器切换键(一些电脑是 F5,有的是 F10,具体可以参见按键上的显示器图标来判断)。

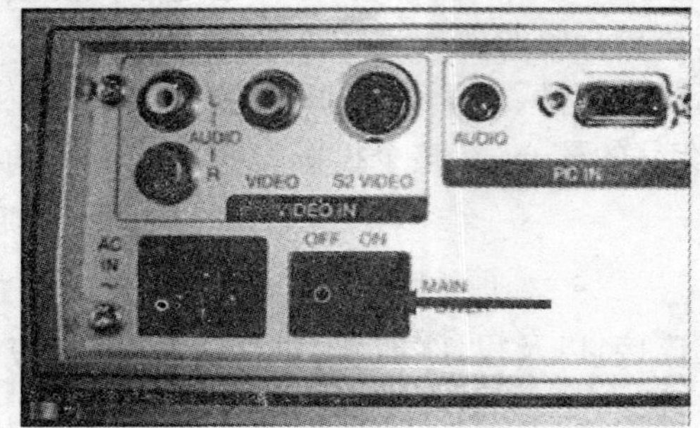


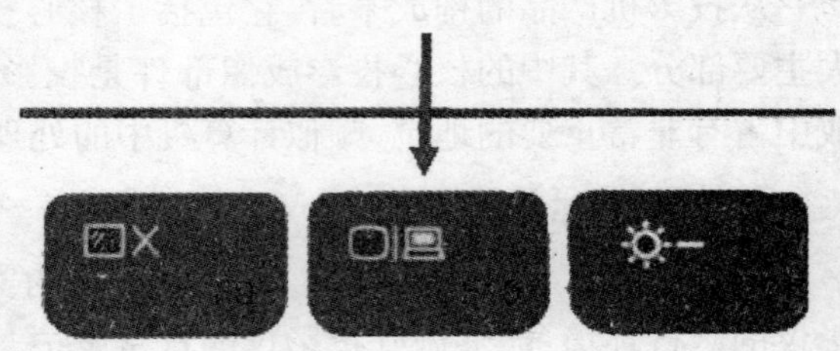

图 5-32　投影仪电源开关

(3)进入启动完成界面后,按投影仪上的回车键,进入使用页面。

(4)接下来调试投影仪,调节图像的清晰度以及图像的大小。投影图像的位置要靠投影仪下面的两个螺钉旋钮进行调整,如图 5-33 所示。通过投影仪上的梯形调试按钮可以对图像进行水平梯形校正,如图 5-34 所示。如果投影的图像对焦还不能达到效果,也可以考虑移动一下投影仪的位置。

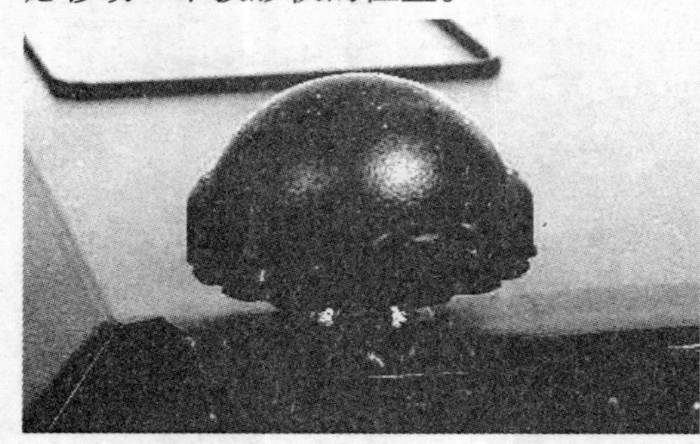

图 5-33　投影仪下的螺钉旋钮

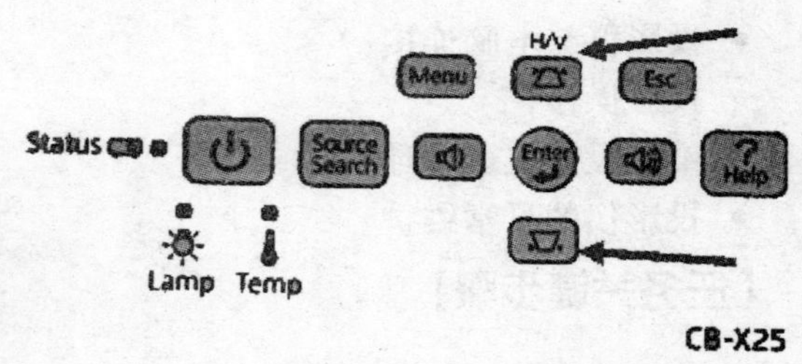


图 5-34　水平梯形校正按钮

## 5.5.2　投影仪的日常维护

### 1. 投影仪的运行环境维护

(1)投影场所的面积。大面积投影场所,其典型环境为小型礼堂,约能容纳 60 人;中面积投影场所的典型环境为普通教室,约能容纳 40 人;小面积投影场所的典型环境就是普通的会议室,约能容纳 20 人。

针对大面积的投影场所,要想得到好的效果,需要最低 3000 流明的投影机,如果条件允许,可以配置 4000 流明以上的工程用投影机,不仅能够保证亮度,还能保证投影尺寸足够大;对于中面积投影场所,至少需要最低 2000 ~ 2500 流明的投影机;而小面积投影场所,1500 流明的投影机一般来说就足够了。

（2）投影场所的光照条件。在白日晴天的状况下，投影处光照强度约为400Lux（小面积投影场所，下同）；如有窗帘遮挡，投影处的光照强度可减弱为约250 Lux；在夜晚打开日光灯的情况下，投影处光照强度约为450 Lux；而在一些白天室内光照强度不够的会议室，很多时候会打开日光灯提高照度，此时投影处的光照强度约为400 Lux。

400Lux的光照对投影机的要求是比较高的，此时2500流明的投影机才会有比较好的投影表现，当然，越高的亮度会有越好的表现。如果是使用1500流明左右的投影机，那就只有关闭室内光源以及使用窗帘遮挡室外光线，使环境光照低于200 Lux，才会有让人接受的投影表现。

（3）投影场所清洁且温度适宜。投影仪在工作时灯泡的发热量非常大、温度非常高。而高温是影响投影仪灯泡寿命的最直接的杀手。为了提高灯泡寿命，避免高温灼伤投影仪内部的成像器件，投影仪都设有散热风扇以及时排出灯泡发出的热量。同时，为了防止灰尘随着风扇进入投影仪内部，在风扇入口处都设有过滤网以阻挡灰尘进入。这样，一旦投影仪的工作环境灰尘较多的话，大量的灰尘将会随风扇的转动堆积在过滤网上，阻塞过滤网，影响散热效果。而吸烟产生的危害更大了，烟雾里的焦油不仅会吸附在过滤网上形成黏性物，而黏性物反过来又会黏附灰尘，从而完全堵塞过滤网。烟雾中的部分物质还能通过过滤网进入投影仪内部，污损成像元件、影响投影效果不说，还会覆盖在灯泡上，影响灯泡散热，缩短灯泡寿命。

2. 投影仪日常维护的注意事项

（1）防止强烈的冲撞、挤压和震动。因为强震能造成液晶片的位移，影响放映时三片LCD的会聚，出现RGB颜色不重合的现象；光学系统中的透镜、反射镜也会产生变形或损坏，影响图像投影效果；而变焦镜头在冲击下会使轨道损坏，造成镜头卡死，甚至镜头破裂无法使用。

（2）保持投影仪进风口的畅通，及时清洁过滤网十分必要。注意，吊顶安装的投影机，一定要保证房间上部空间的通风散热。

（3）大部分投影机使用金属卤素灯（Metal Halide），在点亮状态时，灯泡两端电压在60～80V，灯泡内气体压力大于10kg/cm$^2$，温度则有上千度，灯丝处于半熔状态。因此，在开机状态下严禁震动、搬移投影机，防止灯泡炸裂，停止使用后不能马上断开电源，要让机器散热完成后自动停机。在机器散热状态断电造成的损坏是投影机最常见的返修原因之一。另外，减少开关机次数也对灯泡寿命有益。

（4）严禁带电插拔电缆，信号源与投影机电源最好同时接地。这是由于当投影机与信号源（如PC机）连接的是不同电源时，两零线之间可能存在较高的电位差。当用户带电插拔信号线或其他电路时，会在插头插座之间发生打火现象，损坏信号输入电路，由此造成严重后果。投影机在使用时，有些用户要求信号源和投影机之间有较大距离，如吊装的投影机一般都距信号源15米以上，这时相应信号电缆必须延长，由此会造成输入投影机的信号发生衰减，投影出的画面会发生模糊拖尾甚至抖动的现象。这不是投影机发生故障，也不会损坏机器。解决这个问题的最好办法是在信号源后加装一个信号放大器，可以保证信号传输20米以上而没问题。

## 【工作小结与扩展】

投影仪是当前会务工作中常用的办公设备之一。通过本项工作任务的训练，需要重点掌握的是投影仪的正确操作方法以及日常维护方法。以下介绍与本项工作相关的一些内容。

1. 投影仪的分类

根据应用环境分类，投影仪可以分为以下六种类型：

(1)家庭影院型：其特点是亮度都在2000流明左右(随着投影的发展这个数字在不断地增大，对比度较高)，投影的画面宽高比多为16:9，各种视频端口齐全，适合播放电影和高清晰电视，适于家庭用户使用。

(2)商务便携型投影仪：一般把重量低于2公斤的投影仪定义为商务便携型投影仪，这个重量跟轻薄型笔记本电脑不相上下。商务便携型投影仪的优点有体积小、重量轻、移动性强，是传统的幻灯机和大中型投影仪的替代品。轻薄型笔记本电脑跟商务便携型投影仪的搭配，是移动商务用户在进行移动商业演示时的首选搭配。

(3)教育会议型投影仪：一般定位于学校和企业应用，采用主流的分辨率，亮度在2000~3000流明，重量适中，散热和防尘做得比较好，适合安装和短距离移动，功能接口比较丰富，容易维护，性能价格比也相对较高，适合大批量采购普及使用。

(4)主流工程型投影仪：相比主流的普通投影仪来讲，工程投影仪的投影面积更大、距离更远、光亮度更高，而且一般还支持多灯泡模式，能更好地应付大型多变的安装环境，对于教育、媒体和政府等领域都很适用。

(5)专业剧院型投影仪：这类投影仪更注重稳定性，强调低故障率，其散热性能、网络功能、使用的便捷性等方面做得很强。当然，为了适应各种专业应用场合，其最主要的特点还是高亮度，其亮度一般可达5000流明以上，高者可超过10 000流明。由于体积庞大、重量重，通常用在特殊用途，例如剧院、博物馆、大会堂、公共区域，还可应用于交通监控、公安指挥中心、消防和航空交通控制中心等环境。

(6)测量投影仪：这类投影仪不同于以上几类投影仪，早期称轮廓投影仪，随着光栅尺的普及，投影仪都安装上高精度的光栅尺。如国内较著名的测量投影仪有高诚公司生产的CPJ-3015。为与传统的投影仪区别开，这类投影仪便称为测量投影仪。其作用主要是将产品零件通过光的透射形成放大的投影，然后用标准胶片或光栅尺等确定产品的尺寸。由于工业化的发展，这种测量投影仪已经成为制造业最常用的检测仪器之一。按其投影的方式分为立式投影仪和卧式投影仪，按其比对的标准不同又分为轮廓投影仪和数字式投影仪。

2. 投影仪的选购

投影仪的性能指标是区别投影仪档次高低的标志，在选购时需要综合考虑以下几个指标：

(1)光输出，是指投影仪输出的光能量，单位为“流明”(lm)。与光输出有关的一个物理量是亮度，是指屏幕表面受到光照射发出的光能量与屏幕面积之比，亮度常用的单位是“勒克斯”(lx, $1lx = 1lm/m^2$)。当投影仪输出的光通过一定时，投射面积越大亮度越低，反之则亮度越高。决定投影仪光输出的因素有投影及荧光屏面积、性能及镜头性能，通常荧光屏面

积大，光输出大。带有液体耦合镜头的投影仪镜头性能好，投影仪光输出也可相应提高。

(2)水平扫描频率(行频)。电子在屏幕上从左至右的运动叫作水平扫描，也叫行扫描。每秒钟扫描次数叫作水平扫描频率。视频投影仪的水平扫描频率是固定的，为15.625KHz(PAL制)或15.725KHz(NTSC制)，其和图形投影仪的扫描频率不是一个频率频段。在这个频段内，投影仪可自动跟踪输入信号行频，由锁相电路实现与输入信号行频的完全同步。水平扫描频率是区分投影仪档次的重要指标。频率范围在15~60KHz的投影仪通常叫作数据投影仪。上限频率超过60KHz的通常叫作图形投影仪。

(3)垂直扫描频率(场频)。电子束在水平扫描的同时，又从上向下运动，这一过程叫垂直扫描。每扫描一次形成一幅图像，每秒钟扫描的次数叫作垂直扫描频率，也叫刷新频率，它表示这幅图像每秒钟刷新的次数。垂直扫描频率一般不低于50Hz，否则图像会有闪烁感。

(4)视频带宽，即投影仪的视频通道的总的频带宽度，其定义是在视频信号振幅下降至0.707倍时，对应信号的上限频率。0.707倍对应的增量是-3db，因此又叫作-3db带宽。

(5)分辨率，分为可寻址分辨率、RGB分辨率、视频分辨率三种。对CRT投影仪来说，可寻址分辨率是指投影管可分辨的最高像素，它主要由投影管的聚焦性能所决定，是投影管质量指标的一个重要参数。可寻址分辨率应高于RGB分辨率。RGB分辨率是指投影仪在接RGB分辨率视频信号时可达到的最高像素，如分辨率为1024×768，表示水平分辨率为1024，垂直分辨率为768。RGB分辨率与水平扫描频率、垂直扫描频率及视频带宽均有关。视频分辨率是指投影仪在显示复合视频时的最高分辨率。

(6)CRT管的聚焦性能。在CRT管中，最小像素是由聚焦性能决定的，所谓可寻址分辨率，即是指最小像素的数目。CRT管的投影仪聚焦机制有静电聚焦、磁聚焦和电磁复合聚焦三种，其中以电磁复合聚焦较为先进，其优点是聚焦性能好，尤其是高亮度条件下会散焦，且聚焦精度高，可以进行分区域聚焦、边缘聚焦、四角聚焦，从而可以做到画面上每一点都很清晰。

(7)会聚，是指RGB三种颜色在屏幕上的重合。对CRT投影仪来说，会聚控制性显得格外重要，因为它有RGB三种CRT管，平行安装地支架上，要想做到图像完全会聚，必须对图像各种失真均能校正。机器位置发生变化，会聚也要重新调整，因此对会聚的要求，一是全功能，二是方便快捷。会聚有静态会聚和动态会聚，其中动态会聚有倾斜、弓形、幅度、线性、梯形、枕形等功能，每一种功能均可在水平和垂直两个方向上进行调整。除此之外，还可进行非线性平衡、梯形平衡、枕形平衡的调整。有些投影仪具有点会聚功能，它将全屏幕分为208个点，在208个点上逐点进行调整，所以屏幕上每一点都能做到精确会聚。

## 【课后练习】

1. 简述如何操作和使用投影仪。
2. 简述投影仪的运行环境有什么要求。
3. 如何对投影仪进行日常维护?

## 5.6 拍摄活动照片并维护数码相机

数码照相机(Digital Camera),简称数码相机,是一种利用电子传感器把光学影像转换成电子数据的照相机。数码相机的核心成像部件有两种:一种是 CCD(电荷藕合)元件,另一种是 CMOS(互补金属氧化物半导体)器件。

电荷藕合器件图像传感器 CCD(Charge Coupled Device),它由一种高感光度的半导体材料制成,能把光线转变成电荷,通过模式转换器芯片转换成数字信号,数字信号经过压缩以后由相机内部的闪速存储器或内置硬盘卡保存,因而可以轻而易举地把数据传输给计算机,并借助计算机的处理手段,根据需要和想象来修改图像。

互补金属氧化物半导体 CMOS(Complementary Metal - Oxide Semiconductor)和 CCD 一样,同为在数码相机中可记录光线变化的半导体。CMOS 的制造技术和一般计算机芯片没什么差别,主要是利用硅和锗这两种元素所做成的半导体,使其在 CMOS 上共存着带 N(带 - 电)和 P(带 + 电)级的半导体,这两个互补的效益所产生的电流即可被处理芯片记录和解读成影像。然而,CMOS 的缺点就是太容易出现杂点,这主要是因为早期的设计使 CMOS 在处理快速变化的影像时,会由于电流变化过于频繁而产生过热的现象。

【学习目标】

通过本项工作任务的训练,学会数码单反相机各参数设置的方法,掌握数码单反相机的正确拍摄方式,熟悉单反相机的工作环境,能够做好摄像机的日常维护。

【工作情境】

公司为了筹备好大型的展销会,购买了一台数码单反相机,秘书小王必须尽快掌握数码单反相机的操作和维护方法,才能更好地在展销会上拍摄出理想的会议照片。

【任务分析】

此项工作任务所涉及的技能有:

- 数码单反相机各参数的设置;
- 数码单反相机的正确拍摄方式;
- 维护数码单反相机的运行环境;
- 数码单反相机的日常维护。

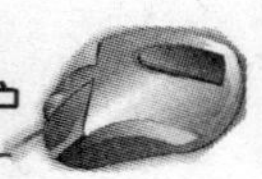

【任务关键步骤】

## 5.3.1　数码单反相机的使用

**变焦环**　进行旋转来改变焦距。可观察下方的数字和标记的位置来掌握所选择的焦距。

**对焦环**　采用手动对焦（MF）模式时，旋转该环进行对焦。对焦环的位置因镜头而异。

**对焦模式开关**　用于切换对焦方式，也就是切换自动对焦（AF）与手动对焦（MF）的开关。

**主拨盘**　用于拍摄时变更各种设置或在回放图像时进行多张跳转等操作的多功能拨盘。

**背带环**　将背带两端穿过该孔，牢固安装背带。安装时应注意保持左右平衡。

**ISO感光度设置按钮**　按下该按钮可以改变相机对亮度的敏感度。ISO感光度是根据胶片的感光度特性制定的国际标准。

**热靴**　用于外接大型闪光灯等的端子。相机与闪光灯通过触点传输信号。

**电源开关**　打开相机电源用的开关。当长时间保持打开状态时，相机将自动切换至待机模式以节省电力消耗。

**模式转盘**　可旋转转盘，以选择与所拍摄场景或拍摄意图相匹配的拍摄模式。主要可分为两大类。

**创意拍摄区**　可根据使用者的拍摄意图选择采用各种相机功能。

**基本拍摄区**　相机可根据所选择的场景模式自动进行恰当的设置。

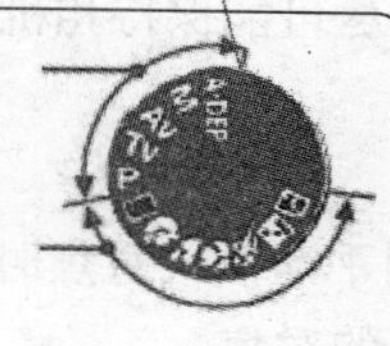

图5－35　数码单反相机操作按钮图示1（来源于百度图片）

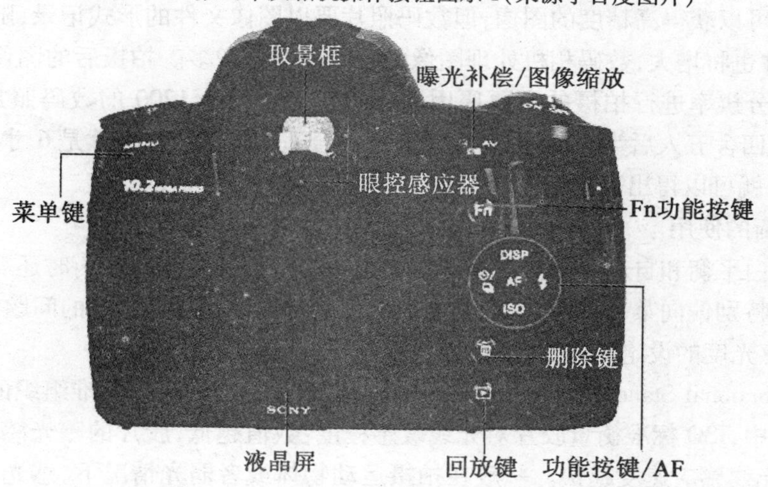


图5－36　数码单反相机操作按钮图示2（来源于百度图片）

数码单反相机的各操作按钮如图 5 – 35 和图 5 – 36 所示。

1. 拍摄前的准备

(1)电池充电

在使用相机前需要给电池充电,建议在周围环境温度介于 10 ~ 30℃(室温)的地方给电池充电。安装电池时,需注意电池方向,对准箭头指示的方向,将电池安装到电池充电器中,充电时间的把握应参照说明书中的具体要求。

(2)记忆卡的准备

数码相机可以将静态图片或动态影像录制到记忆卡中,在拍摄之前需将记忆卡插入相机的记忆卡插槽中。首先要关闭相机,按箭头指示的方向滑动释放开关,打开记忆卡盖,注意记忆卡插入时的方向,最后关闭记忆卡盖。要想取出记忆卡,请按压记忆卡直到发出"咔嗒"声为止,然后平直抽出记忆卡。

2. 拍摄

(1)开启照相机

打开照相机电源开关至"ON"的位置,选择拍摄模式,使用 LED 监视器或取景器取景。

(2)正确握持相机

双手平稳地持握相机,两臂放在身体两侧保持不动,两脚稍微分开站立。拍摄优质的相片的第一步是正确握持相机,这很重要。特别是在光线不足的室内环境拍摄时,相机需要更长时间曝光照片,拍摄时应尽可能保持相机的静止,可以借助桌椅或墙壁来确保握持相机的稳定性。

(3)对焦

通过转动变焦环(采用手动模式对焦时旋转对焦环)来改变焦距,直到拍摄主体清晰显示为止,即完成对拍摄主体的对焦。

(4)分辨率的设置

高分辨率可以获得高精度的图像,但数码照片要以图像文件的形式记录,随着分辨率的提高,图像文件也将增大,数码相机处理图像的时间也随之增多。拍摄后的图像用途是影响选择哪一级别分辨率进行拍摄的主要原因。分辨率为 1600 × 1200 的数码照片,通过 1600 ÷ 250 = 6.4,四舍五入后为 6 的计算方法,计算出合适的冲印照片尺寸是 6 寸,那么您可以将 6 乘以 250,就可以得出选择 1600 × 1200 的分辨率是比较合适的。

(5)白平衡的使用

预定义的白平衡和自动白平衡的修正能力也是有限的。自动白平衡时还容易由于前一个景物的颜色特别偏向某一种颜色,引起之后的照片都偏向某一种颜色的问题。

(6)ISO 感光度的设定

ISO(International Standards Organization)是制定工业标准的国际标准组织的简称。胶片相机工业标准中,ISO 标准衡量胶片对光线敏感程度:数值越低,胶片的曝光感应速度越慢;数值越高,对光线感应速度越快。一般在拍摄运动物体或者弱光情况下,感光度越高越好,但是高感光度下的图像噪音信号较多,清晰度也下降;相反,感光度低,图像噪音信号减少,画质细腻,但不适用于拍摄运动物体或者弱光环境。ISO 的设置可参见图 5 – 37 中的数值。

(ISO)

| | 自动 | 人像 | 风光 | 微距 | 运动 | 夜景人像 | 闪光灯关闭 |
|---|---|---|---|---|---|---|---|
| 普通(无闪光灯) | 自动设置* | 100 | 自动设置* | 自动设置* | 400 | 自动设置* | 自动设置* |
| 使用内置闪光灯 | 400** | 100 | | 400** | | 400** | |
| 使用外置闪光灯 | 100 | 100 | 100 | 100 | 400 | 100 | |

*在 ISO 100～400 间自动设置　**白天逆光下,设置为100

图5-37　ISO感光度设置(来源于百度经验)

(7)拍摄模式的设定

通过旋转“模式转盘”来选择与拍摄场景或拍摄意图相符合的模式,主要有人物、风景、微距、运动、雪地、夜景等模式。选择M模式,按下快门,即可录制动态视频,再次按下快门,停止录制。

(8)快门的控制

常见的快门速度有:1,1/2,1/4,1/8,1/15,1/30,1/60,1/125,1/250,1/500,1/1000,1/2000等,单位为秒。慢快门有1秒、2秒、4秒等甚至更长。拍摄时,先半按快门按钮聚焦,再完全按下快门按钮,拍摄图像。

(9)合理使用闪光灯

闪光灯是非常便捷且适合当作补充光源的一种工具。但一般来说,强调自动化的数码相机并没有太强的闪光灯,充其量是把闪光灯功能加以程序化,提供“自动”、“强制”、“防红眼”、“慢速”等设定。

### 3. 数码照片的导出

将数码相机连接到计算机的USB端口。如果数码单反相机支持即插即用(Plug and Play)功能,计算机便会启动扫描仪与数码相机向导(Scanner and Camera Wizard)程序,右键单击准备导出照片的数码相机,并在随后弹出的快捷菜单上单击与设备相关的适当选项。按照屏幕提示步骤执行图像导出操作。

或将记忆卡直接插入电脑USB接口,按照使用优盘的方式将照片导入电脑。

### 4. 其他操作

(1)红外线拍摄。数码相机由于硅材质的感光元件对红外线的波长敏感,拍摄红外线照片会比传统相机简单。

(2)数码相机的三大存储格式就是RAW、TIFF和JPEG。使用RAW这种图像格式,需要专门的图像处理工具软件。存储卡上的数码照片和已经拷贝到电脑上的数码照片一样,是可以恢复的。

(3)Exif信息非常有用,但也很容易被破坏。如果您使用WindowsXP的图像文件查看功能浏览数码照片,照片上的摄影信息将会被破坏,而且这些摄影信息一旦被破坏就无法恢复了。

### 5.3.2 数码单反相机的日常维护

1. 数码单反相机的运行环境维护

(1)环境温度

数码相机的工作环境温度不应超过40℃,尤其是在夏天,长时间在毒热的太阳下暴晒,很容易使相机内部线路和精密感光元件受损,而且在高温环境下长时间开机工作,不仅会对图片成像品质造成影响,更会缩短相机元件的使用寿命。

(2)环境湿度

潮湿环境给相机带来的负面影响也许不是当时能显现的,但长期将相机置于潮湿环境中,很容易导致内部线路受损或镜头发霉。因此,相机在潮湿环境中使用过后,一定要放置在干燥的地方保存,并定期开机让相机工作一会儿,以驱散机内的潮气。

(3)避免水和灰尘

相机要避免雨天使用,尤其是家用数码相机的伸缩式镜头和数码单反相机的外变焦镜头,随着变焦而转动镜头,很容易让水进入镜头内部,从而对驱动马达线路和镜头内部镜片造成损害。

细微的灰尘很容易从相机各个部件的接缝中进入内部,最常见的就是从DC伸缩镜头接缝处进入镜头,造成镜头伸缩不畅,或通过单反镜头卡口进入反光镜箱,附着在感光元件上,使最终拍摄的影像画面上出现“黑点”。

(4)避免长时间曝光

影像传感器和处理器长时间工作会发热并产生大量的电子噪音,会对图片画面造成严重的噪点,对影像传感器本身的使用寿命是一种考验,严重时会造成永久性伤害。所以,尤其在拍摄夜景时,尽量使用较低感光度,并适当让相机“休息”,一方面避免噪点,另一方面也避免让影像传感器连续工作发热。

2. 数码单反相机日常保养的注意事项

(1)存放

在存放数码相机前,要先取出电池。如果数码相机长期不用时,应取出电池,卸掉皮套,存放在有干燥剂的盒子里。有条件的情况下,应该放在能够控制温度、湿度的封闭空间。数码相机的存放也要注意防尘、防潮、防晒、防高温等。

(2)镜头的清洁

镜头上的灰尘或指纹会严重降低图像质量,在不使用时,最好盖上镜头盖,以减少清洗的次数。清洗镜头时,先使用软刷和吹气球去除尘埃颗粒,然后再使用镜头清洗布。滴一小滴镜头清洗液在拭纸上,并用专用棉纸反复擦拭镜头表面。在擦洗时,不要用力挤压,因为镜头表面覆有一层比较易受损的涂层。千万别用硬纸、纸巾或餐巾纸来清洗镜头。

(3)液晶屏的保护

在使用、存放中,要注意不让彩色液晶显示屏表面受重物挤压,更要注意不要脱手将相机掉到地上以免摔坏液晶显示屏。彩色液晶显示屏表面脏了,只能用干净的软布轻轻擦拭,一般不能用有机溶剂清洗。也可以通过贴膜对液晶屏进行保护。

(4)存储卡的维护和保养

安装和取出存储卡,都要在关闭数码相机的情况下进行。在安装存储卡时要注意装入的方向。在格式化存储卡时,要注意不同的数码相机对存储卡的格式化方式也有所不同,格式化存储卡常用的是利用数码相机的液晶显示屏所显示的功能菜单来一步步进行,大多数数码相机菜单中所显示的是"FORMAT",而有的数码相机则显示"INITIALIZE"。存储卡尽量避免在高温、高湿度下使用和存放,不要对存储卡施重压,不要弯曲存储卡,避免存储卡掉落和受撞击;要避静电、避磁场,在存放和运输途中,尽可能将已存放有影像文件的存储卡置于防静电盒中。

(5)电池的使用和保养

数码单反相机主要是靠电池提供电源,但如果你使用的是不匹配的电池或是不注意节省,电池就会在你没拍摄几张照片时就耗尽了。当然,电池最终还是会用完的,当你发现它们就快耗尽时,你就需要更换它们。为了延长拍摄时间,拍摄过程中应该尽量不使用 LCD 取景器,减少光学变焦的次数,减少使用闪光灯的次数,保持电池两端的接触点和电池盖子的内部干净。如果发生严重的氧化或脱落的情形时,应该立即更换新的电池。不管是哪一类型的电池都不要放在装有金属物品的容器中。

(6)机身清洁

数码相机的机身一般用干净软布擦拭,特别脏的部位,可以用脱脂棉球蘸纯净水(以紧捏不能滴出水来为度)来擦拭,擦拭后待其自然干燥。注意不能使用酒精或其他化学物品来擦拭。

(7)固件升级

所谓固件(Firmware),就是相机内部的系统程序软件。一般而言,固件升级主要是两个作用:第一是修正原来软件中的 bug,第二是更新软件的功能,以达到优化完善系统和升级系统的目的。

## 【工作小结与扩展】

随着数码相机价格的降低,很多人都拥有了自己的数码相机,越来越多的单位也购置了价格较高的数码单反相机。作为秘书及办公室人员,在办会过程中会常常使用到数码相机,通过本项工作任务的训练,需要重点掌握的技能是:数码单反相机的各参数的设置、数码单反相机的正确操作方式及其日常维护。

1. 数码相机的分类和特点

常见的数码相机有单反相机、微单相机、卡片相机、长焦相机等。

(1)单反相机(如图5-38所示)

单反相机前面已经有所介绍,是指单镜头反光数码相机,即 digital(数码)、single(单独)、lens(镜头)、reflex(反光)的英文缩写 dslr。市场中的代表机型常见于尼康、佳能、宾得、富士等。此类相机一般体积较大,比较重。使用电子取景器 evf 的机型,也归入单反类,但一般加注"类似",或注明是 evf 取景,如奥林巴斯 c-2100uz、富士 finepix 6900 等。在单反数码相机的工作系统中,光线透过镜头到达反光镜后,折射到上面的对焦屏并结成影像,透过接目镜和五棱镜,我们可以在观景窗中看到外面的景物。与此相对的,一般数码相机只能通过

LCD 屏或者电子取景器(evf)看到所拍摄的影像。显然直接看到的影像比通过处理看到的影像更利于拍摄。单反数码相机的一个很大的特点就是可以交换不同规格的镜头,这是单反相机天生的优点,也是普通数码相机所不能比拟的。

图 5－38　单反相机

图 5－39　微单相机

(2)微单相机(如图 5－39 所示)

微单包含两个意思:微,微型小巧;单,可更换式单镜头相机。也就是说这个词是表示了这种相机有小巧的体积和单反一般的画质,即微型小巧且具有单反性能的相机称之为微单相机。普通的卡片式数码相机很时尚,但受制于光圈和镜头尺寸,总有些美景无法拍摄;而专业的单反相机过于笨重。于是,博采两者之长的微单相机应运而生。

主要特点:微单去掉了单反中的反光板及机顶取景系统,修改了单反中的对焦系统。没有了反光板就意味着没有光线的反射,所以就无法直接通过镜头看到景物,这样的情况下只好另外开一个取景窗,即是同卡片机一样通过 LCD 取景,同时可提升微单机身的紧凑性。当然对焦性能也不一样,单反的对焦性能为相位对焦,而微单使用的是反差对焦。反差式对焦在对焦过程中需反复检测对比度,当合焦后可能还会继续对焦过头,然后再回到合焦位置,这样就会比相位式对焦要慢一点;而相位式对焦一开始就可以直接到合焦的位置,不需要过头再合焦,这样可省掉一些时间,会快一点。

某些品牌的新款微单相机都采用高检测频率反差式对焦功能,对焦速度能够达到甚至超过单反的对焦速度,这项技术足以填补微单对焦慢的不足。其实反差式对焦还有一个优点就是不会跑焦,而且也不需要十字双十字对焦点就能实现准确对焦,这项技术的提升为微单产品增加不少色彩。

(3)卡片相机(如图 5－40 所示)

卡片相机在业界内没有明确的概念,那些小巧的外形、相对较轻的机身以及超薄时尚的设计是衡量此类数码相机的主要标准。其中索尼 T 系列、奥林巴斯 AZ1 和卡西欧 Z 系列等都应划分为这一领域。

主要特点:卡片数码相机可以不算累赘地被随身携带,而在正式场合把它们放进西服口袋里也不会坠得外衣变形,女士们的小手包再也不难找到空间挤下它们,在其他场合把相机塞到牛仔裤口袋或者干脆挂在脖子上也是可以接受的。虽然它们功能并不强大,但是最基本的曝光补偿功能还是超薄数码相机的标准配置,再加上区域或者点测光模式,这些小东西

在有时候还是能够完成一些摄影创作。至少你对画面的曝光可以有基本控制，再配合色彩、清晰度、对比度等选项，很多漂亮的照片也可以来自这些被“高手”们看不上的小东西。

卡片相机和其他相机的区别。优点：时尚的外观、大屏幕液晶屏、小巧纤薄的机身，操作便捷；缺点：手动功能相对薄弱、超大的液晶显示屏耗电量较大、镜头性能较差。

(4)长焦相机(如图5－41所示)

长焦数码相机指的是具有较大光学变焦倍数的机型，而光学变焦倍数越大，能拍摄的景物就越远。代表机型为美能达Z系列、松下FX系列、富士S系列、柯达DX系列等。

图5－40　卡片相机

图5－41　长焦相机

主要特点：长焦数码相机的主要特点其实和望远镜的原理差不多，即通过镜头内部镜片的移动而改变焦距。当人们拍摄远处的景物或者是被拍摄者不希望被打扰时，长焦的好处就发挥出来了。另外焦距越长则景深越浅，和光圈越大景深越浅的效果是一样的。浅景深的好处在于突出主体而虚化背景，相信很多人在拍照时都追求一种浅景深的效果，这样使照片拍出来更加专业。一些镜头越长的数码相机，内部的镜片和感光器移动空间更大，所以变焦倍数也更大。如今数码相机的光学变焦倍数大多在3～12倍之间，即可把10米以外的物体拉近至3～5米，也有一些数码相机拥有10倍的光学变焦效果。家用摄录机的光学变焦倍数在10～22倍，如果光学变焦倍数不够，人们可以在镜头前加一增倍镜。其计算方法是这样的：一个2倍的增距镜，套在一个原来有4倍光学变焦的数码相机上，那么这台数码相机的光学变焦倍数就由原来的1倍、2倍、3倍、4倍变为2倍、4倍、6倍和8倍，即以增距镜的倍数和光学变焦倍数相乘所得。

### 2. 数码相机的选购

在选购时，需综合考虑以下几个性能指标。

(1)光圈

由$f$值来表示，由于是倒数关系，所以$f$值越大，光圈越小。一般数码相机的最大光圈是2.0，个别款是1.8(如奥林巴斯C-4040ZOOM)。简单说光圈越大表示进光量就越大，这样的好处是在弱光环境中可以在不需要别的辅助方式的情况下保持相对高的快门速度。大光圈的另一个好处是可以取得更浅的景深，简单说就是可以使主体以后某段距离之外的东西虚化得更好，一般拍特写时比较有好处。所以选择时尽量选择最大光圈比较大的。最小光圈通常都是8.0，个别的是11(松下/莱卡DMC-LC1)，这个数值大部分相机区别不大，

DMC-LC1价格也接近或者超过入门单反的价钱,所以可选余地不大。

(2)快门

简单说,快门是用来决定进光时间长短的装置。一般来说范围越大越好,但是在消费级数码相机里都不会做得太大,特别是最高快门,目前超过 1/2000 秒一般要高端机才具备,所以选择时要注意的是最慢速度,最好是有 b 门,也就是可以自己决定曝光时间,而且不少机种也具备。

(3)ccd 尺寸

可以看到很多对数码相机的介绍里会把 ccd 尺寸标上,简单说这个 ccd 尺寸就是感光芯片的大小。一般是越大越好,比如 2/3 的比 1/1.8 的好,1/1.8 的又比 1/2.5 的好。理论上在相同像素下,ccd 尺寸越大产生的噪点就越少。反映在选购相机时就是,比如都是 500 万像素的相机,一个用的是 2/3 的 ccd,一个用的是 1/1.8 的相机,我们优先考虑的是 2/3 的那款。

(4)光学变焦

一般光学变焦与数码变焦是有很大区别的,严格地说,数码变焦是没有多少实际价值的,在选购相机时要注意区别标的是数码变焦还是光学变焦的倍数。光学变焦镜头的出现实际上是为了做到“一镜走天下”这个概念而产生的,简单说就是为了方便,适用范围大。但是,光学变焦镜头的结构通常很复杂,镜片数量很多,光线进入相机时镜头片数越多产生的折射次数就越多,成像质量就会受到影响。所以一般情况下,同级的变焦镜头是比不上定焦镜头的。一般高倍长焦机也属于一些高端机,所以不会做得太差,可以尽量选择。

(5)像素

像素对于最后的冲印大小起到了决定性的作用。一般冲印分辨率的要求大概在 240dpi 就可以了,这是个什么概念呢?这里有个简单的算法,比如 500 万像素的照相机最大分辨率一般是 2560×1920,2560/240 约等于 10.6,也就是说 500 万像素的相机在保证图像质量的前提下最大可以冲长边为 10 寸的照片。所以,在选购相机之前按自己的需要先用这个公式算一下,在价格和需求之间找一个平衡点。

## 【课后练习】

1. 阐述数码相机的工作情境是什么。
2. 数码相机依据核心成像部件分为哪几类?分析不同类别数码相机的工作原理。
3. 如何操作和使用数码相机?
4. 如何对数码相机进行日常维护?

# 5.7　拍摄会议视频并维护摄像机

数码摄像机就是DV,DV是Digital Video的缩写,译成中文就是“数字视频”的意思。摄像机是一种把景物光像转变为电信号的装置。其结构大致可分为三部分:光学系统(主要指镜头)、光电转换系统(主要指摄像管或固体摄像器件)以及电路系统(主要指视频处理电路)。

光学系统的主要部件是光学镜头,它由透镜系统组合而成。这个透镜系统包含着许多片凸凹不同的透镜,其中凸透镜的中夹比边缘厚,因而经透镜边缘部分的光线比中央部分的光线会发生更多的折射。

当被摄对象经过光学系统透镜的折射,在光电转换系统的摄像管或固体摄像器件的成像面上形成“焦点”后,光电转换系统中的光敏元件会把“焦点”外的光学图像转变成携带电荷的电信号。这些电信号的作用是微弱的,必须经过电路系统进一步放大,形成符合特定技术要求的信号,并从摄像机中输出。

当摄像机中的摄像系统把被摄对象的光学图像转变成相应的电信号后,便形成了被记录的信号源。录像系统把信号源送来的电信号通过电磁转换系统变成磁信号,并将其记录在录像带上。如果需要摄像机的放像系统将所记录的信号重放出来,可操纵有关按键,把录像带上的磁信号变成电信号,再经过放大处理后送到电视机的屏幕上成像。从能量的转变来看,摄像机的工作原理是一个光—电—磁—电—光的转换过程。

【学习目标】

通过本项工作任务的训练,学会数码摄像机各参数设置的方法,掌握数码摄像机的正确拍摄方式,熟悉数码摄像机的工作环境,能够做好摄像机的日常维护。

【工作情境】

为了筹备好大型的展销会,公司新进购置了一台专业级的数码摄像机。秘书小王仅使用过简单的消费级型数码摄像机,他需要尽快掌握数码摄像机的操作和维护方法,才能顺利地拍摄展销会的会议视频。

【任务分析】

此项工作任务所涉及的技能有:

- 数码摄像机的正确拍摄方式;
- 数码摄像机手动拍摄的设置;
- 维护数码摄像机的运行环境;
- 数码摄像机的日常维护。

【任务关键步骤】

## 5.4.1 数码摄像机的使用

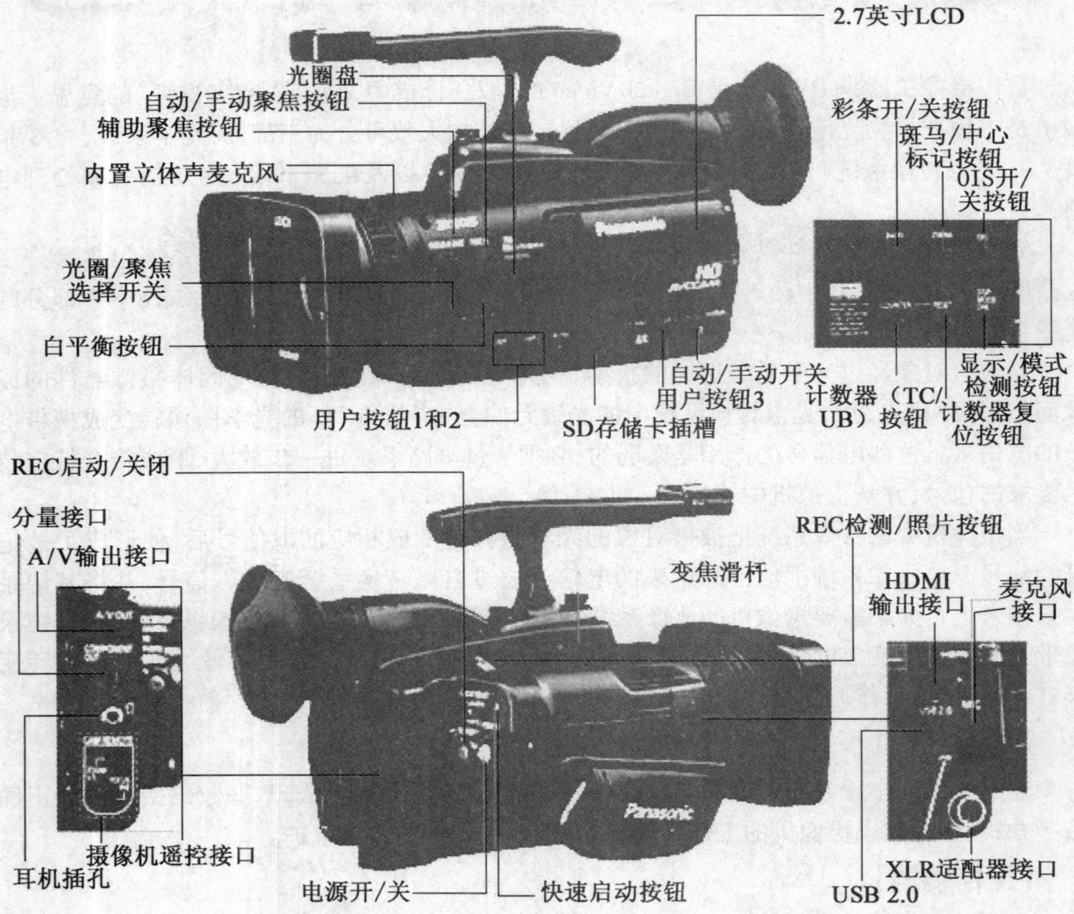

2.7英寸LCD
光圈盘
自动/手动聚焦按钮
辅助聚焦按钮
内置立体声麦克风
彩条开/关按钮
斑马/中心标记按钮
OIS开/关按钮
光圈/聚焦选择开关
白平衡按钮
自动/手动开关
用户按钮3
显示/模式检测按钮
计数器（TC/UB）按钮
计数器复位按钮
用户按钮1和2
SD存储卡插槽
REC启动/关闭
分量接口
A/V输出接口
REC检测/照片按钮
变焦滑杆
HDMI输出接口
麦克风接口
摄像机遥控接口
耳机插孔
XLR适配器接口
电源开/关
快速启动按钮
USB 2.0

图5-42　数码摄像机操作按钮图示(来源于百度图片)

1. 拍摄前的准备

(1)电池充电

在使用摄像机前需要给电池充电,建议在周围环境温度介于10~30℃(室温)的地方给电池充电。将AC电缆连接到电池充电器和AC电源插座上,对准箭头指示的方向,将电池安装到电池充电器中。充电时间的把握应参照说明书中的具体要求。

(2)记忆卡的准备

数码摄像机可以将静态图片或动态影像录制到记忆卡中,在拍摄之前需将记忆卡插入相机的记忆卡插槽中。首先要确认存取指示灯已经熄灭,打开记忆卡插槽盖,注意记忆卡插入时的方向,最后关闭记忆卡盖。要想取出记忆卡,请按压记忆卡直到发出“咔嗒”声为止,然后平直抽出记忆卡。

2. 拍摄

（1）开启摄像机

打开摄像机电源开关至“ON”的位置，选择录制模式，使用 LED 监视器或取景器取景。

（2）拿稳摄影机

将手穿过手持带持握摄像机，最好是用两只手来把持摄影机，这绝对比单手要稳，或利用身边可支撑的物品或准备摄影机脚架，无论如何就是尽量减轻画面的晃动。最忌讳边走边拍的方式，这也是最多人犯的毛病，这种拍摄方式是特殊情况下才运用的。千万记住画面的稳定是动态摄影的第一要件。

（3）开始或结束拍摄

按录制“REC 启动/关闭”按钮，开始录制；如果再次按“REC 启动/关闭”按钮，录制会停止。

（4）触摸屏的使用

可以通过用手指直接触摸 LCD 监视器（触摸屏幕）来进行操作。进行复杂的操作时或用手指很难进行操作时，使用触摸笔（提供）会更方便。通过触摸屏的菜单选项进行相应设置和操作。

（5）固定镜头

简单地说就是镜头对准目标后，做固定点的拍摄，而不做镜头的推近拉远动作或上下左右的扫摄，设定好画面的大小后开机录像。平常拍摄时以固定镜头为主，不需要做太多变焦动作，以免影响画面稳定性。如在拍摄全景时摄影机靠后一点，想拍其中某一部分时，摄影机就往前靠一点。如果因为场地的因素无法靠近，当然也可以用变焦镜头将画面调整到想要的大小。但是切记不要固定站在一个定点上，要利用变焦镜头推近拉远地不停拍摄。除非你用三角架固定，否则长距离的推近拉远，一定会造成画面的抖动。

（6）智能自动模式

在智能自动模式下，只要将摄像机对准想要拍摄的被摄物体，就会设置为适合拍摄状况的以下模式，如肖像、风景、聚光灯、地照度等模式（如表 5－1 所示）。

**表 5－1　智能自动模式效果**

| 模式 | | 效果 |
|---|---|---|
| iD | 肖像 | 检测人脸并自动聚焦，调整亮度以便清晰地拍摄 |
| iA | 风景 | 即使背景天空可能会非常亮，但在不使背景天空发生白饱和情况下，整个风景也会被拍摄得非常鲜明 |
| iO | 聚光灯 | 非常亮的被摄物体被拍摄得很清晰 |
| i? | 低照度 | 即使在光线昏暗的房间内或在黄昏时，也可以拍摄得非常清晰 |
| iA | 正常 | 在上述模式以外的模式下，对比度会被调整，以获得清晰的图片 |

切换到智能自动模式时，会自动白平衡和自动聚焦，并且自动调整色彩平衡和焦点。

（7）手动功能的运用

①手动焦距调整

按“FOCUS A/M/”按钮切换到手动聚焦,会从 AF 切换到 MF,通过转动聚焦环调整焦点。

一般的拍摄情况大都是采用自动对焦,但是在特殊情况下如隔着铁丝网、玻璃,与目标之间有人物移动等,往往会让画面焦距一下清楚一下模糊。因为自动对焦的情形下摄影机依据前方物体反射回来的讯号判断距离然后调整焦距,所以才会发生上述的情形。所以只要将自动对焦切到手动,将焦距锁定在固定位置(由于各厂牌显示及调整的方式有所不同,请参照说明书),焦距就不会变来变去了。

具有以下某一性质的物体会使摄像机聚焦不准:表面黑暗的物体,有光泽或反射光太强的物体,反差太小的物体,快速移动的物体,一部分靠近摄像机而另一部分离得太远的物体。如白色的墙壁、水面、玻璃等。在拍摄具有以上特点的物体时,最好使用手动变焦。

②手动白平衡调整

根据场景或光线条件,自动白平衡功能可能无法再现自然的色彩,在这种情况下,可以通过白平衡按钮设置为手动调节状态,然后持续按“W. B.”按钮开始进行白平衡调整。

③手动光圈调整

按“IRIS A/M”按钮切换到手动光圈模式,通过转动光圈环调整光圈。

拍摄逆光及夜景时,如果以全自动模式拍摄,前者必定是主体或人物全黑而背景光亮,后者却是黑暗中灯光一片模糊。针对以上的问题,最好的方式就是逆光时按下逆光补正功能键。如果没有这个功能,那就将全自动模式切换到手动模式,找到亮度调整键进行画面亮度的调整,逆光时将亮度调亮,夜景时则调暗。一般都会将数据以数字或图形显示在观景器上或是液晶屏幕上,当然最好的方式还是直接看着观景器或是液晶屏幕上的画面调整到适当的亮度。

(8)运用变焦镜头

数码摄像机与数码相机一样具有变焦镜头,但是最大不同点就是,摄影机可以在拍摄的同时做变焦的动作,改变画面大小的取景。那么变焦镜头怎样运用才恰当呢?当你要表达某件物品或人物的位置时,例如特写一朵花,然后慢慢地将镜头拉远,画面渐渐出现,原来是一朵插在花瓶里的花。变焦镜头的运用让画面更为生动有趣。不需要旁白及说明,可通过画面的变化看出拍摄者所要表达的内容及含意,这就是所谓的“镜头语言”。如果以推近的变焦拍摄,则用意在说明特定的目标或人物。例如:画面开始是一群小孩在表演舞蹈的全景,几秒钟后画面渐渐推近到其中一个小女孩的半身景,然后镜头就跟着她。这种拍摄方法其实就在告诉观众这个小女孩是主角。

滥用变焦镜头,画面忽近忽远重复地拍摄,是拍摄的禁忌。记得推近或拉远的拍摄动作,每做一次后就暂停,换另外一个角度或画面后,再开机拍摄,这样可保证拍摄画面的效果。

(9)动态拍摄

在拍摄时常常会碰到无法将景物的全景拍摄进来的情况,这时候拍摄景物时通常是将摄影机由右到左或是由左到右地扫摄,这就是动态拍摄。但是,动态拍摄如果处理不好,画面常常摇来摇去或是忽快忽慢,就会影响观看效果。这些问题主要由于拍摄者身体转动方式不对,或是转动角度太大,或者是犹豫不决,没有一气呵成。

正确的做法是以腰部为分界点，下半身不动上半身移动。例如要拍的景物，需要从甲点扫摄到乙点，首先将身体面向乙点后下半身不动，然后转动上半身面向甲点，此时摄影机是对着甲点的方向，接着按下录制键，先原地不动录5秒钟，然后慢慢扫摄回到乙点，到了定位时不动继续录5秒后关机。

扫摄速度的快慢其实并无一定准则，需根据所要扫摄景物的丰富程度而定。如果拍摄的是静态的景物，则速度可稍快一点，但要以看得清楚内容为原则；如果取景内容是动态的物体或内容相当丰富，则速度可稍慢一点。

(10)拍摄静态图片

首先调整至照相机模式，按按钮即可拍摄静态图片。

## 5.4.2　数码摄像机的日常维护

### 1. 数码摄像机的运行环境维护

(1)环境温度

数码摄像机只适应在0～40℃的温度里工作。数码摄像机采用CCD电荷耦合器件，它耐高温的能力是有限的，所以不能用数码摄像机直接对着太阳或者非常强烈的灯光拍摄，否则会在图像上形成严重的垂直拖影，使拍摄质量受到影响；特殊需要或无法避开时也要尽量缩短拍摄时间。摄像机在低温下可能会停止工作，因而需用报纸或塑料袋将摄像机包好，直至摄像机温度升至适合温度时再使用。

(2)环境湿度

数码摄像机运行的环境湿度也不易过大。摄像机如果长期被置于潮湿环境中，很容易导致内部线路受损或镜头发霉。

(3)环境清洁

数码摄像机应当工作和存放在清洁的环境中，这样可以减少因外界灰尘、污物、油烟等的污染而引起故障的可能性。因为油烟、灰尘等落入机器的镜头后会影响摄像的清晰度并增加调整开关盒旋钮的惰性。在户外空旷地区，拍摄时风沙会比较多，甚至可能有狂风，由于风沙容易刮伤摄像机的镜头或渗入对焦环等机械装置中造成损伤，因此除了正在拍摄外应随时用护盖将镜头盖住，在风沙大的地区最后记得将摄像机的护套带上。

(4)防磁干扰

摄像机是光电一体的精密设备，光电转换是其主要的工作原理，关键部件如CCD、DSP芯片对强磁场和电场都很敏感，它们会影响到这些部件的正常性能发挥，直接影响到拍摄效果，甚至导致数码摄像机无法操作。摄像机不能靠近有磁力线之物体，如马达、变压器、扬声器、磁铁等，因为摄像机对磁场非常敏感。不仅这些，就是收音机、电视机天线也能使摄像机摄取的图像变形，最好也不要靠近。

(5)防X射线

不要把摄像机放在无线电波或X射线活动区，因为这两者均会损害镜头和电子组成部分。

(6)防腐蚀

摄像机也不要放在有腐蚀性的物品旁边，因为现在摄像机的外壳就是两种，一种是塑

料，另一种是金属，都极易被腐蚀，造成外壳损坏。

2. 数码摄像机日常保养的注意事项

(1)拍摄及停用防护

拍摄时要避免镜头直对阳光，以免损害 CCD 板，为避免强烈阳光可以考虑加上遮光罩。各种口径的 UV 镜可以最大限度地保护镜头不受伤害，并带来其他一些好处。

要避免连续、持久、固定地对着强光照射下的主体，尤其是明暗反差很强的主体，如夜间的灯光；否则，摄像管的光敏靶将会在那个明亮主体的位置上留下“光点”，使以后拍摄的镜头，尤其是低调子的画面上，总是出现那个“光点”，这就是惰性。如果发生这种情况，应让摄像机休息几天，一般可望在一周内“康复”。

如要在雨雪天拍摄，要注意妥善防护。寒冷的冬天，从室外进入室内机器容易结露，像人戴的眼镜一样。正确的方法应该是放置在密封的塑料袋中，待机器与室内温度一致时再取出。

摄像机长期不用时，每隔 6 个月至少运行 1 次，每次通电 2 ~ 3 小时。

(2)清洁

对数码摄像机来说，最费时的工作就是对取景装置的清洁工作。特别是要保持镜头和液晶显示屏清洁。清洁镜头和液晶屏的方法可以参加数码相机的镜头清洁与液晶屏清洁的相关内容，这里不再详述。

(3)电池保养

如果摄像机是使用镍镉(NiCer)或镍氢(N1U)电池，则要避免电池因记忆效应而缩短使用寿命。所谓记忆效应指的是当电池电量尚未完全消耗前便加以充电的话，则电池的电力容量会减小。因此，使用这类电池时最好等电池电量完全用完后(摄像机出现电池耗尽的指示时)再加以充电，这对电池使用寿命很有帮助。

充电电池在使用之前都应该先充好电。若是在温度较低的情形下使用，可能会较为耗电，可以预先准备约是拍摄时间 2 ~ 3 倍分量的电池。摄像机不用时最好放在防潮箱内(在可以密封的箱子内放入干燥剂即可，干燥剂可在药房或摄影器材店购得)，因为摄像机镜头有可能因为湿气而发霉。通常使用锂电池无记忆效应问题，但锂电池单价较高，并也不是每种厂牌或机型皆有配备锂电池。

## 【工作小结与扩展】

目前，作为秘书及办公室人员在办会过程中会常常使用到数码摄像相机。通过本项工作任务的训练，需要重点掌握的技能是：数码摄像机的正确操作方式及其日常维护的方法。

1. 数码摄像机的分类及特点

按照使用用途分类，数码摄像机可以分为以下三类。

(1)广播级机型(如图 5 - 43 所示)

这类机型主要应用于广播电视领域，图像质量高，性能全面，但价格较高，体积也比较大。它们的清晰度最高，信噪比最大，图像质量最好。当然几十万元的价格也不是一般人能接受得了的。

(2)专业级机型(如图5－44所示)

这类机型一般应用在广播电视以外的专业电视领域,如电化教育等。其图像质量低于广播用摄像机,不过近几年一些高档专业摄像机在性能指标等很多方面已超过旧型号的广播级摄像机,价格一般在数万元至十几万元之间。

相对于消费级机型来说,专业DV不仅外形更酷,更起眼,而且在配置上要高出不少,比如采用了有较好品质表现的镜头、CCD的尺寸比较大等,在成像质量和适应环境上更为突出。对于追求影像质量的朋友们来说,影像质量提高给人带来的惊喜,完全是不能用金钱来衡量的。

(3)消费级机型(如图5－45所示)

这类机型主要是适合家庭使用的摄像机,应用在图像质量要求不高的非业务场合,比如家庭娱乐等。这类摄像机体积小重量轻,便于携带,操作简单,价格便宜。在要求不高的场合可以用它制作个人家庭的VCD、DVD,价格一般在数千元至万元级。

如果再把家用数码摄像机细分类的话,大致可以分为以下几种:入门DV、中端消费级DV和高端准专业DV产品。

图5－43　广播级摄像机

图5－44　专业级摄像机

图5－45　消费级摄像机

2. 数码摄像机的选购

在选购数码摄像机时,需考虑以下几个性能指标。

(1)CCD

CCD的像素是衡量数码摄像机成像质量的一个重要指标,像素的大小直接决定所拍摄的影像的清晰度、色彩以及流畅程度。CCD的像素基本上决定了数码摄像机的档次。现在中档一般是在80万至100万像素,而中高档一般是在120万像素以上。CCD的面积也是一个重要指标,面积小的CCD的成像质量相对要模糊、色彩还原丰富程度也要差些,而且用在防抖的面积也小很多,因此防抖功能当然也就相对弱一些。

(2)镜头

同数码相机一样,镜头也是决定数码摄像机成像质量的重要因素。镜头首先要看光学变焦倍数,这里指的是光学变焦。光学变焦倍数越大,拍摄的场景大小可取舍的程度就越大,对拍摄时候的构图会带来很大的方便,这点和相机的变焦镜头是同等道理,其次是看镜头口径,如果口径小,那么即使像素再大,在光线比较暗的情况下也拍摄不出好的效果来,也就是说,它将成为数码摄像机成像的一个瓶颈。

(3)外形和体积

家用摄像机一般都是带有娱乐性质,所以考虑外形是很有必要的。还有一个就是体积,家用摄像机一般都在外出时候携带,那么小巧玲珑就显得非常必要。最重要的是,拍摄起来可以采用任何姿势,而不必因为人的站位局限了拍摄视角。

【课后练习】

1. 简述数码摄像机的使用操作方法。
2. 数码摄像机对工作环境有什么样的要求?
3. 如何对数码相机进行日常维护?

## 5.8 刻录一张光碟并维护刻录机

随着电脑技术的不断进步和商务办公条件的进步,刻录机的作用也是越来越明显。利用刻录机可以随时把自己喜爱的东西刻录成具有自我个性的光盘,方便简捷。刻录机,即CD-R,是英文 CD Recordable 的简称,是利用激光束的反射来读取 CD-R、CD-ROM 上资料的机器。它可以分四种:CD(包含 CD-RW 刻录)刻录机,DVD(包含 DVD-RW 刻录)刻录机,HDDVD 刻录机,Blu-ray Disk(BD)刻录机。

在刻录 CD-R 盘片时,通过大功率激光照射 CD-R 盘片的染料层,在染料层上形成一个个平面(Land)和凹坑(Pit),光驱在读取这些平面和凹坑的时候就能够将其转换为 0 和 1。由于这种变化是一次性的,不能恢复到原来的状态,所以 CD-R 盘片只能写入一次,不能重复写入。而 CD-RW 的刻录原理与 CD-R 大致相同,只不过盘片上镀的是一层 200 ~ 500 埃(1 埃 $=10^{-8}$cm)厚的薄膜,这种薄膜的材质多为银、铟、硒或碲的结晶层,这种结晶层能够呈现出结晶和非结晶两种状态,等同于 CD-R 的平面和凹坑。通过激光束的照射,可以在这两种状态之间相互转换,所以 CD-RW 盘片可以重复写入。

DVD + RW 与 CD-RW 光盘类似,也是在其记录层上加入了相变材料,可以通过转换其状态来达到多次擦写的目的。在进行写入操作时,激光照射强度提升至最大,使写入区域的相变材料迅速超过熔点温度,之后立即停止照射进行冷却后,该区域就变为非结晶状态。在进行数据擦除时,用中等功率的激光对非结晶状态的区域进行相对长时间的照射,当该区域超过结晶温度时就调低功率,之后该区域就恢复为结晶状态。

【学习目标】

通过本项工作任务的训练,掌握刻录软件安装以及刻录的正确操作方法,熟悉刻录机的日常运行环境,做好刻录的日常维护。

【工作情境】

大型展销会已结束,经理请王秘书将会议的文字、照片、视频等资料刻录光盘进行保存。小王根据领导的要求把各种会议资料分别刻录光盘、存档。

【任务分析】

此项工作任务所涉及的技能有：

- 刻录软件的安装；
- 刻录软件与刻录机的使用操作；
- 维护刻录机运行环境；
- 刻录机的日常维护。

【任务关键步骤】

## 5.8.1　刻录机的操作与使用

目前，很多电脑都配备有内置刻录机。电脑内置刻录机的使用主要涉及刻录软件的安装与使用。刻录软件 DirectCD，是应用比较广泛的刻录软件之一。下面我们以中文版 DirectCD 3.01 为例，说明其安装与使用过程。

（1）装 DirectCD 3.01。将安装盘放入光驱内，运行安装执行程序“step. exe”，进入欢迎安装画面。根据提示，点击“下一步”向下继续进行。程序安装完成后，重新启动电脑，安装完成。

（2）格式化 CD-R/RW 盘片。一张新的 CD-R/RW 盘片，一般在使用前都需要对其进行格式化。用 DirectCD 3.01 进行格式化盘片操作是比较简单的。将要格式化的盘片放入刻录机，系统自动检测，即出现 DirectCD 3.01 向导画面（如果系统没有自动检测出现画面，可以右击任务栏中的 DirectCD3.01 的图标，然后选择“格式化”项即可）。然后安装程序提示单击“下一步”，写上“卷标信息”，最后单击“完成”按钮，系统将进行格式化操作。格式化完成将出现成功信息。在格式化盘片成功后，就可以对盘片进行写操作。

（3）刻录光盘。用 DirectCD 3.01 刻录光盘，其实就是简单的“复制”与“粘贴”的组合操作。打开“我的电脑”或资源管理器，选中要刻录的文件或文件夹，右击选择“复制”，然后再打开刻录机所在的驱动器，右击选择“粘贴”，刻录机就开始写入操作了。

（4）盘片退出。在刻录完盘片后，退出盘片时，不同的盘片其操作方法是不一样的。

① 如果是 CD-RW 盘片，退出比较简便，只要按刻录机前面板上的“open/close”，或右击任务栏上的 DirectCD 3.01 图标，选择“退出”，DirectCD 3.01 将检测盘片然后退出。

② 如果是 CD-R 盘片，相对而言就比较复杂了。按刻录机前面板上的“open/close”，或右击任务栏上的 DirectCD 3.01 图标，选择“退出”后，将会弹出光盘操作向导，其中有两个选项：

第一项是保持原状，以便将来通过驱动器号存取。选择以后，光盘将进行写保护，以后无法再进入写出，盘片类型为 CD-R，数据文件只能由刻录机读出；

第二项是改变光盘状态，使它能在 Windows95/98 或 Windows NT 4.0 Service Pack 3 或更高，以及 Windows 2000 下，通过标准 CD-ROM 读取。选择第二项，单击“完成”。

## 5.8.2　刻录机的日常维护

### 1. 刻录机的运行环境维护

（1）环境清洁。灰尘是刻录机的终极杀手，虽然刻录机外表看起来很封闭，可灰尘是无孔不入的角色，一旦灰尘入侵，就会造成很多的问题。特别是刻录机在刻录盘片时，刻录机的激光头通过发射出高温的激光来实现数据的写入，而此时如果有灰尘入侵，那么落在激光头上的灰尘很可能被烧结到光头上，那么过多灰尘烧结，就会大大影响整个盘片的刻录效果。盘片刻录好之后，当再次读取数据的时候，由于表面有灰尘，所以也就严重地影响了数据的读取。所以，应将刻录机放置在一个清洁的环境中。

(2)环境干燥。像其他电器一样，潮湿的环境会对刻录机产生不良影响。

(3)保证平稳电压和较大电流的供电环境。在刻录的过程中要消耗很大的功率才能融化染色剂，并且刻录是一个相对较长的过程，所以要保证平稳的电压和较大的电流。普通CD-R刻录机的功率一般在15W左右，可是DVD刻录机一般都在25～35W了，所以DVD需要更为强劲的电流来支持。供电不足首先对刻录品质产生影响，严重的直接影响刻录机使用寿命，系统经常出现异常、蓝屏、死机和无故重启。

2. 刻录机的日常维护

(1)注意散热。刻录机功率较大，并且由于刻录的时间会相对较长，不可避免地会有很大的发热量，刻录机过热势必影响内部元件的电气参数。所以要使用比较宽畅的机箱，另外，不要让它和其他发热量大的设备，如硬盘、CD-ROM距离太近。

(2)刻录机的读盘性能往往很一般，不要用它经常看VCD影碟和读烂盘，这些功能最好另备一个读盘性能比较好的专用CD-ROM来完成。

(3)避免长时间的持续刻录，减缓刻录机的老化。

(4)使用高质量的刻录盘片，否则对刻录机的刻录激光头伤害很大。

## 【工作小结与扩展】

通过本项工作任务的训练，需要重点掌握刻录软件安装、刻录机的正确操作与日常维护方法等。以下介绍与本项工作任务相关的几点内容。

1. 外置刻录机

如图5-46所示是外置刻录机。外置刻录机有的自带刻录驱动程序，有的也可下载常用刻录软件进行使用。外置刻录机使用的接口几乎都是USB口，该接口支持热插拔功能，所以与电脑连接操作简单，但仍需要注意以下几点。

图5-46　外置刻录机

(1)将外置刻录机的USB连接线缆尽量插入集成在计算机主板上的USB接口，而不要随意插入计算机机箱前面的USB接口中，以便提高USB接口的工作稳定性；

(2)尽量使用外置刻录机随机配备的USB连接线缆,以防止连接线缆的USB接口标准与计算机主板上的USB接口标准不一致,从而降低数据传输的稳定性;

(3)尽量避免用USB延长线来连接外置刻录机和计算机。这是因为USB延长线与外置刻录机原配线缆在传输性能上或接口标准上可能无法保持匹配,可能会损坏USB接口,或影响刻录数据的传输速度。

2. 刻录机的选购

在选购刻录机时,需要综合考虑刻录机以下几个性能指标:

(1)读写速度

标志光盘刻录机性能的主要技术指标包括数据的读取传输率和数据的写入速度。理论上速度越快性能就越好,但由于技术的限制,光盘刻录机的写入速度远比它的读取速度要低得多。以CD-R为例,目前最高的读取速度可以达到最大24倍速,甚至也可以做得更高,但用户不会刻意把刻录机当作CD-ROM使用,这个指标的实际作用其实并不明显。而它的写入速度通常只有2速、4速、6速、8速等选择,速度越高它的写入时间越少,优势是显而易见的,但实际上由于盘片、刻录软件以及兼容性的限制,高速的写入速度很可能引起“飞盘”现象,导致刻录失败。CD-RW刻录机的擦写速度也可以说明这一点,目前它的擦写速度通常只有2速和4速的选择,但它刻坏了可以重来。所以在选购刻录机时无须刻意追求它的高写入速度,基于扩展性和稳定性的考虑,高速读4速写或2速、4速可擦写的CD-RW产品应该是首选。

(2)接口方式

光盘刻录机的接口一般有三种:SCSI接口、IDE接口和并口。SCSI接口在CPU资源占用和数据传输的稳定性方面要好于其他两种接口,系统和软件对刻录过程的影响也低很多,因而它的刻录质量最好。但SCSI接口的刻录机价格较高,还必须另外购置SCSI接口卡,无形中也加大了成本的投入。IDE接口的刻录机价格较低,兼容性较好,可以方便地使用主板的IDE设备接口,数据传输速度也不错,在实用性上要好于其他接口,但由于对系统和软件的依赖性较强,刻录质量要稍逊于SCSI接口的产品。并口有SPP、EPP、ECP三种模式,其中,EPP、ECP为高速模式,在这两种状态下,刻录机能达到6速读2速写的要求,而SPP模式下只能达到2速读1速写。目前采用并口方式的刻录机除了HP公司的部分产品外,其余基本趋于淘汰,选购时需加以注意。

(3)放置方式和进盘方式

光盘刻录机从外形上可以分为外置式和内置式两种。在相同的系统配置下,内置产品的价格较低,节约空间,多采用IDE接口或SCSI接口;外置产品则容易携带,散热性和密封性较好,采用SCSI接口或并口。同时外置产品拥有独立的电源,在稳定性上也要优于内置式产品。如果追求性能的话,外置SCSI接口的刻录机是较好的选择。在进盘方式方面有Tary(托盘式)和Caddy(卡匣式)两种。Tary方式和普通的CD-ROM一样,利用刻录机的托盘进出仓,盘片放置和取出都较为方便,市场上见到的刻录机多采用这种进盘方式。Caddy方式是把光盘片放在专用的卡匣中,再插入光盘刻录机中,盘片的密闭性和可靠性较好,即使刻录机垂直放置也可正常工作,刻录机的使用寿命也相对较长,但盘片更换较为烦琐。

(4)缓存容量

缓存的大小是衡量光盘刻录机性能的重要技术指标之一。刻录时数据必须先写入缓存，刻录软件再从缓存区调用要刻录的数据，在刻录的同时后续的数据再写入缓存中，以保持要写入数据良好的组织和连续传输。如果后续数据没有及时写入缓存区，传输的中断则将导致刻录失败。因而缓存的容量越大，刻录的成功率就越高。市场上的光盘刻录机的缓存容量一般在512KB～2MB之间，建议选择缓存容量较大的产品。

(5) Firmware 更新

在光盘刻录机的主电路板上的 Flash ROM 芯片，程序名称叫作 Firmware。其版本新旧可能会影响到与硬件产品的兼容性或刻录软件匹配性，导致整机性能不稳定或者某些功能无法使用，因而选择更新的 Firmware 版本，有利于提高刻录机的整体性能和使用效率。和主板 BIOS 的更新相同，更新的先决条件是产品需使用 Flash ROM。如果使用的是 EPPROM 或 Mask ROM，就必须拆开刻录机的外壳，利用写入设备更新，非常不便。

(6) 盘片兼容性

盘片是刻录数据的载体，包括 CD-R 和 CD-RW 盘片。

【课后练习】

1. 简述刻录机需要什么运行环境。
2. 简述刻录机的分类和特点是什么。
3. 如何操作和使用刻录机？
4. 如何对刻录机进行日常维护？

## 5.9 销毁涉密文件并维护碎纸机

碎纸机是由一组旋转的刀刃、纸梳和驱动马达组成的。纸张从相互咬合的刀刃中间送入，被分割成很多的细小纸片，以达到保密的目的。现在的碎纸机一般按照使用的人群类型分为五大类：个人/家庭类、小型办公类（5 人左右的部门或者工作室）、中型办公类（6～10人）、大型办公类、专业类（保密等级非常高的，如政府和银行的特殊要求）。

碎纸机有两大主要部件：切纸刀和电动马达。它们之间通过皮带和齿轮紧密地连接在一起，马达带动皮带、齿轮，把能量传送给切纸刀，而切纸刀通过转动，用锋利的金属角把纸切碎。

市面上有些碎纸机可选择两种或两种以上的碎纸方式，不同的碎纸方式适用于不同的场合。如果是一般性的办公场合，选择段状、粒状、丝状，条状的就可以了；但如果是用到一些对保密要求比较高的场合，就一定要用沫状的了。当前采用四把刀组成的碎纸方式是最先进的工作方式，碎纸的纸粒工整利落，能达到保密的效果。碎纸机的切削原理是通过刀片或者刀具错位安置，在动力源的作用下将纸撕开。如果刀具或者刀片设置有刀尖，则碎纸的效果为段状或者粒状，如果刀具或者刀片设置没有刀尖，则效果为条状。

【学习目标】

通过本项工作任务的训练，掌握碎纸机的正确操作方法，熟悉碎纸机的日常运行环境，

能够做好碎纸机的日常维护。

**【工作情境】**

大型展销会已结束，会议中有些涉密会议资料需要销毁。秘书小王把涉密资料放入碎纸机进行销毁，并对碎纸机进行了清洁维护。

**【任务分析】**

此项工作任务所涉及的技能有：

- 碎纸机的使用操作；
- 维护碎纸机运行环境；
- 碎纸机的日常维护。

**【任务关键步骤】**

### 5.9.1　碎纸机的操作与使用

(1)首先插上电源插头，打开电源开关，电源指示灯亮。此时机器处于待机状态，随时可以碎纸。

(2)粉碎文件资料前，先要取下文件上的订书钉和曲别针，否则会损害碎纸机的刀具。将需要粉碎的文件资料通过入纸口送入机器，如图 5－47 所示，机器自动感应并开始工作。碎纸完毕，若进纸过量，机器会自动退纸。有的碎纸机还可以碎光盘和银行卡，多数碎纸机都分别设计有光盘入口、银行卡入口，如图 5－48 所示；也有少数碎纸机设计一个入口，既可以碎纸，也可以碎光盘或银行卡。

在粉碎过程中，如又想保留部分文件，这时就赶快按下手动退纸键，碎纸机就会停止工作，并且把部分文件保留下来。

碎纸机一般设有过热保护装置，如长时间连续使用，引起电机过热，过热指示灯会亮，碎纸机会自动停机散热，等待冷却后机器会自动复位工作。

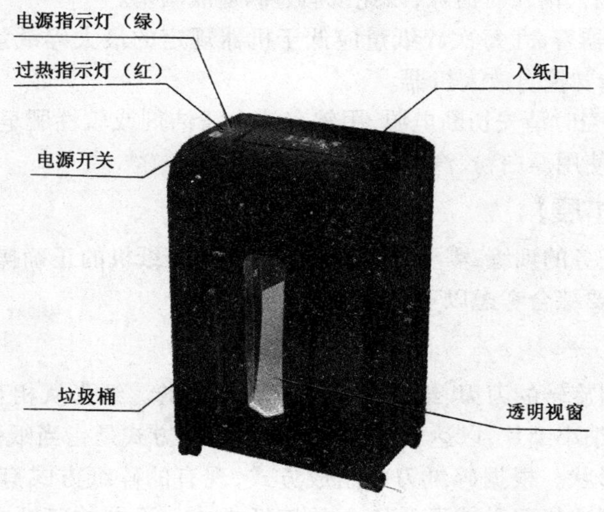


图 5－47　碎纸机（来源于百度图片）

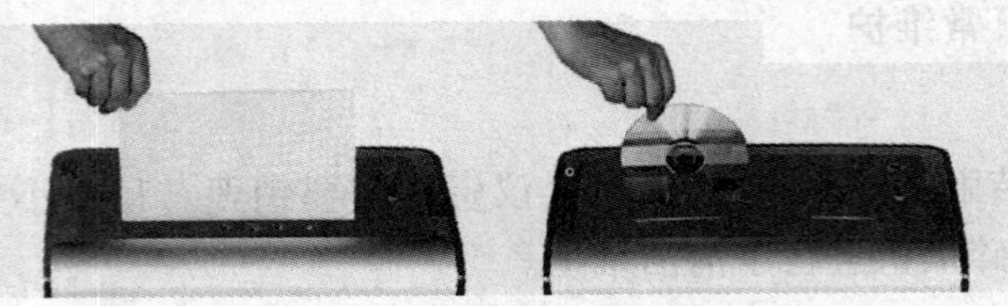

图 5-48 碎纸机

(3)当机箱内的纸屑装满后，有的碎纸机会发出蜂鸣声，并在延时 3 ~4 秒后自动停机，提醒你清除纸屑。清除纸屑时必须关闭电源开关。

(4)纸屑箱复位后，打开电源开关，机器即可正常工作。

### 5.9.2 碎纸机的日常维护

1. 碎纸机的运行环境维护

(1)碎纸机的放置位置应平稳，如果碎纸机安放不稳，会使碎纸机中的一些机械部件的能力减退。

(2)碎纸机应放置在一个相对干净的环境中，防止因灰尘侵入碎纸机内部影响其正常工作。

(3)碎纸机应在一个相对干燥的环境中运行，潮湿的空气会对碎纸机的电气元件产生不良影响。

(4)碎纸机也有电磁波辐射，所以放置碎纸机的位置应与办公座位保持一定的安全距离，离电器越远，受电磁波辐射越小。

2. 碎纸机日常维护注意事项

(1)机器内刀具精密、锐利，使用时应注意勿将衣角、领带、头发等卷入进纸口以免造成意外损伤，同时也请勿放入碎布料、塑料、硬金属等，以免损坏碎纸机刀具。

(2)碎纸桶纸满后，请及时清除，以免纸屑过满造成堵塞。

(3)为了延长机器寿命，每次碎纸量应低于机器规定的最大碎纸量，没说明碎光盘、磁盘、信用卡的机器，请勿擅自放入机器。

(4)清洁机器外壳时请先切断电源，用软布沾上清洁剂或软性肥皂水轻擦，切勿让溶液进入机器内部，不可使用漂白粉、汽油或稀液刷洗。

【工作小结与扩展】

通过本项工作任务的训练，需要重点掌握的技能是碎纸机的正确操作与日常维护方法。在选购碎纸机时，需要综合考虑以下几项性能指标。

1. 碎纸方式

碎纸机是由一组旋转的刀刃、纸梳和驱动马达组成的。纸张从相互咬合的刀刃中间送入，被分割成很多的细小纸片，以达到保密的目的。碎纸方式是指当纸张经过碎纸机处理后被碎纸刀切碎后的形状。根据碎纸刀的组成方式，现有的碎纸方式有粒状、段状、条状等。市面上有些碎纸机可选择两种或两种以上的碎纸方式。不同的碎纸方式适用于不同的场合：如果是一般性的办公场合，选择段状、条状的就可以了；但如果是用到一些对保密要求比

较高的场合，就一定要用粒状的了。当前采用四把刀组成的碎纸方式是最先进的工作方式，碎纸的纸粒工整利落，能达到保密的效果。

2. 碎纸机碎纸效果

碎纸效果是指纸张经过碎纸机处理后所形成的废纸的大小，一般是以毫米(mm)为单位的。粒状效果最佳，段状次之，条状相对效果更差些。例如2mm×2mm保密效果可将A4纸张切成1500多小块。不同的场合可根据实际需要选择不同碎纸效果的碎纸机。如家庭和小型办公室不牵涉到保密的场合可选用4mm×50mm、4mm×30mm等规格的就可以了；而要求保密的场合根据毁灭资料最低标准，电脑印字文件必须碎至3.8mm以下的纸条；对于高度机密的文件，应采用可纵横切割的碎纸机，最好选用达到3mm×3mm及以下规格碎纸效果的碎纸机。

3. 碎纸能力

碎纸能力是指碎纸机一次能处理的纸张最大数目及纸张厚度。一般碎纸效果越好则其碎纸能力则相对差些。如某品牌碎纸机上标称碎纸能力为A4,70g,7~9张，就是说明该碎纸机一次能处理切碎厚度为70g的A4幅面的纸七到九张。普通办公室选用A4,70g,3~4张的就可以满足日常工作需要，如果是大型办公室则要根据需要选择合适幅面和较快速度的碎纸机。

4. 碎纸速度

碎纸速度也就是碎纸机的处理能力，一般用每分钟能处理废纸的总长度来度量。如3米/分，表示每分钟可处理的纸张在没有切碎之前的总长度。当然也有用厘米表示的，实际上是一样的。

5. 入纸宽度

入纸宽度就是碎纸机所要切碎的纸张在没有进入碎纸机之前的最大宽度，也就是指碎纸机所能容许的纸张的宽度。通常要切碎的纸张要与切口垂直送入，否则整行文字有可能完整保留，资料尽露；另外如果入纸口太细，纸张便会折在一起，降低每次所碎张数，且容易引至纸塞，降低工作效率。所以选择碎纸机时一定要注意碎纸宽度的选择。但普通办公室一般只要能进入A4纸(大约210mm)，即220mm宽度就足够用了。

6. 废纸箱容积

废纸箱容积是指盛放切碎后废纸的箱体体积。碎纸机生成的碎片存放于下列容器中的一种：低端的碎纸机一般放置于废纸篓的上方，这样切割完的碎片就简单地放置在废纸篓里；稍微贵一些的产品则自带废纸箱。大多数办公用碎纸机一般都是封闭的带轮子的柜子，能够方便地在办公室里移动，这种碎纸机就牵涉到了碎纸箱容积的选择。普通办公室和家用碎纸机出于实际需要和占地大小考虑可选择较小容量的碎纸箱，大小在4~10升之间为宜；中型办公室以10~30升为最佳；大型办公室可选用50升以上的碎纸箱。

## 【课后练习】

1. 如何操作和使用碎纸机？
2. 简述碎纸机应放置在何种环境中。
3. 如何对碎纸机进行日常维护？

# 参考文献

1. 周克江. 现代办公自动化教程(第二版)[M]. 北京:中国电力出版社,2013

2. 马永涛. 现代办公自动化[M]. 北京:机械工业出版社,2007

3. 靳广斌. 现代办公自动化项目教程[M]. 北京:中国人民大学出版社,2011

4. 陈孟建,沈美莉. 现代办公自动化教程(第二版)[M]. 北京:清华大学出版社,2009

5. 杜军. 现代办公自动化实务[M]. 北京:中国人民大学出版社,2005

6. 蔡润琪. 办公自动化对现代文秘的影响[J]. 现代经济信息,2013(23)

7. 卢志标. 办公自动化在现代秘书工作中的应用探析[J]. 经济研究导刊, 2013(21)

8. 董俊. 论计算机在现代办公自动化中的应用[J]. 中国新通信, 2013(16)